NUHR AUF SENDUNG 2
Ein Radiotagebuch

Dieter Nuhr

NUHR AUF SENDUNG 2
Ein Radiotagebuch

WortArt

Kolumnen von 2010 – 2014

Kalt

Ich freu mich auf den Frühling. Winter ist ja schön und gut, aber ich bin ein großer Freund der Klimaerwärmung. Das ist jetzt hier der zweite sibirische Winter hintereinander und ich bin jetzt persönlich durch damit.

Weil ja gerade Ältere gerne mal erzählen: »Früher, da gab es noch richtige Winter«, aber noch richtiger brauche ich persönlich nicht. Seit Jahren sagen die Klimaforscher: »Es wird wärmer.« Ich frage mich: »Wann geht das endlich los?«

Mir ist kalt! Ich kann die Füße ins Eisfach legen, um sie aufzuwärmen. »Richtige Winter« und unsere Alten kriegen dann so einen schwärmerischen Gesichtsausdruck. Ich vermute, die kriegen auch einen schwärmerischen Gesichtsausdruck, wenn sie sagen: »Früher gab es auch noch richtige Kriege.« Das muss man auch nicht bedauern, dass wir das Kriegführen jetzt lassen, zumindest zu Hause.

Der Winter geht mir persönlich jetzt langsam auf den Sack und man muss auch an die Tiere denken. Viele haben jetzt wieder ihre Dackel und Terrier in die Mikrowelle gestellt und sich gewundert, wie die die Ohren spitzen und dann macht es »buff« und Feierabend und die ganze Mikrowelle ist versaut. Kleintiere gehören nicht in die Mikrowelle – oder nur, wenn man sie dann auch essen möchte.

Obwohl Mikrowellen angeblich gegen Alzheimer helfen. Mehrere Stunden Handytelefonieren täglich soll auch Alzheimer verhindern, zumindest bei Mäusen, haben Forscher rausgekriegt. Was ich nicht verstanden habe, war, wo die Mäuse gefunden haben, die telefonieren.

Ich meine, das war teilweise echt schlimm mit dem Schnee, man hatte schon Angst, dass man von hinten vom Zugspitzferner überrollt wird. Im Fernsehen habe ich gedacht: »Das ist doch der Yeti«, aber es war bloß der Kachelmann. Manchmal dachte man: »Deutschland muss evakuiert werden«, aber wohin? Alle nach Belgien oder Holland, das weckt ja auch keine schönen Erinnerungen ... Flüchtlingstrecks wie einst 45.

Die Regierung rief zum Hamsterkauf auf und dann verdunkelte sich die Sonne. Da habe ich mich erschreckt, als sich plötzlich alles verdunkelte, bis ich gemerkt habe, das war abends, das ist normal im Winter.

Überhaupt ist alles, glaube ich, ziemlich normal, ab und zu wird es kalt und dann wird wieder Sommer, und wenn der Nächste panisch rumbrüllt: »Es wird kalt« oder: »Es wird warm«, dann sage ich: »Ja, genau, dann zieh dir was an« oder: »Zieh dir was aus«, je nachdem, »aber brüll mir nicht in die Ohren.« Die eigentliche Katastrophe ist bei uns nicht das Wetter, sondern die ständige Panik. Im Sommer wie im Winter.

Körperpflege 20. Januar 2010

Ich fühle mich wohl in meiner Haut. Ich bin ja jetzt so um die 40, also genauer gesagt zwischen zehn und 70, wo man sich auch schon mal Gedanken macht über die letzte Ruhestätte. Man will es ja nett haben, vor allem in der Ewigkeit, weil die so lang dauert. Der Tod ist ein wichtiges Ereignis im Leben, da will man auch im Tod gepflegt erscheinen. Früher war es so, dass der Mann oft erst nach seinem Tod zum ersten Mal gepflegt wurde, es wurde gewaschen, gesalbt, und da war die Trauer groß, wenn die Witwe in der Friedhofskapelle feststellte, so schlecht sah der gar nicht aus, was so ein Shampoo ausmacht und wenn er mal die Fresse hält.

Das ist der größte Vorteil am Tod, dass man auch als Mann nicht mehr auf dicke Hose machen muss. Das geht beim Mann um die 40 los, er ist gelassener, er fühlt sich wohl und im besten Fall lebt er sogar noch, das ist doch toll.

Meine Grundfrage ist immer: »Was ist der Mensch und was unterscheidet ihn vom Tier, vom Fisch zum Beispiel?« Dass er keine Schuppen hat, im besten Falle, denn bei den Menschen haben nicht alle Schuppen. Ich kenne Leute, wenn die vor einem hergehen, das ist wie im Schneesturm.

Das wird auch im Alter nicht besser. Das ist gerade für Männer eine ziemlich neue Erkenntnis, dass der Körper irgendwann Pflege braucht. Dann sehen die die Schuppen und dann wundern die sich: »Warum hat meine Mutter das nicht weggemacht?«

Männer wissen nicht viel über Körperpflege, sie unterhalten sich auch nicht darüber. Wenn eine Frau ein neues Pflegemittel für sich entdeckt hat, dann fährt der Freundinnenkreis gern mal drei Wochen in ein Kloster in der Toskana, um Vor- und Nachteile abzuwägen. Gespräche unter Männern, die Körperpflege betreffend, sind kurz. »Du stinkst!« »Echt?« Fertig. Männer machen da nicht viele Worte, erst wenn Mutter sagt: »Du stinkst!«, weiß der Mann, ich muss was tun.

Aber wenn Männer erwachsen werden, dann ist Mutter oft nicht mehr da, wenn man sie braucht, das ist so traurig. Da brauchen die lange, bis die das verarbeitet haben. Und dann geht man auf die 40 zu. Und so um die 40 kaufen viele Männer ihr erstes eigenes Shampoo. Dann sind sie erwachsen. Das ist schön ...

Migranten, Taliban, Umschulung   27. Januar 2010

Ich lese gerade in der Zeitung, dass jeder fünfte Deutsche einen Migrationshintergrund hat. Gott sei Dank, da bin ich nicht alleine. Ich bin ja vom Niederrhein und man hat es im Rheinland auch nicht immer leicht, andere Mentalität, andere Sprache, teilweise andere Religion. Hier hat man noch im 30-jährigen Krieg aufeinander geschossen, das gibt es heute fast gar nicht mehr, woanders ist es da schlimmer. Die Forbesliste ist jetzt raus, in der alle Länder drinstehen, in die man momentan besser nicht reist, also Afghanistan an der Spitze und das Rheinland kam erst ganz hinten.

Somalia ist auch nicht gut oder Simbabwe oder der Irak. Richtig sicher sind Legoland, Ostwestfalen, da ist angeblich gar keiner mehr, und Wermelskirchen. Während die Gegend um Bad Doberan regelrecht gefährlich ist, da ist die Woche über ein Wildschwein in ein Kaufhaus gestürmt. Gut, in Krisenzeiten sollte man keine Kunden abweisen, aber das geht zu weit und den Keiler haben sie erschossen. Bad Doberan ist für Wildschweine eine absolute No-go-Area. Auf der Forbesliste für Wildschweine steht Bad Doberan jetzt vor dem Jemen.

Die Welt soll friedlicher werden. Westerwelle hat ein Aussteigerprogramm für Taliban angeregt, das ist gut. Ich kenne viele Taliban, die sich einen anderen Beruf durchaus vorstellen könnten, wenn der Guido das bezahlt. Viele Taliban sagen sich: »Der Terror ist auch kein Zuckerschlecken, aber wo sind die Alternativen?« Und Westerwelle sagt: »Da findet sich schon was, vielleicht Fahrkartenkontrolleur oder Politesse?« Der Guido hat bestimmt schon einen Plan, dass man dem Taliban mal zuruft: »Hör doch auf mit den ständigen Sprengungen.« Und dann ruft der Taliban zurück: »Wie denn, ich habe doch nichts anderes gelernt.« Und dann ruft der Guido aus dem Schützengraben: »Bei uns kannst du eine Umschulung machen!«

Dann wird der Taliban glücklich sein und sagen: »Super, dann möchte ich irgendwas mit Medien machen, vielleicht Terrorbotschaften sprechen bei *Al Jazeera* oder Konditionstrainer bei Felix Magath.«

Es gibt so viele neue Berufe heutzutage, das kann man täglich in der *BILD*-Zeitung nachlesen, Amokrentner zum Beispiel oder TV-Nonne. Das sind ganz neue Berufsbilder, oder Super-Transe, immer noch besser als sich irgendwo im Nahen Osten in die Luft zu sprengen, obwohl – man weiß es ja nicht. Lorielle London ist auch wieder getrennt, *BILD*-Super-Transe zu sein, macht auch nicht glücklich, das sollte man einem Taliban besser nicht anbieten, sonst geht der in seinen alten Beruf zurück und dann macht's »buff«!

Pflege 2. Februar 2010

Der Mensch hat über 90 Prozent genetische Übereinstimmung mit dem Schwein, das ist bekannt, aber was mich überrascht hat, als ich das gelesen habe, war, das ist bei Männern und Frauen gleich, weil ja viele Frauen glauben, nur Männer sind Schweine, das stimmt aber nicht, bei Männern ist es nur offensichtlicher.

Wobei auch der Mann sich seit ein paar Jahren immer weiter von der Tierwelt entfernt. Die Männer haben neuerdings auch das ganze Bad vollstehen mit Töpfchen und Tübchen und Fläschchen, da wird gepudert, gezupft und eingerieben.

Vor gar nicht langer Zeit hat der Mann noch gelebt wie in der Suhle, da gab es noch gar kein Duschgel, es gab nur eine Seife für die ganze Familie. Der häufigste Haushaltsunfall war, dass einem in der Badewanne stehend unter der Dusche die Seife aus der Hand flutschte, dann bückte man sich, rutschte aus, verheddert sich im Duschvorhang, schlug mit dem Schädel gegen die minzfarbenen Kacheln und verhakte sich mit dem Auge in der Duschkopfhalterung.

Das war so gefährlich, dass man fast ausschließlich badete. Samstags, so war das, bis der Mann begriff, jedes Duschen bringt ihn dem Paarungsakt näher. Frauen mögen das, wenn der Kerl sich geruchstechnisch vom Hausschwein unterscheidet, deswegen benutzen Männer heute Duschgel und Pflegelotionen. Früher meinte man, Falten machen Männer interessant.

Aber zu viele Falten? Man will auch als Mann im Gesicht nicht aussehen wie ein frisch gepflügtes Rübenfeld.

Die Haut wird anscheinend im Laufe des Lebens immer mehr, legt sich übereinander, schlabbert rum. Die wächst immer weiter, wie die Ohren, die wachsen auch immer weiter. Alt ist man, wenn man sich mit den Ohren die Nase putzen kann, und gepflegt ist man, wenn man das trotzdem unterlässt.

Männer unter Frauen
10. Februar 2010

Eins ist ja interessant: Die Bundeskanzlerin ist wieder kein Mann. Und auch sonst überall immer mehr Frauen. Das entspricht dem Trend. Unsere ganze Gesellschaft ist ja indessen so, dass alle Normen weiblich sind. Man soll einfühlsam sein, sich kümmern, sich sorgen ... Das waren früher feminine Tugenden. Männliche Konfliktlösungsstrategien sind heute unerwünscht, also auf die Fresse hauen wird nicht befürwortet. Weder im Kindergarten noch im Bundestag.

Die Etikette sagt: »Wir sollen miteinander reden«, und schon die Benutzung kleinerer Schrotflinten in der Partnerschaft führt bei Außenstehenden häufig zu Kopfschütteln, vor allem im Restaurant. Da verhält man sich weiblich. Es wird nicht gern gesehen, wenn einer beim Geschäftsessen mal anständig rülpst und dann sagt: »Scheiß die Wand an. Geiler Fraß. Wann kommen die Weiber?« Was ich persönlich auch gut finde, wenn man das unterlässt, da bin ich irgendwie, ich weiß nicht, lesbisch?!

Aber es ist für Männer manchmal nicht leicht und das fängt schon im Kindergarten an. Da ist keine Männlichkeit erlaubt, Aggressivität unerwünscht, Wettbewerbsdenken geht gar nicht, diese alte männliche Jägermentalität ... Nein! Wir sind keine Jägergesellschaft mehr. Wir leben unter Sammlerinnen. Nur Frauen. Da wird im Team gearbeitet, man pflegt sich, man hilft sich und

Hauen ist verboten! Viele Jungen können heute nicht mal mehr einen Tiefschlag von einem Leberhaken unterscheiden.

Ich auch nicht, ich bin alternativ sozialisiert worden. Was haben wir geredet mit den Frauen. Da hat man als Mann gelernt: Man muss nicht immer gleich ran an den Speck. Nein! Da wurde erst mal geredet. Und dann wurde sich unterhalten. Und dann noch ein bisschen gesprochen. Und wenn man dann mal auf das Thema kam, dass man da ein warmes Gefühl verspüren würde und dass diese Wärme möglicherweise auch physisch beziehungsweise medizinisch, also dass sich das Blut im Unterleib sammeln würde, dann sagte die Frau: »Sag das nicht meinem Freund, der ist Boxer.«

Denn die Frauen wollten damals wie heute Männer, die reden, mit denen man »Pferde stehlen kann«. Aber nur zum Quatschen. Für das »andere« waren weiter die Gorillas zuständig. Frauen brauchen eigentlich immer zwei Männer. Oder einen, den es aber nicht gibt. Ein Sensibelchen, gefangen im Körper eines Profiboxers ...

Das ist so, wie wenn man einen Hund sucht, der ins Handtäschchen passt, aber notfalls auch mal einen Einbrecher verschluckt. Schwer zu finden, so was.

Kirche

24. Februar 2010

Die große Rolle der Religion in unserem öffentlichen Leben muss man ja respektieren und das geht bei den Kirchenglocken los. Das geht mir auf den Sack und einen Muezzin möchte ich auch nicht hören. Was soll das, dass man den anderen quasi durch Lärm mitteilt: »Wir sind hier die Platzhirsche.« Das soll Macht ausdrücken genau wie der Kirchturm oder das Minarett. Alle Türme drücken in erster Linie nur Macht aus, das sind plumpe männliche Phallussymbole, genau wie Bankentürme. Was sagt uns der Commerzbankturm in Frankfurt? Er sagt uns, wir können vielleicht nicht rechnen, aber wir haben den Längsten.

Aber die Kirchen haben es auch nicht leicht in diesen Tagen. Weder unsere Banken, die Kirchen der Heiligen des Geldes, als auch die anderen, überall ist der Satan! Der Islamist sprengt sich deshalb in die Luft und bei den Katholiken schicken sie deshalb immer noch Exorzisten raus. Die werden tatsächlich noch heute im Vatikan ausgebildet, und wenn einer vom Dämon besessen ist, dann kommt der Exorzist und sagt: »Hallo, Herr Dämon! Weichen Sie, bitte!« Das Bitte ist wichtig, denn der Teufel kann Unhöflichkeit nicht leiden. Das weiß ich noch von früher, aus unserer Straße, da kam immer der Bodo, das war für uns der Leibhaftige, und der fragte immer: »Wat willze!?!« Und wenn man dann nicht höflich war ...

Jedenfalls, die treiben da immer noch den Teufel aus, weltweit gibt es Tausende von Exorzisten. Unglaublich, aber wahr, man kann es kaum glauben. Ich weiß nicht, wie die Jesuiten dazu stehen, aber die Kirche nimmt für sich in Anspruch, eine moralische Institution zu sein, und vielleicht war das gar kein Missbrauch von Kindern, sondern Teufelsaustreibung. Das ist nicht der Satan, das sind Hormone ... die Pfeifen da ...

Das Zölibat an sich ist ja auch eine teuflische Erfindung. Dass ausgerechnet die Priester, die ja Gottes Schöpfung preisen sollen, sich seiner wichtigsten Schöpfung verweigern, dem Körper, das ist doch pervers, das ist eine Verhöhnung des göttlichen Willens, denn wir wurden ja geschaffen, um zu essen, zu trinken und uns zu vervielfältigen, so funktioniert sie, die Schöpfung.

Wobei das mit dem Trinken auch so eine Sache ist. Wenn schon unsere evangelischen Bischöfinnen den Heiligen Geist nicht mehr vom Himbeergeist unterscheiden können. Angeblich ist schon so mancher in den Himmel aufgefahren. Aber nüchtern.

Geschwister

Ein Kumpel von mir ist zum zweiten Mal Vater geworden, das ist jetzt allerdings auch schon ein paar Jahre her, aber der Zustand hält sich. So ein Kind, das ist ja auch oft das Problem. Ein Hamster ist überschaubar, ein Jahr und fertig. Selbst ein Hund kann notfalls an ein vietnamesisches Restaurant ... Nein, das ist auch nicht schön, obwohl ein Hund im Grunde, also wenn man es objektiv betrachtet, auch nur ein Schwein an der Leine ist.

Das Problem bei meinem Kumpel ist nicht der Hund und auch nicht das Kind, denn ein Kind ist etwas Schönes. Das Problem ist, wenn man mehrere hat. Das ist nicht wie bei Autos, da kann man auch mehrere haben, aber es fährt immer nur eins und es ist viel pflegeleichter. Wenn Sie es den Winter über in der Garage lassen und sich einfach mal nicht darum kümmern, dann kommt nicht das Straßenverkehrsamt und entzieht die Fahrerlaubnis wegen Verletzung der Fahrerpflichten.

Andererseits braucht man für ein Kind keinen Führerschein, was ich schade finde. Gerade in Erziehungsfragen könnte das Schlimmste verhindert werden, wenn Eltern über die grundsätzlichen Regeln informiert wären. Beim Auto weiß jeder, ich tanke Diesel oder Super, beim Kind wird ständig falsch eingefüllt, Pommes Schranke, Chips und Cola obendrauf, und dann wundern sich die Eltern, wenn die Blagen irgendwann nicht mehr laufen, sondern als Fleischsäcke die Fernsehcouch überwuchern.

Egal, ich wollte ja nur erzählen, dass mehrere Kinder auch kein Zuckerschlecken sind. Forscher haben das jetzt mal untersucht und sind zu dem Ergebnis gekommen, dass es bei Kindern im Alter von zwei bis vier Jahren alle zehn Minuten Krach gibt und das die soziale Kompetenz schult. Familienforscher wissen indessen nämlich, dass sich Geschwister gegenseitig erziehen, das ist doch mal eine gute Nachricht. Eltern kümmern sich viel zu viel, man muss auch mal laufen lassen und das habe ich meinem Kumpel auch gesagt. Er soll einfach 15 bis 20 Jahre in Urlaub fahren, die Kinder bleiben zu Hause, einmal in der Woche kommt der Bofrostmann, dann erledigt sich das Problem von ganz alleine.

Missbrauch   10. März 2010

Überall Missbrauch, sogar bei der Bundeswehr! Rohe Leber mussten die essen, wobei man sagen muss, in dem Krankenhaus, wo ich Zivildienst gemacht habe, nach roher Leber hätten die sich da gesehnt. Die hätten, ohne mit der Wimper zu zucken, auch lebende Schafe verputzt, wenn es welche gegeben hätte. Das macht der Hunger.

Nun war die Bundeswehr schon zu meiner Zeit nicht für ihre feine Küche bekannt, also in meiner Klasse war keiner, der gesagt hätte: »Verweigern? Ich? Niemals! Ich lasse mir den kulinarischen Genuss der Feldküche auf keinen Fall entgehen.« Die Sterne eines Generals sind ja nicht von Michelin und ein Barett ist kein Häubchen.

Das mit dem Missbrauch war schlimm! Gerade bei der Bundeswehr haben sich viele gesagt: »Da hätte ich gleich Messdiener bleiben können.« Im Grunde ist das Problem bei der Bundeswehr dasselbe wie in der Kirche: zu wenig Frauen. Das können die Kerle nicht verknusen, da steigt der Hormonpegel, auch wenn man das in der Kirche nicht wahrhaben will. Der Wille zum Fortpflanzungsprozess ist dem Menschen von Natur aus eingegeben. Man könnte auch sagen: »Geschlechtsverkehr ist göttlicher Wille.« Und wer sich heute für das Zölibat entscheidet, der verweigert sich dem, oder er hat untenrum Probleme, das gibt's ja auch. Oder er mag einfach lieber Popohaue, das ist ja auch nicht selten.

Jetzt streiten sich die Missbrauchsopfer mit der Kirche rum. Früher hätte man gesagt: »Kann man da nicht einen Schiedsrichter einschalten?« Da lob ich mir die Evangelen, bei denen ist der Missbrauch relativ selten, die fahren nur besoffen durch Hannover, das ist human.

Wenn ich unsere Kirchenväter richtig verstanden habe, liegt die Schuld ohnehin bei den Opfern und der Sexualisierung der Gesellschaft. Das stimmt, denn die Herren Bischöfe haben natürlich Probleme damit, wenn andere unbeschwert Sex haben. Das macht die nervös und offenbar auch aggressiv, dann gibt es Ohrfeigen. So ist der Mensch, ein primitives Bündel aus Reiz-Reaktions-Prozessen im Gehirn. Der Mensch ist hormonell, und ein Bischof kann lange zetern, das wird er nicht ändern. Er ist ja nicht Gott und Gott meldet sich gerade mal gar nicht zu Wort. Warum auch? Er hat ja mit der Kirche nichts zu tun.

Gott wird schon wissen, warum der Sex zur Natur des Menschen dazugehört. Ohne Sex hätten wir gar keine Gesellschaft mehr. Dann gäbe es keine Menschen mehr und die Kirchen wären leer und sogar das Zölibat wäre kein Problem mehr. Der Dämon der Lust stände in der Gegend rum und würde sich wundern und sagen: »Kein Sex ist schon schlimm, aber dass ich jetzt auf die Bohnen mit Speck in der Kaserne verzichten muss, das geht ja gar nicht«, und würde sich erschießen, zu Recht.

Verantwortung und Leistung   16. März 2010

Alles liegt an meiner Erziehung. Und an den Genen. Und an Gott. Und am Wetter. Wir können alle nichts dafür, insofern sind wir alle unschuldig.

Deswegen sollte auch jeder dasselbe haben, weil er nichts dafür kann, dass er kein Nobelpreisträger geworden ist oder kein Nationalspieler. Ich wäre auch gern Nationalspieler, aber die nehmen mich nicht. Das ist ja deren Sache, aber dann kann man mich dafür doch nicht finanziell verantwortlich machen. Ich verlange, dass mir der FC Bayern ein angemessenes Gehalt zahlt, zumal ich weit über 40 bin und in solchen Sachen auch gern mal mit dem Alter argumentiert wird. Das ist doch menschenverachtend, zählt Erfahrung denn gar nichts mehr? Gehört man jetzt schon mit 40 zum alten Eisen? Der FC Bayern sollte verpflichtet werden, eine Quote einzuhalten, Frauen, Alte, Behinderte. Erst wenn auch ein Schwerbehinderter beim FC Bayern spielt, ist Gerechtigkeit erreicht und Schalke wird Meister.

Allerdings müssten dann auch die Arbeitsplätze angepasst werden. Damengarderoben, altersgerecht und mit dem Lifta-Treppenlift aufs Spielfeld. Wenn dann Matthäus wieder in der Bundesliga aufläuft, dann muss in der Allianz Arena Kunstrasen verlegt werden, damit sich der Lothar nicht mit dem Rollator verhakt. Dann wird auch schon mal einer in der 70. Minute ausgewechselt wegen Prostataproblemen, daran wird man sich dann gewöhnen müssen. Das finden wir jetzt vielleicht lächerlich, aber das ist das Schlimme in unserer elitären, auf Leistung getrimmten Welt, dass uns das schon selbstverständlich ist, dass der Leistungssport seniorenfeindlich ist. Und frauenverachtend. Da weht der Geist des Guido Westerwelle, wenn es nur noch um das Bessersein geht und Leistung sich lohnen muss. Das ist leicht gesagt, wenn man nicht mitspielen darf.

Wer hat eigentlich diesen jeder Menschlichkeit Hohn sprechenden Fußballwahn in die Welt gesetzt? Da muss doch jemand verantwortlich sein, beziehungsweise, das ist ja das Problem, am Ende ist wieder niemand verantwortlich, weil keiner dafür kann. Selbst wenn da jemand wäre, der als Einzelner verantwortlich zeichnet, er kann ja nichts dafür. Das liegt alles an seiner Erziehung und an den Genen. Und an Gott. Und am Wetter. Der kann nichts dafür, der ist unschuldig. Schade, man kann ihn noch nicht mal hauen, und das ist das Problem heute, dass auch Hauen nichts mehr bringt.

Beleidigte

Neulich habe ich jemanden beleidigt, das wollte ich gar nicht. Ich habe ja bloß öffentlich nachgedacht, das mache ich öfter, das ist nun mal mein Beruf. Und in dem Fall habe ich nachgedacht über Religion. Ei, ei, ei, ei, das geht ja gar nicht.

Nachdenken über Religion ist ganz schlecht. Denn schon das Nachdenken über Religion wirkt auf viele beleidigend, weil das ja infrage stellt. Bei der Religion ist schon das Infragestellen beleidigend, so ist das. Warum, weiß ich auch nicht, ist halt so, sagen jedenfalls die Beleidigten. Wer denkt, beleidigt die Gläubigen. Klar, weil das Denken den Glauben gefährdet.

Deswegen steht ja auch in der Bibel: Selig sind, die arm sind im Geiste, weil die unbehelligt vom Verstand glauben, statt zu denken.

Bei meiner Beleidigung ging es um die Dreifaltigkeit. Ich hatte erwähnt, dass über Dreifaltigkeit nichts in der Bibel steht, das ist eine Erfindung religiöser Funktionäre aus dem 4. Jahrhundert. Die wurden damals der Vielgötterei bezichtigt, weil es den Gottvater gab, den Sohn und noch den Geist, und die haben geantwortet: »Nein, das sind zwar drei, aber trotzdem nur einer«, nur eben faltig. Dreifaltig. Über so was hat man im 4. Jahrhundert nachgedacht.

Und wenn ich jetzt daran öffentlich zweifle, ist das offenbar beleidigend. Ich verstehe das nicht, aber es ist so. Wenn ich jetzt glaube, dass Gott vierfaltig ist, dann bin ich ein Ketzer. Ich glaube, dass Gott unendlich viele Falten hat, nicht weil er so alt ist, sondern weil der alles sein kann. Fünffaltig und glatt kann er auch sein, faltenfrei. Das weiß kein Mensch, das ist meine Überzeugung. Ich bin bloß nicht beleidigt, wenn jemand was anderes glaubt.

Vielleicht ist Gott auch würfelförmig und wohnt in Recklinghausen. Ich halte das für genauso wahrscheinlich wie die Aussage,

»Gott ist bärtig und wohnt im Himmel«, aber Wahrscheinlichkeit zählt ja nicht. Es zählt der Glaube, und ich glaube gar nicht, dass Gott würfelförmig ist. Er ist rund und würfelförmig zugleich. Er kann nämlich alles, deshalb ist er auch sternförmig. Rund, eckig, spitz ... also im Grunde schon wieder dreifaltig. Eigentlich sind wir uns wieder einig, und es muss keiner beleidigt sein, das ist schön und die Eiferer können sich wieder abregen. Und fröhlich sein. Und lachen. Ich glaube, da lacht sogar der liebe Gott mit. Ich glaube, dass der ohnehin die ganze Zeit lacht. Der lacht sich kaputt über uns alle, die, die nichts wissen, und die, die glauben, weil sie auch nichts wissen. Gott hat nämlich Humor, sonst hätte der so was wie uns gar nicht erschaffen.

Was ist Kultur?   26. März 2010

Wofür braucht man eigentlich Kultur? Was ist das überhaupt? Das geht los beim Messer-und-Gabel-Essen und geht dann bis zur hohen Kunst, wenn sich beispielsweise im Theater ein paar nackte Greise über die Bühne wälzen und sich dabei mit Olivenöl einschmieren – und dabei Gurgellaute ausstoßen. Das ist Kultur, weil es auf unsere hilflose Kommunikationslosigkeit im Angesicht der eigenen Sterblichkeit verweist. So sehe ich das. Vielleicht bedeutet es auch nur, dass Olivenöl überschätzt ist. Wenn man ein Steak anbrät, so bei 200 Grad, da taugt Olivenöl nicht, das geht kaputt, da nehmen Sie besser Erdnussöl. Oder Diesel, das ist Kultur. Kochkultur ... gibt es ja auch. Es gibt sogar Freikörperkultur oder Pilzkulturen. Ganz wichtig, wir haben alle Pilze, nicht nur an den Füßen, auch im Darm. Darmflora. Das ist Natur im Gegensatz zur Kultur. Eine gesunde Darmflora ist noch keine Hochkultur. Braucht man überhaupt Kultur? Es gibt viele, die kommen ohne aus. Das geht. Viele brauchen kein Theater, denen reicht der Getränkehandel an der Ecke.

Aber, was ist das, Kultur? Zeugen Ringelsocken schon vom humanen Willen zur Gestaltung seiner Umwelt oder beginnt Kultur überhaupt erst da, wo es mühselig wird? So hartgesottene Kulturverteidiger sagen ja oft: »Das ist keine Kultur, das ist für die Masse.« Aber wenn Massenkultur keine Kultur ist, dann kann die Masse gar keine Kultur haben, denn selbst wenn die Masse jetzt plötzlich Kultur hätte und plötzlich alle in Ausstellungen des Neokonzeptualismus gehen würden, dann wäre auch der Neokonzeptualismus plötzlich Massenkultur, also keine Kultur? Dann würden die Avantgardisten wahrscheinlich *DSDS* gucken, weil das auf hochintelligente Weise die Essenz unserer Eventkultur spiegelt und durch die Erklärung des Nichts zum Superstar unsere Leistungsgesellschaft dekonstruiert. Ein hochintelligentes Konzept und vielleicht ist das schon Neokonzeptualismus. Das Herausreißen der Kultur aus der Todesstarre der Museen in die Wohnzimmer der intellektuellen Elite.

Das ist Kultur, wobei die wirkliche Kultur mit der Erfindung des Feuers angefangen hat, mit der technischen Beherrschbarkeit der Naturkräfte. Also wenn man ein Streichholz anzündet, ist das im Grunde ein hochkultureller Akt. Ich wette, das wird auch bald im Theater aufgeführt, der Mann, der die Natur beherrscht, und dann kommt einer auf die dunkle Bühne, es zischt, ein Streichholz geht an. Staunen! Vorhang! Grandios. Was für eine Reduktion. Ohne überflüssiges Pathos. Da capo! Bravo!

Eier   5. April 2010

Puh, bin ich vollgefressen. Immer noch von Sonntag. Kaum ist die Fastenzeit vorbei, hat man all das wieder in sich reingefressen, was man die Wochen vorher weggelassen hat. Ich weiß gar nicht, wie viele Eier ich verputzt habe, aus Schokolade, Marzipan, teilweise waren die Eier sogar aus Ei.

Ich glaube, ich bestehe zu 50 Prozent aus Cholesterin, 50 Prozent Fett und der Rest ist Alkohol, weil in jedem fünften Ei ja auch noch Fusel drin ist. Dass ein Huhn in der Lage ist, so etwas zu legen, Wahnsinn.

Bis zur Fußball-WM habe ich das alles weg, die Zeit rast. Bald ist schon wieder WM und dabei gibt es den gesamten Fußball erst seit 150 Jahren. Was haben die Leute eigentlich vorher gemacht am Samstag? Gut, teilweise hat man damals samstags noch gearbeitet. Im Kohlenschacht. Man starb auch gerne mit 30 an der Staublunge oder an Schnupfen. Es gab ja noch keine Antibiotika, und dann wurde das Penizillin erfunden, deshalb gibt es heute Menschen, die werden teilweise sogar 40, wie Jens Lehmann, und die spielen immer noch Fußball – im Tor, aber immerhin.

Das ist die moderne Medizin und alles ist anders als früher. Der Ball ist auch nicht mehr aus Leder, sondern aus, weiß ich nicht, Kalziumkarbonat gemischt mit Popel, aber er ist immer noch rund, selbst an Ostern. Sogar am Ostersonntag ist der Ball nicht eirig, höchstens nach dem Familienkaffee, wenn zu wenig Stühle da waren und der dicke Daniel auf dem Ball gesessen hat. Dann ist der Ball ein Ei, aber das legt sich wieder, bis nächstes Jahr Ostern. Wenn man schlau ist, lädt man sich dann nicht wieder die ganze Familie in die Bude, sondern man geht zu Tante Marion und setzt sich auf den Ball vom dicken Daniel, der benutzt den sowieso nicht, sonst wäre er ja nicht so eine Tonne. Der frisst die Eier lieber, nicht nur an Ostern, auch an Weihnachten, selbst in der Fastenzeit. Der hat wahrscheinlich sogar schon mal einen Fußball gepellt und sich dann gewundert, dass nichts drin war, was für ein Trottel!

Bis zur Fußball-WM werde ich jetzt erst mal meinen Fußball verstecken und dann gilt: Die Eier müssen ins Tor und nicht in den dicken Daniel!

Fußball und Pathologie 14. April 2010

Fußball geht uns ja alle an. Fußball ist ein Thema von allgemeiner Relevanz, wie man so schön sagt, wie beispielsweise Pathologie. In der Pathologie schneiden die Medizinstudenten die Leichen auf. Da sagen viele: »Leichenschneiden? Ist nicht meins.« Ich verstehe die allgemeine Begeisterung gar nicht, dass so viele Leute hingehen und dann jubeln, wenn die Leiche aufgeschnitten wird. Der Vergleich hinkt ein bisschen, aber es ist so. Pathologie ist wie Fußball, wenn man mal mitgenommen wird und man ist dabei und kriegt auch die Stimmung mit, merkt man schnell, das ist wunderbar und man lernt etwas über den Menschen.

Zwischen dem Aufschneiden einer Leiche und Fußball gibt es natürlich Unterschiede. Wenn man zum Beispiel so ein Schienbein zersägt, dann gibt das in der Pathologie nicht mal eine Gelbe Karte und nicht, weil der Schiedsrichter blind ist. Das ist so gewollt, das geschieht aus Interesse, weil man ja wissen will, wie sieht so ein defensiver Mittelfeldspieler eigentlich von innen aus? Das ist beim Fußball nicht das zentrale Interesse und das Schienbein wird natürlich trotzdem zersägt. Nicht mit der Knochensäge, sondern artgerecht mit dem Fußballschuh, mit den Stollen wird vorgebohrt, und dann: Fupp! Das führt zu hässlichen Splitterungen, und wenn Sie dann dem Schiedsrichter sagen: »Das war nur aus medizinischem Interesse«, da zieht der die Arschkarte.

Das ist die Rote, die Karte am Arsch, und dann ist Feierabend, dann kann man höchstens noch in der Kabine irgendwas zerlegen, aber das ist ja auch kein Ersatz. Auf dem Platz, da kommt es drauf an, der große Otto Rehagel hat das, glaube ich, gesagt, der Philosoph des gesprochenen Balles: »Die Wahrheit liegt auf dem Platz.«

Otto Rehagel hat auch gesagt: »Die sollen sich nicht so anstellen, bei mir zählen nur glatte Brüche als Verletzungen«, das ist die richtige Haltung. Wer nach einem Tritt gleich aufgibt, der ist bei der Weltmeisterschaft falsch, aber wenn jemand mit der Säge um einen steht und überall nur Studenten sind und der eine sagt: »Müller, Sie zersägen das Schienbein«, dann ist es für einen ohnehin zu spät, dann liegt man schon in der Pathologie. Selbst wenn das begeisterte Publikum jubelt, wird man nicht mitjubeln können. Das ist beim Fußball so, da jubeln alle mit, wenn man nicht schon vor dem Stadion in die Pathologie gekloppt wurde.

Normen
21. April 2010

Es ist doch gut, dass es Regeln gibt, sonst würde ja jeder tun, was er will. Am Ende wäre Anarchie und Arminia Bielefeld wird deutscher Fußballmeister, das kann ja keiner wollen, außer ein paar Leuten in Bielefeld, da war ich am Wochenende, eigentlich eine schöne Stadt, aber deutscher Meister ...

Nein, es gibt Regeln, das sollte jeder akzeptieren. Ich finde das gut, dass man heute in der Regel darauf verzichtet, sich auf offener Straße zu erschießen. Es gibt einfach Dinge, die sollte man zu Hause erledigen. Selbst eine gewisse Kleiderordnung, dass nicht jeder, der über 300 Kilo wiegt, sagen kann: »In meiner Größe gibt es nichts, dann gehe ich eben nackt«, und dann steht der neben einem im Aufzug, das ist nicht schön. Nicht umsonst gibt es Regeln, nur welche Regel ist die richtige?

Hier kommt ein großer Comedy-Kollege zum Zuge, vielleicht der bekannteste Komiker Ostpreußens, Immanuel Kant, sein kategorischer Imperativ ist und bleibt ein Kracher! »Handle so, dass die Maxime deines Willens jederzeit Grundlage einer allgemeinen Gesetzgebung sein könnte.« Ein Brüller! Bedeutet so viel wie: »Mach, was du willst! Aber mach nicht so einen Krach!«, und da hat er recht.

Wer lärmt, hat unrecht, so steht es schon im Grundgesetz beziehungsweise, wenn nicht, dann muss das dringend geändert werden. Was Kant versäumt hat zu schreiben, ist: »Handle so, dass der Pegel deines Handelns in Dezibel gemessen dergestalt geartet ist, dass das Hören deines Tuns jederzeit nicht tierisch auf den Sack geht. Handle so, dass der Luftdruck deines Redens dem Inhalt deiner Rede entspricht.« Mit anderen Worten, es spricht nur, wer was weiß. Leider sucht man solcherlei Sittlichkeit meistenteils vergeblich.

Kant erfand seinen Imperativ 1785 im Rahmen seiner *Grundlegung zur Metaphysik der Sitten.* Leider sind die Sitten seitdem irgendwie verlottert und Metaphysik beschränkt sich heute auf das Horoskop, wo dann Wassermännern dazu geraten wird, sich einem neuen Lebenspartner nur gegen Bargeld hinzugeben, weil sich Neptun im Jupiter verhakt hat. Das ist schade, denn grundsätzliches Nachdenken über das Wesen des Seins ist nichts Schlechtes. Es fehlt nur meist die Zeit dazu, weil man nach der Schicht noch Möhren kaufen muss und um drei schon wieder der Schreiner vor der Tür steht, der natürlich in Wirklichkeit auch um vier noch nicht da ist, weil es sich um fünf nicht mehr lohnt. Das ist die Sittenlosigkeit! Heute ist die oberste Moral: Ich gehe vor, Frauen und Kinder folgen, und die anderen Kerle können gucken, wo sie bleiben.

Island und Griechenland   28. April 2010

Ich bin ja so froh, dass dieses Thema Missbrauch endlich mal weniger wird. Missbrauch, Missbrauch, ich kann es nicht mehr hören. Ich finde, der Bischof Mixa ist zurückgetreten, das ist gut und das reicht. Jetzt hat er wenigstens wieder mehr Zeit, sich um die Kinder zu kümmern.

Jetzt geht es endlich mal um andere Themen, nämlich Griechenland und Wahlkampf. Wenn ich Sigmar Gabriel richtig verstanden habe, dann ist die Griechenlandpleite ein guter Grund, in

Nordrhein-Westfalen SPD zu wählen. Wie da der Zusammenhang ist, weiß ich nicht genau, wahrscheinlich weil die SPD und pleite, das passt einfach.

Die Regierung in Berlin ist ja sowieso schuld, woran, ist noch nicht ganz klar, aber dass die schuld ist, ist doch sonnenklar. Auch die Vulkanwolke, so etwas hat es bei der SPD nicht gegeben, da hätten wir gar kein Geld für gehabt, aber das ist für die Isländer kein Thema. Total pleite, aber so einen Vulkan, das können sie sich leisten. Ich glaube, dass auch in Griechenland bald ein Vulkan losbrechen wird, wahrscheinlich direkt unter der Staatsbank. Griechenland soll ja jetzt angeblich schon für einen Euro bei eBay angeboten worden sein, aber da rate ich ab, die Folgekosten ... Dann wird es auch bald Staub und Asche regnen wie in Island. Was für eine Wolke! Wahnsinn. Erst habe ich gedacht, das wäre Kachelmanns Rache, aber nein, das war Naturgewalt!

Das war das Schöne an diesem Vulkan, dass man lernen konnte, der Mensch ist nicht der Einzige, der hier alles in Schutt und Asche legt, denn der Mensch war unschuldig ... wahrscheinlich, aber vielleicht war das gar kein Zufall, dass ausgerechnet am Geburtstag des Papstes die Hölle Feuer spie?! Ich muss mal den Bischof Mixa fragen, der weiß mehr, als man glaubt.

Fußball   5. Mai 2010

Heute wollte ich mal wieder über Fußball sprechen! Aber bitte: Nicht gleich abschalten! Auch wenn Ihnen Fußball fremd ist! Sie sind ja vom Thema trotzdem betroffen! Gerade jetzt, wenn die Weltmeisterschaft kommt ... Um Sie herum lauter Irre ... »Öööh!«

Beim Fußball zeigt sich ja der wahre Charakter des Menschen. »Öööh! Grätsch ihn weg! Die Sau!« Zivilisation ist eine ganz dünne Haut und darunter lauert – der Fan! »Öööh!«

Beim Fußball ist die Welt ja noch in Ordnung, da gibt es die Guten, das sind wir und dann gibt es die Bösen. Das sind die anderen, die Fremden, die Dahergelaufenen, das Geschmeiß, der Abschaum, das niedere Gewürm, das es nicht wert ist, den Ball zu treten, weil er ihnen in Anmut und Grazie und auch geistig überlegen ist.

Und diese Brut, die es nicht wert ist, die Luft zu atmen, die durch das eigene reine Stadion weht, das ist jeweils die Mannschaft der Nachbarstadt. Oder im Fall der WM ist das Holland. Das ist zwar doof, weil die Holländer einen ganz wunderbaren Fußball spielen. Aber das anzuerkennen hieße, gerecht zu urteilen, und das ist ein Verhalten, das sich kein Fußballfan vorwerfen lassen muss. Ein Holländer ist ja für uns Deutsche wie ein Schalker in Dortmund oder ein Dortmunder in Schalke, er ist nicht – wie nennt man das? – Mensch. Er ist unrein, das ist wie früher, als die Menschen noch vom Jagen und Sammeln lebten und durch die Moore streiften ... schon damals lebte auf Schalke wahrscheinlich ein Häufchen Halbaffen – und in Dortmund lebten auch ein paar Halbaffen. Und wenn sich so ein Äffchen in den Sumpf der jeweils anderen verirrte, weil er sich verlaufen hatte oder auf der A40 die falsche Abfahrt ... dann gab es artgerecht auf die Fresse, »öööh!«, wie es noch heute üblich ist, wenn man sich in den falschen Fanblock verirrt.

Der Mensch ist sich heute vielleicht in vielerlei Hinsicht fremd geworden, aber wenn der Ball rollt, dann ist er wieder bei sich. Dann ist er wieder ein Affe ohne Pelz, und wenn dann ein Tor gegen Holland zu Unrecht wegen lächerlichem Abseits nicht gegeben wird, obwohl es ganz klar gleiche Höhe war, dann sinken selbst Hochintellektuelle vom Geist der nationalen Zugehörigkeit vergiftet auf das geistige Niveau einer Stadionwurst – mit Senf. »Öööh!« Das ist das Schöne am Fußball, seine Ursprünglichkeit. Freuen wir uns auf die WM, ich bin dabei!

Griechenlandkrise 20. Mai 2010

Bald ist wieder Urlaub und ich weiß noch nicht wohin: Griechenland oder doch Island? Beide brauchen das Geld, aber Island ...?
Lieber Griechenland, die brauchen es wirklich, allein wenn man
sich mal die Akropolis anschaut, da ist seit Jahren nicht mehr
renoviert worden, das Dach ist undicht ... schlimm. Das ist das
Doofe an Immobilien, in dem Zustand kann man im Grunde nur
noch abreißen, das Grundstück ist in Ordnung, aber auf dem
Berg, ohne Aufzug, keine Parkplätze, vergiss es.

Immerhin gibt es nette Nachbarn, die Griechen sind einfach
locker, die sagen sich, wie Diogenes, der alte Philosoph, der in
seiner Tonne lebte und alle Angebote, viel Geld zu verdienen,
abgelehnt hat, weil er gesagt hat: »Viel Geld zu verdienen dient
ja doch nur einem Zweck: irgendwann nicht mehr arbeiten zu
müssen.« Da wäre es ja viel effektiver, gleich aufs Arbeiten zu
verzichten. Wer hätte gedacht, dass das mal Staatsphilosophie
würde, aber da wusste man ja auch noch nicht, dass wir das
bezahlen.

Aber was willst du machen, Insolvenz ist Insolvenz und der Unterschied zwischen Insolvenz und Konkurs ist ja: Insolvenz ist
Erpressung. Beim Konkurs wird einfach dichtgemacht, bei der
Insolvenz sagt der Schuldner: »Willst du ein bisschen von dei-
nem Geld wiederhaben? Wenn du alles willst, gibt es nämlich gar
nichts, dann mach ich Konkurs.« So geht das und das kann ich
auch privat nur empfehlen.

Wer Schulden einfach zurückzahlt, ist heutzutage ein völliger
Idiot. Man kauft ein Auto auf Pump und fragt einfach nach einem
Jahr: »Sind Sie mit der Hälfte einverstanden?« Dann sagen die
natürlich einfach: »Nein«, weil man ein Auto gekauft hat und
nicht den ganzen Laden. Wenn man 500.000 Autos gekauft hätte,
dann wäre das was anderes, denn dann hätten die gesagt: »Zahlen
Sie 100.000 und wir sind glücklich und zufrieden.« Deswegen:

Nie nur ein Auto, lieber gleich alle, dann muss man auch nicht bezahlen, bloß, was macht man mit 500.000 Autos? Da geht man an den Parkgebühren pleite. Da sieht man wieder, pleite ist man irgendwann sowieso, die Frage ist nur, wie viele Autos man fährt, bis es so weit ist.

Wissenslücken I   15. Juni 2010

Ich muss sagen, Wissen ist überschätzt. Menschen, die bedingungslos glücklich sind, sind oft doof wie ein Regenmantel, jene aber, die vom Baum der Erkenntnis gegessen haben, die Schlauen, das sind die Zweifler, die fürchten sich vor dem Klimawandel, vor Krieg, vor der FDP, so ist das. Der Wissende ist häufig schlecht gelaunt, während der Volltrottel in der Lage ist, selbst hanebüchenen Unseligkeiten wie Gerichtssendungen, Rubbellosen oder Klatschzeitschriften Glücksmomente abzutrotzen. Ein Trottel zu sein, ist also wunderbar, für den Homo sapiens aber trotzdem kein erstrebenswerter Zustand. Warum eigentlich nicht?

Man sagt, der Wissensdurst sei dem Menschen angeboren, das ist Ansichtssache. Bei mir selbst stelle ich immer häufiger fest, dass es auch Dinge gibt, die ich gar nicht wissen möchte: »War der grüne Belag auf dem Brot schon da, als ich heute Morgen mein Frühstücksbrot zubereitet habe? Wo war meine Tochter gestern Abend um 00:50 Uhr? Und wer ist Hamza Hakimzoda Niyoziy?« Ich will es nicht wissen und ich interessiere mich ebenso wenig für usbekische Dramatiker.

Man kann auch gar nicht alles wissen, selbst anerkannte Geistesheroen wie Albert Einstein oder Sonya Kraus sind nicht in der Lage, alle wichtigen Fragen des Lebens zu beantworten, vielleicht nicht einmal die wichtigsten, die da lauten: »Gibt es intelligentes Leben? Wo ist meine Lesebrille?« und: »Kann ich noch fahren?« Und die Antwort ist: »Mal so, mal so.«

Gerade was man gerne behalten hätte, ist weg, einfach weg: »Wie war nochmal der Name? Wo ist mein Pfefferspray? Was muss man tun, wenn man in Treibsand geraten ist?« Weg, weg, weg. »Ich weiß, dass ich nichts weiß«, sagte Sokrates, das stimmt, der hatte nicht mal einen Führerschein, aber glücklich war der auch nicht. Wie man's macht, macht man's falsch.

Wissenslücken II 23. Juni 2010

Wenn man ehrlich ist, gibt es Fragen, die wir nicht beantworten können, wir haben extreme Wissenslücken. Bei Gesprächen über Ikonografie der Hochromanik beispielsweise, da kann ich oft nur ganz wenig beitragen. Fragen zur Frühgotik, da kenne ich mich natürlich aus oder ein kleiner Diskurs über karolingische Ornamentik. Aber oft hat man Pech, eine Riesenparty, willige Frauen, man hat gerade ein paar schrille Thesen über den Krakauer Hochaltar von Veit Stoß um 1477 auf der Pfanne, da wendet sich das Gespräch und atemberaubende, animalische Damen kennen nur noch ein Thema: Skulptur des angehenden 12. Jahrhunderts. Dann steht man blöd da, wenn man nicht gerade Fremdenführer in Speyer ist ... oder in Worms.

Um solchen Blamagen aus dem Weg zu gehen, versuchen wir, die schlimmsten Lücken in unserem biologischen Datenspeicher zu stopfen, zumindest die Bildungslöcher auszufüllen, die von der Ausdehnung her in der Lage wären, kleinere Galaxien zu verschlucken, also quasi gravitationstechnisch in der Nähe schwarzer Löcher anzusiedeln sind. Leider füllt sich unser Hirn zwar stetig mit Information, nimmt aber doch dann nur wieder das auf, was man eigentlich lieber vergessen hätte, diese Nacht mit Sabrina, einige Zitate von Mr Spock oder Liedtexte von Konstantin Wecker.

Leider sind gerade bei der Wissensaneignung die Verluste oft größer als der Zugewinn. Da nimmt man zwar Neues auf, aber dabei werden unbemerkt Speicherbereiche überschrieben, die man eigentlich noch bräuchte. Alte Menschen pochen ja gerne auf ihren reichen Erfahrungsschatz, vergessen aber dabei oft, dass die Saurier, die sie noch persönlich kennenlernen durften, indessen ausgestorben sind. Auch wenn man in der Freizeit begeisterter Jäger und Sammler ist, es bringt heute nichts mehr, wenn man weiß, wie man einen Dilophosaurus erlegt, wie man den ausnimmt und dann zu Gulasch verarbeitet, die gibt's nämlich nicht mehr, was eigentlich schade ist, denn meine Mutter machte Dilophosaurus immer mit Fenchel und Pastinaken.

Wissenslücken III   30. Juni 2010

Das Vorurteil, dass unsere Jugend ungebildet sei, ist Quatsch. Die Naseweise wissen einfach in anderen Bereichen Bescheid, wie man einen »voll Messer macht« oder dass ein Grind auf dem Skateboard bei über 50-Jährigen oft zum Unfalltod führt.

Die Bildung unserer Jugend ist unterschätzt. Die Einführung des Multitaskings bei Kleinkindern irgendwann in den 60er Jahren hat zu einer starken Beschleunigung der Datenverarbeitung bei der jüngeren Generation geführt. Unsere Eltern waren ja noch erbost, wenn wir bei den Hausaufgaben Musik hörten. Die junge Generation heute ist in der Lage, beim Vokabellernen im Internet zu surfen und zeitgleich zu twittern, zu telefonieren, bei SchülerVZ zu chatten, fernzusehen, im Doodlejump die 100.000er-Grenze zu überspringen, Selbstporträts mit dem Handy zu erstellen und dabei leichte Drogen zu konsumieren – das alles im Sitzen, denn viele Jugendliche bewegen sich heute ja ausschließlich in Datenräumen.

Selbst der Gang zum Kühlschrank wird heute von den Eltern erledigt, die aufgrund mangelnder Computerkenntnis zu Dienstsklaven in der Realraumzeit degradiert wurden und der Jugendliche an sich wird dadurch zur Schnittstelle zwischen Realzeit und Datenraum.

Dazu gehört profundes Wissen, das natürlich anderswo wegfällt, beispielsweise im Bereich neuere Geschichte. Wir Alten konnten noch die Reihenfolge der Spieler aufsagen, die bei verschiedenen Elfmeterschießen England demütigten. Junge Menschen können heute oft nicht einmal mehr die Weltmeisterelf von 1990 memorieren, geschweige denn die von 74 oder die Startelf von 1934, die immerhin Dritter wurde, mit Conen, Lehner und Szepan, das ist doch schlimm. Es ist traurig, dass das Wissen der Alten immer mehr verloren geht. Tempus fugit – wie der Lateiner sagt oder wie es die Jungen ausdrücken würden: Voll Krass! Stimmt.

Wie soll man da noch mitkommen?

7. Juli 2010

Ich kann mich noch an Zeiten erinnern, in denen man Bücher las, nachdachte oder mit einem Grashalm im Mundwinkel in der Sonne döste. Solche Tätigkeiten erledigen heute Avatare im virtuellen Raum, damit der Entspannungsbedürftige in der Zwischenzeit weiterhetzen kann.

Aber was will man machen, man muss ja mitkommen. Wer heute in der Spitzengruppe mitfahren will, der kann es sich nicht leisten, aufgehalten zu werden. Man darf ja Vorausfahrende nicht einfach von der Straße schießen, das ist verboten und es fehlt oft auch am Equipment. In den Extra-Listen der bekannten Autohersteller sucht man Kurzstreckenraketen vergebens oder Kobalt-Thorium-Geräte oder Photonentorpedos gibt's nicht mal bei BMW, die kann man ausschließlich in erdfernen Galaxien bestellen und das dauert ja auch wieder …

»Zeit ist Geld«, so sagt der Volksmund und es gibt leider viel mehr Geld als Zeit. Zeit ist heute ein ganz teurer Rohstoff, und weil Zeit so teuer ist, bleibt am Ende wieder kaum noch Geld übrig. Deshalb wird Geld heutzutage auch kaum noch aus dem

Fenster geworfen, was vor allem für die schade ist, die unterm Fenster warten, ob nicht doch noch ein paar Scheine rausflattern. Früher brauchten Briefe noch 24 Stunden, heute liegt die Post oft schon nach wenigen Tagen im Kasten. Die Bahn kam doch früher ständig zu spät, heute muss man sich sputen, wenn man den Zug noch erreichen will. Wenn der Zug um 16:24 Uhr von Troisdorf nach Korschenbroich fahren soll, dann steht der oft schon um 14:48 Uhr auf dem Bahnsteig. Leider in Ochtrup, und natürlich ist das dann sowieso der Zug von Freitag, der deshalb nicht zu früh, sondern nur scheinbar eine Woche zu spät ist, beziehungsweise vielleicht auch drei, da muss man die fragen, die schon seit Jahren bei der Bahn sind und noch wissen, wann die Züge anfingen, sich selbst zu überrunden. Der Fahrplan der Bahn hat im Grunde heute eine ausschließlich philosophische Funktion als Allegorie der Eitelkeit alles menschlichen Planens. Im Chaos unserer fraktalartig dahinwuchernden Existenz sind Züge heute oft so viel zu spät, dass sie den Eindruck erwecken, sie könnten in Rheda um 12:31 Uhr losfahren, um eine Stunde vorher in Wiedenbrück zu sein.

Da gehen die Uhren ohnehin anders, und nicht einmal die Gezeiten erinnern dort daran, dass Lebenszeit verfließt wie ein Rinnsal in der Wüste. Zeit ist relativ, so haben wir es gelernt. Einstein wollte damit sagen: Was in Köln wie eine Stunde erscheint, ist in Wirklichkeit, also in Münster, gern mal etwas länger, ein Jahr oder ein Jahrhundert. Wen stört es? Keine Sau! Jedenfalls nicht in Altenbeken oder am Niederrhein.

Aus gegen Spanien

8. Juli 2010

Irgendwas war gestern. Was war das noch? Da war doch ... War gestern nicht Fußball? Nein. Gestern war kein Fußball. Gestern war Mittwoch und an Fußball kann ich mich nicht erinnern. An

Fußball kann ich mich eigentlich immer erinnern, zum Beispiel an 1990, da wurden wir Weltmeister und dann muss auch mal gut sein.

Denn 1990, da war der Fußball noch fair, da wurde gekämpft, und am Ende haben wir gewonnen, aber seitdem, muss man sagen, haben die Weltmeisterschaften an Fairness verloren. Man muss sich das vorstellen: 32 Mannschaften starten. Und 31 scheitern. Und selbst wenn man mal die abzieht, die eh keine Chance haben, also Nordkorea, Honduras, England ... das ist doch nicht fair. Fair wäre, wenn man sagt: »Den schönsten Fußball, den haben wir gespielt« ... gegen Argentinien, und dann gibt es Haltungsnoten, da wären wir bestimmt ganz weit vorne.

Dieses einfache Torezählen, das ist primitiv, aber wer es braucht, bitte schön. Da können sich jetzt die Holländer mit den Spaniern drum kloppen, wer diesen Pokal bekommt, der ja gar kein Pokal ist, denn da ist ja oben gar kein Kelch, da kannst du nicht mal Bier draus trinken, geschweige denn Champagner, was soll man denn mit so einem Pokal? Ich finde, so eine WM muss man auch abschließen, wenn es am schönsten ist. Von mir aus hätten wir gestern gegen Spanien gar nicht mehr antreten müssen. Gestern? War das gestern? Nein, das ist ja schon so lange her, und mit Abstand muss man auch mal sagen: »Es gibt wichtigeres als Fußball«, wie zum Beispiel ... na, ist ja auch egal. Aber dieses elitäre Immer-gewinnen-Wollen, so ein inhumaner Siegeswille, weil ja Sieg für den einen auch immer eine Niederlage für den anderen bedeutet. Da sind wir Deutsche einfach rücksichtsvoll, und es hat einfach Stil, zu sagen: »Es war schön gegen England, gegen Argentinien, aber jetzt sollen auch mal andere ran, die es nötiger haben, die das brauchen, die vielleicht sonst nichts haben« ... Das ist doch ein zutiefst sozialer Akt.

Gut, jetzt haben wir verloren, wir sind Loser, das ist doch so: Loser, aber sympathische Loser. Das waren wir im Zweiten Weltkrieg nicht, aber immerhin sind wir da weitergekommen und weiterkommen ist ja doch irgendwie immer das Wichtigste, oder?!

Unsichtbar 21. Juli 2010

Man sagt ja, dass man nur mit dem Herzen gut sieht, das Wesentliche ist für die Augen unsichtbar, und das stimmt. Zumindest neulich stimmte das, da saß ich im Theater und vor mir ein Typ, der war mindestens 2,15 Meter. Da war für mich nicht nur das Wesentliche, sondern auch das komplette Bühnenbild unsichtbar. Ich hab dann versucht, mir das Stück mit dem Herzen anzuschauen, aber das saß ja noch tiefer ...

Der Satz ist sowieso Humbug. Was man mit den Augen nicht sehen kann, muss nicht wesentlicher sein als das Sichtbare, da können Sie jeden Voyeur fragen.

Ich bin ja auch ein sehr optischer Mensch, wobei es natürlich wesentliche Dinge gibt, die man nicht sehen kann, und damit meine ich nicht einmal Blähungen. Der Satz soll ja sagen, dass sich unsere Empfindungen der Sichtbarkeit entziehen, das stimmt. Beispiel Wärmestrahlung: Solang es draußen 21 Grad sind, sieht man nicht, dass das Wesentliche an einem ICE die Klimaanlage ist. Aber jetzt, in diesen Tagen, wenn sich die Mitarbeiter des Bordbistros zum Abkühlen in die Mikrowelle setzen, da merkt man erst mal, was Hitze bewirkt. Das Einzige, was im ICE erträglich kühl ist, das ist der Kaffee.

Oder die Weltmeere. Wir sehen nur die Oberfläche und wir denken: »Ui, ist das tief.« Und jetzt haben Wissenschaftler festgestellt, dass die Weltmeere zwischen 21 und 51 Meter flacher als gedacht sind. Man sollte trotzdem vorsichtig sein, es gibt Bereiche im Atlantik, da können selbst große Menschen nicht mehr stehen, wenn man von dem Typen absieht, der im Theater vor mir saß. Ich glaube, der konnte den Marianengraben zu Fuß durchwandern. Schade, dass er das nicht letzte Woche gemacht hat, da hätte ich im Theater was sehen können. Vielleicht sogar was Wesentliches. Wer weiß?

Urlaub im Internet 28. Juli 2010

Ich plane gerade meinen Urlaub, aber das ist nicht leicht, ich möchte nämlich irgendwohin, wo es kein Internet gibt. Und da es sich beim Internet um ein globales Netz handelt, müsste man eigentlich sagen: »Ich fahre dieses Jahr nicht global, sondern noch viel weiter weg ... bis hinter – Kaiserslautern oder so.«

Aber dieses globale Netz heute, das ist selbst da, wo man eigentlich nicht mal Strom und fließend Wasser vermutet, also selbst beim Ökobauern in Österreich, wo man denkt, da wird noch ganz ursprünglich gewirtschaftet ... Gut, das ist auch so, da werden die Kräuter nur bei Vollmond geerntet, aber wann Vollmond ist, das wird gegoogelt.

Aber ich will googlefreie Ferien. Ich will keine Nachrichten, keine Information, denn da schlechte Informationen größere Aufmerksamkeit erreichen als die Nachricht »Alles prima«, besteht unsere Informationskultur hauptsächlich aus Katastrophenmeldungen, das ist sehr unangenehm.

Wobei man sagen muss, ohne Internet halte ich es wahrscheinlich gar nicht aus. Ich habe in meinem langen Leben vom Waldsterben über Ozonloch und Rinderwahnsinn bis zur Schweinegrippe so viele Weltuntergänge überlebt, dass ich ohne Information über die derzeitige Untergangslage gar nicht mehr auskomme. Ich brauche meine tägliche Dosis an Katastropheninfos, sonst stirbt die Freude am eigenen Überleben.

Die Ölpest kommt, die Ölpest geht. Das Einzige, was bleibt, bin ich, der Entsetzte, der Empörte, der Verzweifelte, das Mitglied der ersten menschlichen Gemeinschaft in der Geschichte der Erde, die volle ärztliche Versorgung kennt, keinen Hunger hat, aber Gleichheit vor dem Gesetz – und trotzdem 24 Stunden am Tag rumjammert: »Die Welt ist schlecht!« Das kann ich im Urlaub nicht einfach stoppen.

Außerdem muss ich selber Information verbreiten. Da draußen warten Millionen auf neue Informationen aus meinem Urlaub in den Karpaten! Das Internet ersetzt ja heute die Postkarte. Bei Facebook und Twitter kann man der staunenden Weltöffentlichkeit den im Waldschwimmbad frisch erworbenen Fußpilz präsentieren. Wer hätte noch vor 20 Jahren gedacht, dass sich ein Fußpilz virtuell und notfalls auch per Satellit in jeden Haushalt übertragen lässt?

Das geht nur per Internet. Ich fürchte, es geht nicht mehr ohne, auch nicht im Urlaub.

Beschleunigung　　　　　　　　　　3. August 2010

Alles wird schneller. Ein Fußballspiel dauerte früher oft lähmende 90 Minuten, heute ist oft schon nach anderthalb Stunden Schluss. Nachspielzeit noch, Feierabend. Eine Reise in den Süden war für Goethe so aufreibend, dass er ein Buch darüber geschrieben hat. Der hätte das gar nicht gepackt, wenn man dem erklärt hätte, dass heute der Flug billiger ist als das Taxi zum Flughafen. Schon der Begriff »Flughafen« hätte bei Goethe einen Systemabsturz ausgelöst. Mit Reset und Wiederherstellung der Werkseinstellungen. Als die ersten Eisenbahnen fuhren, da war sich die Wissenschaft einig: Das ungeheure Tempo dieser eisernen Raketen, damals 25 km/h, das musste die Menschen aufgrund der sagenhaften Beschleunigung der Sinnesreize in den Wahnsinn treiben. Wer heute mit 25 km/h durch die Innenstadt trödelt, wird geteert und gefedert, zu Recht, wie ich meine. Lahmärsche! Tempo-30-Zonen gelten als entschleunigte Meditationsgebiete. Da werden Passanten derart langsam überfahren, dass der Tierschutzbund protestiert.

Geschwindigkeitsbegrenzungen dienen heute nicht mehr der Begrenzung der Geschwindigkeit, sondern der Staatsfinanzierung. Wer heute bei einer wehenden Fahrt durch die Kinderspielstraße die Schallmauer durchbricht, gilt als vorbildlicher Gebührenzahler, und wer dabei noch telefoniert und Schnaps trinkt, der ist Schäubles Retter. Das sind die Mäzene der Neuzeit, die zehn Flensburger Punkte auf einmal einfahren und durch summierte Bußgeldzahlung die Staatsverschuldung mindern.

So ist das Leben heute. Durch die wahnsinnige Beschleunigung greifen früher unvereinbare Tätigkeiten heute nahtlos ineinander. Alkohol am Steuer galt früher als lustig, aber verboten. Heute wird an unseren Tankstellen mehr Alkohol verkauft als Benzin. Natürlich wurde auch früher gesoffen, aber nicht zur Betäubung, das war einfach so im Nachkriegsdeutschland, das war ein Zeichen für Lebensqualität. Aber im Zeitalter der Beschleunigung trinkt man in einer Art Druckbetankung zum Zwecke der Anästhesie. Sogar an der Tankstellenkasse findet sich deshalb eine beeindruckende Auswahl an geistigen Getränken in 0,2-Liter-Gebinden, die unseren Fernfahrern den Alltag ertragen helfen sollen: Asbach Uralt, der weiche Chantré oder Kleiner Feigling, lauter Getränke, die zwar das Hirn weich kochen, aber das Fahrverhalten beschleunigen. Merke: Geschwindigkeit ist heutzutage keine Hexerei, sondern eine Frage des Sprits. Hochprozentiges tanken, dann wird der Stau lustiger, aber bitte schön nur für Leute über 18 Jahre.

Nach dem Urlaub

Wenn man dann aus dem Urlaub nach Hause kommt, ist man ja überrascht. Alles anders. Plötzlich lese ich in der *BILD*: »Gaddafi will Europa zum Islam bekehren«. Ich hoffe, er fängt in Oberammergau an, da hat er erst mal zu tun ... Und apropos Gaddafi: Plötzlich höre ich: »Kachelmann ist frei.« Alle reden über Sicherheitsverwahrung, aber Kachelmann ... der Mann ist ja eine Gefahr! Seit der draußen ist, ist der Regen völlig unberechenbar! Ich werde den Sommer bei meiner Versicherung als Wasserschaden geltend machen. Das ist doch Chaos da draußen! Guttenberg schlägt »Schnupperzeit für Soldaten vor«. Eine Schnupperzeit bei der Bundeswehr! Woran sollen die schnuppern? An den Stiefeln, an einer Landmine in Afghanistan oder gleich an der Latrine? Das geht doch nicht.

Was ist das denn für ein Vorschlag? Hätten wir nicht auch bei dieser Regierung erst mal eine Schnupperzeit nehmen sollen, vor der Wahl, da hätten sich einige ... für die SPD entschieden. Mit Thilo Sarrazin als Integrationsminister. Für die Integration der Dummen und genetisch Benachteiligten ...

Das ist eigentlich eine interessante These: Wird Deutschland wirklich dümmer? Und wenn ja: Ist Thilo Sarrazin der Theoretiker dieser Entwicklung oder schon die Auswirkung? Ich hätte Sarrazin gerne bei Oliver Pocher gesehen, wie er sagt: »Deutschland wird dümmer!« Und Pocher sagt: »Oöh?!«

Er hat sich ja Botox spritzen lassen, in den Kopf. Das spricht erst mal für Sarrazins These, und das ist nicht gut. Pocher hätte es vielleicht besser mit Aspirin versuchen sollen, oder Asbach Uralt. Paris Hilton ist jetzt mit Kokain erwischt worden. Schon wieder, aber jetzt hört sie auf. Wirklich! Dann raucht sie Botox. Die Zeit wird auch an ihr nicht spurlos vorübergehen ... Wer ist eigentlich Daniela Katzenberger? Diese Paris Hilton in der Ballermannversion. Diese Blondinenkarikatur. Die läuft frei rum da draußen.

Was mache ich, wenn die klingelt? Ich habe jetzt ein Schild an die Tür gemacht: »Hupen verboten!« Aber ob das reicht? Und dann lese ich auch noch in der *Gala*: »Giselle Bündchen schwört auf Muttermilch!« Wer's mag. Ich ziehe ein alkoholfreies Weizen vor, zumindest im Sommer. Aber das ist ja kein Sommer mehr und man erkennt ihn nicht mal am Wetter. Sommer ist, wenn Putin sich auf dem Pferd fotografieren lässt oder beim Bienenlutschen in Kasachstan und auf der Yetijagd auf Sachalin, im Schlauchboot beim Walschutz oder wie er Löschflugzeuge steuert. Der lässt kein Abenteuer aus! Irgendwann steht der bei uns vor der Tür und sagt: »Ich komm' den Keller aufräumen.« Und dann bin ich wahrscheinlich wieder nicht zu Hause, sondern in Urlaub. Auch gut, Nichts wie weg hier ...

Kritisch 2. September 2010

Heute habe ich sehr guter Laune. Es ist heute noch gar keine Ölplattform explodiert, kein Vulkanausbruch, keine Überschwemmungen, und seit ich den Fusselfilter sauber gemacht habe, geht sogar meine Waschmaschine wieder. Die Welt kann so schön sein ...

Aber natürlich muss man auch kritisch sein. Das haben wir ja schon als Kinder gelernt, immer kritisch sein. Zufriedenheit gilt bei uns als Defekt, als Gesinnungsfehler. Wenn man sagt: »Ich finde es eigentlich ganz prima hier!«, dann gilt man in kritischen Kreisen als Vollpfosten. Bei uns ist gute Laune ein Zeichen für geistige Umnachtung. Dafür werden wir Deutsche ja auch in aller Welt geliebt und geachtet, weil wir immer Angst haben: »Oh! Nein. Das könnte Allergien auslösen.« Ja, das stimmt. Das Leben kann Allergien auslösen und es endet oft tödlich. Deshalb ist eine positive Lebenshaltung bei uns nur erlaubt, wenn sie allergiegetestet ist und gefahrlos. Euphorie ist gefährlich. Da freut man sich und ruckzuck ist man in Ekstase tanzend vom Balkon gekippt. Während Depressionen als ungefährlich gelten, da liegt man im verdunkelten Zimmer. Das ist auch gut gegen Hautkrebs ...

Fröhliche Menschen gelten als Deppen, aber wenn einer so richtig unten ist und immer sagt: »Ich bin so fertig ... Hat alles keinen Sinn ...!«, dann denkt man: »Ah, ein Intellektueller, vielleicht sogar ein Künstler, der am Leben leidet, einer, der von einer besseren Welt träumt, ohne Ölplattformen und Fusselfilter.« Alte Menschen sagen oft: »Hauptsache, der Stuhl ist in Ordnung!«, und das hat nichts mit der Möblierung zu tun, die meinen die Verdauung, und das stimmt!

Versetzt Glauben Berge?   9. September 2010

Manchmal frage ich mich: »Versetzt der Glaube wirklich Berge?« Nein. Geht nicht. Physikalisch. Aber die Menschen glauben so einen Quatsch. Die glauben an Sachen, an Wunder, Verschwörungstheorien, sogar an Bankberatung. Aber das Offensichtliche, das sieht er nicht, der Mensch.

Der Mensch weiß: »Ich habe Größe 44«, aber man kann doch 36 einfach mal anprobieren. Die Hoffnung stirbt zuletzt, also rein in den Fummel, mit 88 Kilogramm, das geht nicht, es sei denn, die Dame ist 3,28 Meter und kauft gerade ein knöchellanges Kleid als Minirock.

Aber Tatsache ist doch, dass Berge sich nicht aufgrund von Geisteskraft verschieben lassen, und Hüftringe verschwinden nicht durch Anprobieren. Aber die Menschen glauben auch an göttliche Eingebungen oder Wunderheilungen. Und wenn man zweifelt, dann ist man Unwissender, Ketzer, Satan! Weil: Der Glaube darf dem Wissen widersprechen, aber das Wissen niemals dem Glauben, sonst kommt man in die Hölle. Warum? Weil Glauben viel schöner ist als Wissen!

Man glaubt ja gern, wenn die Geschichte schön ist und tröstlich. Wie der heilige St. Jodelbert einst das fromme Töchterlein des armen Schneiders aus einer unterirdischen Höhle befreite, weil er einem Engel folgte, der ihm den Weg zeigte, ja, wem da kein Tränchen rollt, der hat ein Herz aus Stein. Die stimmt, die Geschichte, und dann wird vor Ort eine kleine Kapelle gebaut – mit einer Reliquie. Der kleine Finger des Heiligen wird da in einem Goldkästchen aufbewahrt und an Fronleichnam durch das Dorf getragen. Kein Mensch wird fragen, wer sich die Mühe gemacht hat, vor der Beerdigung noch den kleinen Finger abzuschneiden. Es gibt Heilige bei den Katholiken, von denen in verschiedenen Kirchen bis zu 30 kleine Finger aufbewahrt werden. Muss man deshalb gleich zweifeln? Nein, Gottes Wege sind wundersam, und wer Wunder wirkt, kann auch Finger multiplizieren.

Insofern versetzt der Glaube mit Sicherheit auch Berge, zumindest bis sich der Nebel verzieht und man aus der Almhütte heraus sehen kann: Alles noch da. Der wahrhaft Gläubige aber lässt die Augen geschlossen und sagt: »Ich weiß, da ist das Meer. Ich muss die Augen nicht öffnen, um zu glauben.« Wunderbar.

Empörungsroutine · 14. September 2010

Was ich empörend finde, ist, dass sich alle ständig empören. Über alles! Wir sind das Land der Beleidigten, der Aufgebrachten, der Empörungsroutine ...

Natürlich läuft bei uns alles falsch. Wir sind zwar die drittgrößte Volkswirtschaft der Erde, und die ganze Welt beneidet uns um unseren Wohlstand und unser Sozialsystem, aber wir sind empört, weil bei uns jeder dritte erwirtschaftete Euro in Sozialleistungen fließt. Und das ist zu wenig, da war die DDR ja weiter als wir. Da erwirtschaftete man eine Mark und steckte davon zwei Mark ins Sozialsystem. Deshalb ist sie auch insolvent gegangen, aber schön war es und deswegen ist man empört.

Es ist ja doch klar, was jetzt passieren muss. Die Steuern müssen rauf, runter oder bleiben, wie sie sind, das kann doch nicht so schwer sein. Steuern rauf ist allerdings unsozial, weil das die belastet, die am meisten rechnen müssen. Steuern runter ist auch schlecht, weil das die entlastet, die Steuern zahlen, also die Gutverdienenden. Bleibt alles, wie es ist, heißt es: »Die tun nix.« Keine einfache Situation für einen Finanzminister. Der weiß schon vorher, der Empörungsroutine entkommst du nicht. Egal aus welcher Partei er gerade kommt. Das ist wurscht. Hauptsache Empörung!

Allerdings haben wir gerade ein Wirtschaftswachstum, das ist sensationell, viel höher als erwartet, aber das ist ja das Empörende! Der Empörte weiß, das stimmt doch alles gar nicht, alles getürkt! Ja sicher! Wenn die Wirtschaft runtergeht, dann ist das gelogen, weil die ja nur die Löhne senken wollen, und wenn sie raufgeht, dann lügen die, um die schlechte Lage zu verschleiern. Es ist schlimm und schon läuft sie wieder, die Empörungswelle ... Ich fände es schön, wenn sich mal fünf Minuten keiner aufregen würde in diesem Land, nur fünf Minuten. Ich möchte einfach mal fünf Minuten lang genießen, dass es uns so gut geht. Und danach werden das alle ganz furchtbar finden. Wie kann man nur so gute Laune haben! Empörend.

Fleisch   22. September 2010

Im Moment wird ja viel diskutiert über Fleisch. Das ist auch gut so, denn Fleisch ist ein Stück Lebenskraft. Und damit meine ich jetzt nicht diese Tittenblätter am Büdchen, ich meine Fleisch vom Metzger. Fleisch ist Leben. Für den, der es isst. Für den, der gegessen wird, eher weniger. Obwohl ja im Sinne der buddhistischen Inkarnationslehre: »Wer sein Leben lässt, um andere zu nähren ...« Das gibt Karma, aber hallo! Mindestens ein halbes Pfund Karma, schön medium ...

Deshalb sind Kühe im Hinduismus auch heilig, beziehungsweise eigentlich ist das komisch, weil die Viecher da ja nicht gegessen werden, und eigentlich sind sie auch nicht gut für die Schöpfung, weil die durch ihre Verdauung so viele Klimakillergase erzeugen, die furzen die Stratosphäre zu, und das ist noch nicht mal ein Scherz, dagegen ist ein Porsche eine Ökoschaukel. Aber auf der anderen Seite schmeckt ein Porsche einfach nicht so gut, das weiß jeder, der schon mal bei einem Auffahrunfall ins Lenkrad gebissen hat.

Welche Tiere soll man überhaupt essen? Ich finde ja den Grundsatz gut: Alle Tiere, die keinen Namen haben. Ich würde niemals den Flocki essen. Nun ist an so einem Meerschwein auch nichts dran, an unserem zumindest. In Peru werden die für den Grill gezüchtet, das sind Brocken! Das finden bei uns viele eklig, wenn die sich auf dem Spieß drehen ... Warum? Gewohnheitssache. Der Araber findet es komisch, dass wir Schweine essen. Warum? Weil er Araber ist. Das ist jetzt kein besonders guter Grund, aber das ist dem egal. Ich finde, die Einzigen, die einen guten und nicht nur kulturell bedingten Grund haben, dagegen zu sein, dass wir Schweine essen, sind die Schweine ... aber das interessiert doch wiederum kein Schwein beziehungsweise keinen, der kein Schwein ist.

Auch Rex und Hasso würde ich nicht essen. Kulturbedingt. Oder die Miezi ist auch zäh, angeblich. Am besten wäre, man würde nur Tiere essen, die eh wegmüssen. Ratten, das ist in Birma eine Delikatesse ... Borkenkäfer, Staubmilben, Sackratten ... Aber das kann man dem Metzger doch nicht erzählen: »Ich hätte gerne noch 100 Gramm von der Sackrattensülze«, aber vielleicht sollte ich es nächstes Mal einfach mal versuchen.

Entspanntheit

Die Börse sieht ja momentan gut aus, und ich bin gespannt, wann wieder die Hausfrauen einsteigen und die Kurse auf Rekordhöhe schnellen, bis es dann wieder »wupps« ab in den Keller geht. Das ist ja absehbar. Die Finanzwirtschaft mit ihren unvorhersagbaren Krisen ist heute das, was früher die Missernten waren. Man weiß, das kommt, aber wann? Und was willst du machen? Am besten die ganze Kohle vorher noch spaßoptimiert versaufen. Das geht! Das ist alles eine Frage des Willens! Und der Getränke.

Entspannt bleiben ist so wichtig im Leben und immer Haltung bewahren. Man sollte nie vergessen: Im Ruin ist Gelassenheit der Ausdruck eines wirklich edelmütigen Charakters! So wie Ludwig der XVI., ein Mann von großem Adel und selbst auf dem Weg zum Schafott immer gelassen, das ist innere Erhabenheit! Ganz Paris war beeindruckt! Und erst als die Rübe in das Körbchen fiel, da verlor er ein bisschen die Fassung. Das blutete aber auch, wie eine abgestochene Sau.

Aber trotzdem, da sollte man ihm keinen Vorwurf machen. Ist der Kopf erst abgeschnitten, fällt es auch dem wirklich Entspannten schwer, Contenance zu bewahren.

Entspanntheit hilft eben nicht nur im Leben, sondern auch beim Ableben. Allerdings ist sie von einer dümmlichen Wurschtigkeit oft gar nicht zu unterscheiden. In Neapel wohnen Millionen Menschen in der sicheren Gewissheit, dass der Vesuv da bald ausbrechen wird. Das wissen die, und auch dass sie dann bei der gegenwärtigen Verkehrslage da nicht mehr rauskommen. Die singen trotzdem bei der Arbeit und zahlen weiter Schutzgelder an die Mafia, in dem Glauben, die bauen von dem Geld dann einen riesigen Korken, um ihre Schutzgeldzahler vor den Lavafluten zu retten. Das ist vielleicht naiv, aber was soll's? Wer sich aufregt, stirbt an Herzinfarkt. Nur der

Entspannte lebt gelassen vor sich hin, bis er im Magmastrom dem Meer entgegenwogt ... Entspannt sein, auch wenn's am Hintern brennt, das ist cool!

Deutsche Einheit

Herzlichen Glückwunsch zum Geburtstag! Die neue Bundesrepublik wird 20! Jetzt wächst zusammen, was zusammen gehört, aber dieser Prozess dauert natürlich. Ich glaube, dass es noch zwei oder drei Generationen dauern wird, bis die wirklich zu uns gehören. Die Schwaben, die Bayern ... Sie sind teilweise fremd, und ich bin nicht sicher, wie es bei denen mit der Intelligenz aussieht. Da muss ich Thilo Sarrazin fragen, der kennt sich da ja aus.

Der Schwabe zum Beispiel ist genetisch vollständig anders zusammengesetzt. Er hat beispielsweise eine Phobie vor Bahnhöfen, was uns seltsam vorkommt, weil ich finde, ein Bahnhof ist eine prima Sache. Auch für die Umwelt, und es ist schön, wenn die Züge durchfahren können, um nicht am Ende des Bahnhofs drehen zu müssen. Aber da ist der Schwabe anders. Der ist konservativ. Wenn da was Neues gebaut werden soll, dreht er am Rad. Da geht er die Bäume hoch und dann muss die Wehrmacht kommen und alles platt machen. Mit Panzern und Boden-Luft-Raketen, so ist der Schwabe ...

Bei uns in Nordrhein-Westfalen ist das anders, da hasst man sich untereinander. Der Rheinländer und der Westfale, der Kölner und der Düsseldorfer. Das ist sozusagen eine lokale Form des Rassismus, die auch im linken Milieu gern gesehen wird. Das steckt im Menschen einfach drin: Das Fremde ist das Böse, vor allem wenn es von der anderen Rheinseite kommt.

Der Kölner hält alle, die um die Stadt drum herum wohnen, für minderwertig, Bergisch Gladbacher, Düsseldorfer, Grevenbroicher, schon weil sie das falsche Bier trinken. Für den Kölner offenbar ein Kriterium, das ist für Außenstehende manchmal nicht leicht zu verstehen. Wenn man als Düsseldorfer nach Köln kommt, ist das ein bisschen so, als wenn ein Europäer nach Papua-Neuguinea reist. Man versteht nicht alles, aber es ist schön. Wenn man überlebt.

Und noch schwieriger ist es zwischen Ost und West. Sich mit einem Sachsen zu verständigen, ist ja schon rein sprachlich schwierig. Das ist wie mit einem Holländer, man muss sich aufschreiben lassen, was er will. Geschrieben versteht man gerade so viel, dass man irgendwie kombinieren kann, was er will. Aber insgesamt kann man sagen: »Wir Deutsche halten zusammen.« Der Aufbau Ost beispielsweise ist eine gute Sache. Es wäre allerdings auch schön, wenn es dann irgendwann auch einen Aufbau West geben würde, sonst bricht uns Gelsenkirchen irgendwann unter dem Hintern zusammen, und das will man ja auch nicht erleben, außer man ist Dortmunder, aber das ist wieder eine andere Sache. Bis zur Deutschen Einheit ist es offenbar noch ein weiter Weg. Immerhin: Wir sind unterwegs. Zu Fuß, aber immerhin.

Deutschland wird dümmer   7. Oktober 2010

Neulich habe ich einen kennengelernt, mit Migrationshintergrund. Und zwar gleich doppelt: Er ist Türke. Und kommt aus Schwaben. Und obwohl er Schwabe ist, spricht der Deutsch. Sagt er – ich verstehe ihn nicht immer!

Genetisch ist er gut drauf, auch vom IQ her, alles gut. Aber so hat das Thilo Sarrazin auch nicht gemeint. Der einzelne Türke ist ja nicht doof, sondern nur der Türke an sich, wenn ich das richtig verstanden habe. Deswegen wird der Deutsche immer dümmer, hat Thilo Sarrazin ja gesagt.

Wobei ich sagen muss, natürlich wird der Deutsche dümmer, weil er früher unglaublich schlau war. Der war so schlau, schlauer ging es ja gar nicht mehr, da konnte es nur noch abwärts gehen. Der Deutsche war so schlau, dass er alle anderen überfallen musste, weil die uns nicht verstanden haben.

Und seitdem werden wir dümmer. Vor allem, seit die Fremden im Land sind, was da plötzlich alles deutsch sein wollte?! Das fing ja vor 1000 Jahren an. Da kamen die Friesen, die Bayern, im 17. Jahrhundert spalteten sich dann die Holländer ab, das war fußballerisch ein Verlust.

Aber ansonsten: lauter Fremde, mitten in Deutschland! Bis ins 19. Jahrhundert war ja sogar Österreich mit dabei ... Dann kamen die Gastarbeiter, zuerst die Italiener, und im Fernsehen gab es plötzlich *Tutti Frutti* und das war der Beginn der Verdummung. Und das, sagt Thilo Sarrazin, war offenbar genetisch bedingt. Die Deutschen haben sich dann mit den Fremden gepaart, mit der Mandarine und der Kirsche ... Chin Chin ... das hätte ich damals auch gerne gemacht, Verdummung hin oder her, das wäre mir völlig egal gewesen.

Die Türken waren da bei uns schon in der dritten Generation, und als die Türken *Tutti Frutti* sahen, haben die gedacht: »Deutschland wird dümmer.« Das stimmt, aber das liegt nicht an den Türken, das liegt am Fernsehen.

Freiheit, Islam, Kachelmann 13. Oktober 2010

Der Sommer ist rum. Ich glaube, das liegt an dem Prozess da, mit Kachelmann. Der hat ja angeblich ganz vielen Frauen dieselbe Wetterlage angekündigt und das Ganze auch noch verschleiert. Deshalb schreibt jetzt Alice Schwarzer in der *BILD*, weil sie gegen Verschleierung ist, selbst bei Männern. Beziehungsweise bei Männern heißt Verschleierung Vermummung und das ist sowieso schon verboten. Also Kachelmann ist wegen Vermummung angezeigt worden, und seit er da drinsteckt in der Sache, wobei »da drinsteckt« ist auch keine schöne Formulierung in dem Zusammenhang, seit er da drinhängt, also … das Wetter ist nicht besser geworden. Was haben die Frauen eigentlich von ihm erwartet, dass ein Meteorologe die Wahrheit sagt?

Darum geht es ja gar nicht in dem Prozess und auch nicht bei Alice Schwarzer. Da geht es ums Wetter! Beziehungsweise nicht um das Wetter an sich, sondern um die Wetterlage im metaphorischen Sinne. »Es ziehen Wolken auf«, sagt Frau Schwarzer und das liegt an der Verschleierung! Düstere Wolken am Horizont der Frauenbefreiung und sie hat recht. Im Islam ist die Frau zwar frei, aber in erster Weise frei davon, alles selbst entscheiden zu müssen. Als Frau ist man so frei, dass man nicht ständig gezwungen ist, über so Nebensächlichkeiten nachzudenken wie: »Welche Frisur trage ich heute?« Oder: »Wen heirate ich?« Das entscheidet der Mann.

Und das ist mit unserem Grundgesetz nicht vereinbar, weil das Grundgesetz, so sagt es der streng gläubige Muslim, dem Vater die Freiheit einschränkt, seinen Schwiegersohn selbst zu bestimmen. Und viele in der Parallelgesellschaft sagen: »Das soll eine freiheitliche Grundordnung sein? Wir wollen Freiheit nach der Sitte des 7. Jahrhunderts!«, wo der Mann die Freiheit hat, zu sagen, wer da wen heiratet, und die Frau hat der Freiheit, zuzustimmen. Wenn sie das nicht tut, tritt die Freiheit des Bruders in Kraft, sie um die Ecke zu bringen. Deswegen sagen viele, Islam und Freiheit, das geht nicht zusammen, dabei stimmt das nicht. Es geht nur darum, wessen Freiheit, die des Bruders oder die des Vaters?!

In unserer Grundordnung gilt ja das Selbstbestimmungsrecht des Menschen, also teilweise sogar der Frau. Und trotzdem wird bei uns vor Gerichten schon manchmal die Scharia angewendet, wenn es um Menschen aus anderen Kulturkreisen geht. Vielleicht sollte Kachelmann einfach zum Islam übertreten, dann wäre das mit den vielen Frauen kein Problem mehr. Und dass die eine, die er da angeblich, die nicht wollte, dass er, na ja ... auf jeden Fall könnte er ganz radikalislamisch zurückfragen: »Ja, hätte ich die Frau vielleicht vorher fragen sollen?!?« »Natürlich nicht«, sagt der richtige Mann, alles eine Frage der Religionszugehörigkeit. Für Katholiken, für Muslime und selbst für Meteorologen.

Straßenbau und
Menschheitsgeschichte   20. Oktober 2010

Früher habe ich einmal geglaubt, dass unsere Landschaft in der letzten Eiszeit entstanden ist, aber ich glaube, das stimmt gar nicht. Wie sich so eine Landschaft entwickelt, das liegt ja in erster Linie am Straßenbau. Vor allem freitags nachmittags. Straßen werden ja eigentlich hauptsächlich freitags nachmittags gebaut. Damit die Verkehrsteilnehmer auch etwas davon haben. Und wenn der Stau am schlimmsten ist, wenn das Wochenende beginnt, dann kommen die Fräsen und die Walzen und zeigen dem Menschen, dass man das Wochenende auch anders beginnen kann als mit Freizeit oder Nachhausekommen, nämlich im Stau. Walzenfahrer kennen keine Gnade und Fahrbahnfräsenlenker fräsen bevorzugt Fahrbahnen, die zwar noch gut sind, aber im Berufsverkehr kaum zu umfahren sind. Der Fräsenfahrer sitzt diabolisch lachend hinter seinem Fahrbahnfräsenlenker, seine beiden Hörner glänzen im Blinklicht der Straßenbaubetriebswagenblinklichter und Rauch steigt aus seinen Ohren. Die Walzen- und Fräsenfahrer wissen, dass ein neuer Fahrbahnbelag nur dann Sinn macht, wenn er beim Legen möglichst viele Menschen behindert. Deshalb arbeiten sie ja nur am Freitagnachmittag.

Selbstverständlich haben die verkehrslähmenden Asphaltierungsaktionen auch eine ganz sachliche Ursache, sie sollen dem Verkehrsteilnehmer zeigen, dass der Staat für sie arbeitet. Da dampft und qualmt es, und am Ende der Baustelle dankt ein Schild für Verständnis, das man gar nicht hatte. Die Straße war ja noch in Ordnung. Aber wenn so ein EU-Zuschuss einmal bewilligt ist, muss geteert werden, da ist auch der Schöpfer machtlos.

Die Geschichte der Menschheit ist eine Geschichte bewilligter Gelder, die dann auch ausgegeben werden müssen. Die letzte Eiszeit hat wahrscheinlich auch nur deshalb stattgefunden, weil irgendjemand Gelder bewilligt hat für das Einfrieren breiter Landstriche, und die Kontinentalverschiebung wird auch nur weiter durchgezogen, weil es offenbar eine Baugenehmigung gibt.

Hannibal hätte die Alpen sicher lieber mit Geländewagen überquert, aber die Elefanten waren ihm halt bewilligt worden. Die Völkerwanderung war eine unausgegorene Idee der Einwanderungsbehörden und die Hexenverbrennung könnte ein vom Umweltamt gefördertes Pilotprojekt gewesen sein – zur Förderung erneuerbarer Energien. Ich weiß es nicht, aber es könnte so gewesen sein. Ich werde da mal nachfragen. Am Freitagnachmittag. Auf der Autobahn.

Botox   21. Oktober 2010

Was ich momentan nicht so richtig begreife, ist, was das mit diesem Botox soll. Dass man sich das da, ich meine, das ist doch Gift, aber irgendwie ist das in den letzten Jahren hoffähig geworden. Botox ist ja eines der tödlichsten Nervengifte überhaupt. Das entsteht, wenn Fleisch- oder Fischkonserven vergammeln, und wenn der Fisch so richtig durch ist, beispielsweise wenn der ein paar

Tage auf der Fensterbank gelegen hat, in der prallen Sonne, dann ist da so viel Gift drin, das irgendwann jemand gesagt hat: »Boh, ist das giftig. Das nehmen wir zur kosmetischen Behandlung.« Das muss man spritzen, denn wenn man das Gift über das Essen zu sich nimmt, ist das nicht gut. Nach ca. 15 bis 40 Minuten gibt es erste Vergiftungserscheinungen: Kopfschmerzen, Übelkeit, Erbrechen und am Ende ab in die Kiste. Deswegen gehen vor allem Frauen indessen dazu über, das Gift nicht über die Nahrung, sondern in gespritzter Form einzunehmen. Unter der Haut lähmt es die Nerven und führt zu entspannter Ausstrahlung – wie bei einer Leiche.

Was viele nicht wissen: Das Einführen tödlicher Nervengifte in den Körper ist auf Dauer nicht gesund! Mit Botox vergiftete Hausfrauen stehen häufig an den Biotheken unserer Supermärkte und beklagen sich über Schadstoffe in der Nahrung. Die müssen aber selber nach dem Ableben, aufgrund des hohen Giftgehaltes, aufwendig entsorgt werden, damit ihre Überreste nicht ins Grundwasser gelangen.

Ich finde das komisch. Wenn es das Leben wenigstens verlängern würde. Gut, der Vorteil ist, wer mit Botox gespritzt verstirbt, hat seinen Lieben wenigstens die Gelegenheit gegeben, sich schon zu Lebzeiten an das verstorbene Gesicht zu gewöhnen. Ein Toter hat ja auch keine Mimik mehr, deswegen sagt man ja oft am offenen Sarg: »Die sieht doch besser aus als lebendig!« Mich persönlich wundert, dass dieser Effekt bisher noch nicht kosmetisch genutzt wird. Ich kenne Moderatorinnen aus dem Fernsehen, die sind derartig mit Botox versetzt, das sind solche Mumien, warum sagt man dann nicht gleich: »Wir beenden die Lebensfunktionen, dann sieht sie besser aus«? Und den Text kann man einblenden. Der Vorteil an Botox ist, wo der Tod nicht ruckartig, sondern schleichend Einzug hält, ist seine Wirkung vergleichsweise weniger erschreckend. Der Übergang erfolgt fließend. Es soll Fälle gegeben haben, in denen vom Nervengift entspannte Hausfrauen vom Golfplatz direkt mit dem Porsche Cayenne zur eigenen Beerdigung gefahren sind. Ein entspannteres Ableben ist kaum möglich.

Ratgeber

Ich habe einen neuen Beruf. Ich bin jetzt Ratgeber. In der Welt wird so viel Mist gebaut, da habe ich gedacht: »Vielleicht wissen die das nicht besser, vielleicht brauchen die Ratschläge da draußen?«

Richtige Ratgeber und nicht den üblichen Dreck: *Wie werde ich glücklich?* Einfach lachen und weitermachen, hüpfen, singen, schon sind Sie glücklich. Das ist aber kein guter Ratschlag für einen taubstummen Einbeinigen. Und wenn der Autor wüsste, wie man entspannt und glücklich wird, würde er dann alle drei Wochen neue Bücher und Kolumnen produzieren? Nein, er wäre entspannt und glücklich.

Und dasselbe gilt für Ratgeber wie: *Wie werde ich reich in zehn Tagen?* Wenn der wüsste, wie man reich wird, würde er dann so billige Bücher verkloppen? Nein. Der weiß nicht mal, wie man reich wird in 14 Tagen, geschweige denn in zwei Wochen. Der hat keine Ahnung. Der will unser Geld, das ist sein Rezept. Was für ein Drecksack! Derselbe Typ hat wahrscheinlich vor zwei Jahren noch amerikanische Subprimekredite verhökert und kann jetzt genau erklären, warum das damals in die Hose ging. Wenn man reich und glücklich werden will, kauft man nichts, wo man nicht weiß, was drin ist! Das gilt für Investmentfonds genauso wie für Blutwurst und bunte Pralinenmischungen, die am Ende immer zur Hälfte liegen bleiben, weil kein Mensch Krokantklötze frisst oder Branntwein in Marzipan, das kann man gar nicht essen, ohne auf der Stelle zu implodieren.

Es gibt so viele gute Ratschläge, deshalb heute erst mal nur den wichtigsten: Wenn man neben einer brüchigen Gasleitung steht, raucht man nicht. Auch wenn die Statistik dagegenspricht. Denn von all jenen, die neben einer offenen Gasleitung geraucht haben, ist kein Einziger an Lungenkrebs gestorben. Das ist doch erstaunlich. Tabak und Gas sind also perfekt gegen Krebs. Wieso liest man so gute Ratschläge nicht in Büchern? Das begreife ich nicht.

Vulkanismus, Terrorismus, Erderwärmung
1. November 2010

Ich bin noch ein bisschen durch den Wind. Ich komme gerade aus Südafrika zurück. Und da ist jetzt Frühling. Während ja bei uns Herbst ist. Das liegt an der Klimaerwärmung. Die untere Erdhälfte dreht sich ja links rum, während sich die Halbkugel, auf der wir uns befinden, obenrum dreht, also andersrum, von Nord nach Süd, sodass sich Castrop-Rauxel tagsüber nördlich von Siegen befindet, während Detmold am Abend schon wieder östlich von Aachen ist. Klar, dass es da dann auch dunkel wird. Das liegt am Licht.

Und weil sich die Erdhälften in verschiedene Richtungen drehen, reiben sie am Äquator aneinander und durch die Reibungshitze entsteht die Klimaerwärmung. Das ist jetzt natürlich nur eine Theorie, aber wo gibt es in der Wissenschaft schon Sicherheiten? Tatsache ist, die Erde stößt immer mehr CO_2 aus. Das sieht man an diesem Vulkan in Indonesien. Das ist ja auch nicht umweltfreundlich, was die da unten treiben.

Die Erde raucht. So etwas wäre bei uns gar nicht erlaubt oder wenn, dann nur in speziellen Raucherräumen, irgendwo in der Eifel. Die Erde kann doch nicht einfach qualmen, wo sie will. Oder sich plötzlich auftun, wie jetzt da unten in Tübingen oder nein, das war nicht in Tübingen, das war in Thüringen, wo in der Erde plötzlich ein Loch war. Jetzt sagen natürlich viele: »Na klar ist da ein Loch, das ist ja auch der Arsch der Welt.« Aber das stimmt nicht. Der Arsch der Welt ist in Indonesien!

Denn die Verdauung der Erde, das ist der Vulkanismus. Die Erde ist, so sagen es die Umweltforscher, ein einziger Organismus. Da hängt alles zusammen! In Indonesien bricht ein Vulkan aus und in der Folge entsteht dann ein Loch in Thüringen und dann fällt da ein Auto rein. Und plötzlich ist in Südafrika Frühling. Das hängt alles zusammen.

Die Erde beginnt uns zu verschlucken. Beziehungsweise: Auf der einen Seite schluckt sie uns und auf der andern Seite spuckt sie alles wieder aus. Das geht doch nicht, oder doch?! Das ist die Globalisierung! Alles hängt zusammen! In Afrika wird es Frühling und bei uns reißt der Herbst die ersten Löcher in den Boden. Alles wird global. Nehmen wir den Terrorismus. Wenn früher einer durchknallte, also so ein völlig Fertiger, ein Bekloppter, der war total wütend, auf alle, das Dorf und den Bauern nebenan. Dann drehte der einem Schwein den Hals um und raus waren die Aggressionen. Das war gemein, aber im Nachbardorf erfuhr man schon nichts mehr davon. Dann fing man an, Schusswaffen zu benutzen. Heute schicken die Terroristen Päckchen, weil ihnen der Weg zu weit ist. Und wenn dem Bauern sein Schwein stirbt, dann sucht er sich einen neuen Lebenspartner bei RTL. Das ist die Globalisierung!

Ich habe letzte Woche übrigens auch ein verdächtiges Päckchen erhalten. Ich habe sofort beim Geheimdienst angerufen, und es hat sich dann herausgestellt, das war ein Geburtstagsgeschenk. Nicht von Al-Qaida, sondern von meiner Tante aus dem Sauerland. Da haben die nicht mal den Flughafen gesperrt, als wenn nicht auch genügend Bedrohliches aus dem Sauerland käme! Was kann ich dafür, dass ich keine Tante im Jemen habe? Was ist da eigentlich im Jemen los? Wahrscheinlich ist da Sommer. Oder Winter. Auf jeden Fall kein Frühling. Der ist ja grade in Südafrika. Wunderbar.

Hoppeditz-Erwachen 10. November 2010

Gleich ist es so weit: 11:11 Uhr! Heute ist ja Hoppeditz-Erwachen. Das ist großartig. Der 11.11.! Nicht zu verwechseln mit dem 9.11., dem Jahrestag des Mauerfalls, Pogromtag, Novemberrevolution und so weiter. Oder dem 11.9., 11. September. Das ist ja mehr ein islamischer Feiertag, zumindest im Nahen Osten, für die Taliban ist das bis heute ein Freudentag. Weil die keinen 11.11. haben und weil die keinen Hoppeditz haben. Die dürfen auch gar keinen Alkohol trinken, und das ist ja der Sinn von Hoppeditz-Erwachen, dass man jetzt erst mal ein paar Monate durchtrinkt, bis dann am Aschermittwoch alles vorbei ist. Und der rheinische Ramadan beginnt. Das Fasten. Wo viele Karnevalisten sagen: »Jetzt trinke ich vier Wochen keinen Alkohol. Nur Bier.«

Karneval ist aber auch ein existenzialistisches Fest und es werden dabei grundsätzliche Fragen gestellt: »Wer soll das bezahlen? Wer hat das bestellt? Wer hat so viel Pinke, Pinke, wer hat so viel Geld?«

Und man kann sogar noch weiterfragen: »Wer hat den Käse zum Bahnhof gerollt? Wie kommt das Pferd auf den Flur? Wird wirklich ein Schiff kommen? Und wird es den einen bringen, den sie so liebt wie keinen, den Zauber einer Nacht?« Das ist ja ein zentrales karnevalistisches Motiv. Der Zauber einer Nacht! »Du sollst mir alles, alles Liebe sagen, nur nach dem Namen frag mich bitte, bitte nicht.« Will sagen: »Morgen früh bin ich hier raus aus der Bude«, weil am Morgen, wenn es dann wieder hell wird, also nicht nur von der Sonne her, sondern auch der Blick, wenn man wieder nüchtern ist und man erkennt, was man gemacht hat, graut ja oft nicht nur der Morgen ...

Das ist Karneval! Ekstase. Ohne Ekel. Wenn sich alle die Zunge in den Hals stecken. Das kann man auch in Ostwestfalen mal versuchen! Grundsätzlich sind auch Westfalen in der Lage, Zungenküsse auszuteilen, das ist alles eine Frage des Pegels ...

Den Menschen außerhalb der Karnevalshochburgen sei gesagt: »Denke auch einmal darüber nach, ob du nicht mal aus dir rausgehen willst.« Mal alles vergessen, was man an Kultur oder Benehmen gelernt hat. Das ist auch mal schön! Hau auf die Pauke, und wenn dir Karneval zuwider ist, dann mach das doch im Mai! Es muss auch gar nicht die große Trommel sein! Wenn du musikalisch bist, kannst du es auch mit diffizileren Instrumenten versuchen, einer Hupe, einer Dudel oder einer Tröte. Menschen ohne Gehör nehmen ein Didgeridoo. Und dann aber richtig: »Pöpööö, pöpöööö, pöpöööö!« Viel Vergnügen!

Handy 17. November 2010

Ich habe ein Handy. Das ist großartig. Ein richtiges Handy. Das ist ja nicht selbstverständlich oder das war es nicht, jedenfalls bis Mitte der 90er Jahre. Das muss man den jungen Leuten erst mal erklären, dass es Zeiten gab, in denen man nicht überall telefonieren konnte. Oder SMS schreiben. Oder einfach auf das Display starren. Man saß sich damals in der Kneipe gegenüber und man unterhielt sich! Das heißt: Man redete miteinander. Das heißt, es gab teilweise Kommunikation ohne Strom. Analog!

Junge Menschen starren einen oft völlig entgeistert an, wenn man so etwas erzählt. »Wie, ihr hattet kein Handy?! Wie habt ihr euch denn verabredet?« Nun, liebe Kinder, wir hatten Uhren! Wir verabredeten uns um eine bestimmte Uhrzeit an einem bestimmten Ort. Orte gab es schon vor Google Maps!

Und an diesem Ort wartete man, meist nur kurz, weil man sich nur mit Menschen verabredete, die auch Uhren hatten. Und wenn man sich verpasste – dann war das scheiße! Dann war's das! Dann stand man da wie bestellt und nicht abgeholt. Das waren schlimme Zeiten.

Wenn man telefonieren wollte, musste man in eine sogenannte Telefonzelle. Das waren Zellen aus Glas. So etwas gibt es heute nur noch für Raucher. Aber die Sehnsucht nach dem mobilen Telefonieren war damals schon so groß, dass viele den Hörer mitnahmen. Da stand man in der Zelle und man konnte trotzdem nicht telefonieren. Also in etwa so, wie wenn man in eine Raucherzelle geht ohne Zigaretten. Dann kann man in der Raucherzelle telefonieren, heute, wenn am Telefon nicht gerade der Akku leer ist. Früher konnte man in der Telefonzelle rauchen, wenn der Hörer weg war. Das taten viele auch. Vor allem die Zwölfjährigen, die sich in der Telefonzelle das Hirn rausqualmten. Oder reinpinkelten. In Telefonzellen roch es früher grundsätzlich wie im Ausguss eines Urinals. Warum auch immer. Und im Telefonbuch waren nur noch die Seiten von G bis J. Was die mit den Telefonbuchseiten gemacht haben, möchte ich gar nicht wissen! Ekelhaft! Egal!

Im Telefonbuch standen übrigens früher die Telefonnummern, die heute in dem Handy drin sind, das verloren ging. Weshalb man mit niemandem mehr telefonieren kann, weil die Nummern weg sind, weil man Depp natürlich wieder kein Back-up gemacht hat.

Trotzdem: Heute gibt es Handys, und das ist großartig! Und neulich habe ich mein Handy verloren. Da bin ich in den Handyladen und musste mich für einen neues Modell entscheiden und der Verkäufer fragte mich: »Was soll das Handy denn können?« So weit ist es gekommen, dass man das Handy aussucht wie früher den Lebenspartner: »Was soll es denn können?« Nun, mein neues Handy sollte liebevoll sein, zärtlich, und es sollte nicht gleich beleidigt sein, wenn ich mal die falsche Taste drücke. Was soll ein Handy können? Einfach mehr als der Hörer, den ich früher immer mit dabeihatte. Das wär schon was. Großartig.

Positiv 24. November 2010

Ab sofort möchte ich mich dem Positiven widmen. Ich schaffe es einfach nicht mehr, bei jedem angekündigten Weltuntergang in Panik zu verfallen. Ich habe jetzt in der Zeitung gelesen, dass unser Außenminister vor atomarem Terrorismus warnt. Und da habe ich gedacht: »Gut, und jetzt? Was soll ich tun? Reicht ein Regenschirm? Oder soll ich beim Einkaufen eine Bleiweste tragen?« Okay, ich werde mich in Zukunft von Selbstmordattentätern fernhalten. Das mach ich jetzt schon einige Zeit lang so, und das hat sich bewährt. Aber sonst? Was soll man machen?

Ich habe festgestellt, seit ich denken kann, lebe ich mit Weltuntergangsszenarien: Waldsterben, Atomkraft, dritter Weltkrieg, Startbahn West, Gentechnik, Rinderwahnsinn, Klimawandel, Vogelgrippe, Schweinegrippe, Hühnergrippe, und ich bin sicher, es kommt auch noch die Igelgrippe, die Eichhorngrippe, die Dackelgrippe und wenn es sein muss, auch die Hamsterstaupe. Ich kann es nicht ändern! Ich versuche einfach, sexuelle Kontakte mit Tieren zu vermeiden, im Haus, im Wald, im Auto und im Unterholz. Mehr kann man nicht machen.

Ich weiß, man sollte kritisch sein. Diese Grundhaltung ist in den 60er Jahren entstanden, als es noch Spießer gab und Altnazis in der Regierung. Seitdem haben wir das so verinnerlicht, dass wir die positive Weltsicht inzwischen für eine Geisteskrankheit halten. Und nun habe ich beschlossen, eine subversive Untergrundbewegung zu gründen, die sich der herrschenden Weltabscheu entgegenstellt.

Noch nie in der Geschichte der Menschheit haben die Menschen sicherer, gesünder und in größerem Wohlstand gelebt als heutzutage bei uns in Mitteleuropa. Das müssen wir feiern! In unserer Regierung haben wir einen Schwulen, einen Behinderten, ein Waisenkind, einen mit Migrationshintergrund, eine siebenfache Mutter ... das ist hier ganz offenbar ein Land, wie es sich die Hippies immer gewünscht haben. Und das ist die konservative Regierung. Ich bin gespannt, was die anderen aufstellen, die werden uns wahrscheinlich als Tierschutzminister einen Cocker Spaniel präsentieren.

Es könnte in Taka-Tuka-Land nicht lustiger sein als bei uns. Unser größtes Problem ist ein Bahnhofsneubau! Das ist großartig. Wir kämpfen nicht mit dem Erzfeind im Schützengraben, sondern mit den Leuten vom iPhone-Reparatur-Service, weil wir einen Sprung im Display haben. Das ist natürlich auch furchtbar, aber besser als Kohlen klauen in der Nachkriegszeit. Noch in den Sechzigern ging man aufs Klo auf dem Hof. Ich wette, das dauert noch ein, zwei Jahre, dann gibt es fürs Pinkeln eine App. Dann wird der Urin kabellos entsorgt, übers digitale Datennetz, und die Leute werden sich aufregen, weil Google das Ganze online stellt, analysiert und einen dann automatisch mit Werbung versorgt, für den Schnaps, den man am Vortag getrunken hat. Das kann passieren. Aber ich kann damit leben.

Europa   1. Dezember 2010

Es ist gut, dass wir Europa haben! Jahrhundertelang haben wir uns gegenseitig überfallen und jetzt prügeln wir uns einfach so ums Geld. Das ist schön.

Und weil die jetzt unser Geld versaufen in Griechenland und in Irland, müssen die jetzt Reformen machen. Das kommt für die Griechen völlig überraschend, plötzlich Steuern zahlen. Wenn man sich erst mal daran gewöhnt hat, dass der Kumpel immer bezahlt, dann ist das ungewohnt, wenn der sagt: »Eigentlich könntest du auch mal zahlen.« So etwas kann schnell die Freundschaft kosten.

Oder die Iren: Das war ja auch eine gewagte Idee, einen Finanzplatz zu schaffen, mit einem Eigenkapital von acht Millionen Schafen.

Natürlich ist so etwas wie ein einiges Europa schwierig. Das merkt man schon, wenn man mal betrachtet, wo Europa herkommt: Der Sage nach entführte Zeus Europa, die Tochter des phönizischen Königs, auf die Insel Kreta, noch heute ein beliebter Ort für entspannten Beischlaf. Zeus allerdings hatte sich, damit seine eifersüchtige Alte nichts mitkriegte, in einen Stier verwandelt. Auf so was kommt ja heute keiner mehr. Ich glaube, das wäre auch verboten, da gibt es bestimmt eine EU-Agrarnorm. Das würde auch nichts bringen, als Stier Frauen aufreißen. In die angesagten Clubs wird man so gar nicht reingelassen. Da steht so ein Wandschrank vor der Tür und sagt: »Ey, kommst du nisch rein, nisch mit den Schuhen, ey, Hufe, voll krass!«

Heute kommt uns das natürlich völlig absurd vor, ein Stier, der in rasender Liebe eine Frau entführt, obwohl, wenn man schon mal *Bauer sucht Frau* gesehen hat?! Da kann man ja auch Tiere und Menschen manchmal gar nicht mehr richtig auseinanderhalten. Europa hatte übrigens drei Söhne von Zeus, also einem Wiederkäuer! Seither haben wir in der EU ein besonderes Verhältnis zum Agrarbereich und gerade unsere Bauern wissen: Das Geld für die Tiere bleibt quasi in der Familie. Na dann ...

Das Jahr 2010 8. Dezember 2010

Ich bin froh, dass das Jahr bald um ist. Probleme über Probleme! Wir Deutsche haben unglaubliche Probleme dieses Jahr.

Ein Bahnhofsneubau! In Stuttgart! Mitten in der Stadt! Unter der Erde! Ja, mein Gott, unter der Erde sind wir doch noch früh genug. Ich will doch nicht schon zu Lebzeiten begraben werden und schon gar nicht von der Deutschen Bahn! Es reicht ja schon, dass die im Sommer versucht haben, ihre Gäste zu garen. Im ICE!

Wie schnell ist das Leben rum? Auch in diesem Jahr hat es wieder einige von der Stange geklopft. Das ist schlimm. Die große Meinungsforscherin Elisabeth Noelle-Neumann ist gestorben, obwohl das statistisch gar nicht vorgesehen war. Und sie war eigentlich dagegen, aber so ist das in der Meinungsforschung. Am Ende kommt es, wie es kommt ...

Juan Antonio Samaranch, der große Sportfunktionär, Olympia und so ... am Ende noch versucht, den Tod zu bestechen. Es hat nichts genützt ... Leslie Nielsen ist tot, die nackte Kanone, der damals gesagt hat: »Bullen und Weiber passen nicht zusammen.« Das ist, als würde man einen Löffel Rohrfrei essen, natürlich reinigt es einen, aber tief im Inneren wird alles hohl. Sehr philosophisch ...

Und Heidi Kabel ist gestorben. Humor ist auch keine Lebensversicherung mehr, aber das Leben ist eben kein Boulevardtheater. Im Boulevardtheater wird am Ende geheiratet. Im richtigen Leben kommt am Ende der Tod. Für viele ist das aber auch kein großer Unterschied.

Streusalz, Weihnacht, Dom 22. Dezember 2010

Nun ist Weihnachten nicht mehr fern. Es ist ja Vorweihnachtszeit, wobei eigentlich außer an Weihnachten immer Vorweihnachtszeit ist. Das nächste Weihnachtsfest kommt ganz bestimmt. Wie Ostern. Ostern kommt dann auch. Ich muss noch Eier färben. Und dann kommt auch die Bahn wieder.

Der Fahrplan der Deutschen Bahn ist ja jetzt vereinheitlicht worden: Die Züge kommen Ostern. Alle. Teilweise sogar beheizt. Dann gibt es auch wieder Streusalz.

Das ist ja auch komisch. Dass immer im Winter kein Streusalz da ist. Im Sommer kein Problem. Das muss an der Streusalzernte liegen. Das Streusalz wird ja im Sommer geerntet und wenn das dann schlecht wird im Herbst und verwelkt ... ich weiß es nicht. Vielleicht liegt es auch am Fünfjahresplan des Zentralkomitees. Wenn man die Versorgungslage in unseren Streusalzkombinaten anguckt, könnte man meinen, die DDR sei auferstanden. Jedes Jahr kommt völlig überraschend der Winter. Oft nach dem Herbst. Plötzlich ist er da und dann ist aufgrund der Überraschung kein Streusalz da und in der Bahn fällt die Heizung aus. Das ist gut, denn im Sommer ist ja die Klimaanlage kaputt. Bei der Bahn fühlt man sich nicht wie in der DDR. Das ist Dritte Welt, Uganda, Afrika, aber nicht Asien! In Indien kommt die Bahn indessen pünktlicher als bei uns, aber Streusalz haben die da auch nicht. Warum auch, bei 23 Grad ...

Vielleicht sollte man doch nach Indien ... Bei uns geht doch alles abwärts. Selbst der Kölner Dom wird kleiner, das haben die jetzt rausgefunden. Er ist 20 Zentimeter kleiner als bisher gedacht. Das haben die Messungen des Landesvermessungsamtes ergeben. Dass wir so was überhaupt haben: ein Landesvermessungsamt. Was machen die da? Messen die das ganze Jahr? Was messen die? Natürlich: die Höhe des Kölner Doms. Das ist ja auch Arbeit. Da mit dem Zollstock und plötzlich verrutscht man auf 130 Meter Höhe und muss wieder runter und von vorne anfangen. So etwas wäre privatwirtschaftlich gar nicht zu leisten. Es ist schon gut, dass wir dieses Amt haben und dass wir jetzt wissen, dass der Dom kleiner ist als bisher vermutet. Es ist allerdings zu befürchten: Wenn die U-Bahn kommt, wird der noch kleiner, hoffentlich nicht ganz so klein wie das Stadtarchiv.

Und hoffentlich hält er wenigstens bis Weihnachten. Das wäre ja unangenehm, wenn der Kölner Dom ausgerechnet an Weihnachten ... oder Ostern ... und dann kommt ja schon wieder Weihnachten. Ich verschenke dieses Jahr übrigens einen Sack Streusalz. Gute Idee.

Jahresende 25. Dezember 2010

Was bringt das neue Jahr? Auf jeden Fall ein neues iPhone. Und das kann noch mehr als das alte iPhone. Es kann wahrscheinlich sogar, was weiß ich, Pipi und Aa. Und es gibt Milch und Honig. Und es sprengt sich in der afghanischen Version selbst in die Luft. Das wird ein großartiges neues Jahr mit insgesamt 365 Tagen, das habe ich recherchiert, ich war ja auf der Schule, da war Pisa noch eine Stadt in Italien. Wenn man heute einen Schüler fragt, dann liegt Pisa in Spanien, das weiß doch jeder, und da steht der Eiffelturm. So ändern sich die Zeiten. Und die Fakten. Das ist eine Frage der Gerechtigkeit, dass man als Lehrer gerade in sozialen Brennpunkten nicht darauf besteht, dass Pisa unbedingt in Italien sein muss.

Woher sollen die das wissen, wenn die im Brennpunkt aufgewachsen sind? Wo liegt überhaupt dieser Brennpunkt? Der ist bei mir im Atlas gar nicht drin. Aber Pisa! Pisa ist drin. Da geht die Ungerechtigkeit doch schon los.

Gerechtigkeit ist an unseren Schulen erst dann erreicht, wenn jede Lösung richtig ist und kein Kind mehr zurückbleibt, nur weil es glaubt, dass eins plus eins gleich vier ist. Eins und eins ist nämlich in erster Linie weniger als sieben, insofern ist vier nicht so falsch, dass das als Lösung nicht auch halbwegs richtig sein könnte.

Muss man denn immer gleich rechnen? Geht es denn nur noch um Zahlen? Das hat man doch in Irland gesehen und in Griechenland, was passiert, wenn plötzlich einer nachrechnet. Kein Geld zu haben, ist nämlich eigentlich gar nicht schlimm. Schlimm ist das nur, wenn einer nachrechnet, beim Bezahlen.

Im neuen Jahr wird Pisa möglicherweise sogar in Griechenland sein, weil die die Akropolis verkaufen müssen. Und dann kriegen sie Pisa, weil ja auch die Italiener finanziell ein bisschen angeschlagen sind, und irgendwann sind alle pleite. Aber das neue Jahr wird trotzdem großartig, denn dann kommt das neue iPad, und das druckt im Notfall auch Geld. Warum nicht? Da gibt es eine Gratis-App und schon fallen unten die Münzen raus. Und in der Version für 1,59 Euro sogar Scheine.

Wenn das Geld weg ist, drucken wir einfach neues. Das machen die Notenbanken auch nicht anders.

Alles wird gut!

Segelschiffe 26. Januar 2011

Als Landratte kenne ich mich mit Mehrmastsegelschiffen nicht wirklich aus. Im Gegensatz zum Rest der Bevölkerung. Alle reden über die Gorch Fock! Die wissen alle, wie man sich zu verhalten hat auf einem Segelschiff. Dazu gehört auf jeden Fall: Spindsaufen, Kielholen, Äquatortaufe ... Ich glaube, die Bundeswehr hat sich inspirieren lassen von *Der Fluch der Karibik*. Nur Johnny Depp ist noch cooler als der Guttenberg, Captain Jack Sparrow, immer mittendrin in der Schlacht. Während der Guttenberg ja mehr der Schnösel ist, der sich alles vom Feldherrnhügel aus anguckt. Der kennt sich mit der Marine auch gar nicht aus. Wegen der Mützchen da, diese albernen Käppis. Guttenberg ist mehr der Panzertyp. Schon seine Frisur ist von einem Stahlhelm kaum zu unterscheiden.

Aber ich versteh nichts von Militär, Marine schon gar nicht. Hat dieser Kapitän, der jetzt weg ist, hatte der eigentlich zwei richtige Hände? Oder so einen Haken?

Da scheint es ja hoch hergegangen zu sein, auf der Gorch Fock, und einige haben wohl den Namen zu wörtlich genommen, Gorch Fock, das sei ein schwimmender Puff, hat einer gesagt. Das finde ich nicht gut, das ist keine Art, den Wehretat aufzubessern. Ein Puff auf hoher See? Das ist auf Dauer auch kein guter Standort. Der Puff gehört doch in den Hafen! In einer demokratischen Armee gehört der Puff auf festen Boden! Und er sollte für alle offen sein, nicht nur für Kadetten.

Ich finde das ganze Thema sehr irritierend. Ich habe mich ja so erschrocken. Neulich bin ich aufgewacht und vorne auf der Zeitung war die Gorch Fock, mit voller Takelage, dann ging es in einem Artikel um Krawattenzwang für Schriftführer im Bundestag. Und daneben war ein Foto von einem adligen Minister. Und ich dachte: »Nein! Die haben mich ins 18. Jahrhundert gebeamt!«

Im 19. Jahrhundert kam dann die industrielle Revolution. Da wurden die Segelschiffe eigentlich abgeschafft, weil das Dampfschiff erfunden wurde. Wahnsinnsdinger waren das, und die Bundeswehr sollte doch auch mal drüber nachdenken, ob sie nicht Dampfschiffe anschafft. Oder wenigstens Galeeren ... Da könnte man widerborstige Kapitäne von Segelschiffen rudern lassen.

Und der hochwohlgeborene Herr von und zu Guttenberg holt den Säbel raus. Im Morgengrauen vor dem Stadttor. Ich fände es schön, wenn wir irgendwann dann wieder ganz im 21. Jahrhundert ankämen.

Alles eine Frage der Zeit.

Sozialstaat 2. Februar 2011

Gestern habe ich in einer Diskussion über den Sozialstaat ganz beiläufig eingeworfen, dass ich selbstverständlich den Sozialstaat für etwas ganz Großartiges halte, für einen Höhepunkt der menschlichen Zivilisation, aber dass man auch manchmal, ganz selten, nicht vergessen sollte, dass der Mensch möglicherweise auch selber für seine Situation mitverantwortlich sein könnte. Ei, ei, ei, das war ein Ärger. Wie ich so etwas sagen könnte. Das sei ja neoliberal, was immer das bedeutet. Weil neoliberal ja ein Wort ist wie eine Fliegenklatsche. Wenn jemand was sagt, muss man nur behaupten, es sei neoliberal. Schon ist es kaputt. Das ist schön, weil es so einfach ist. Aber hat der Einzelne nicht vielleicht trotzdem eine klitzekleine Mitverantwortung für sein Leben? Oder ist das Individuum heute praktisch komplett fremdgesteuert? Natürlich ... wir sind alle Marionetten unseres Unterbewussten. Und der CIA? Und der *BILD*-Zeitung. Wir sind bewusstlos.

Alles andere liefe auf Selbstverantwortlichkeit hinaus und wäre neoliberal. Und daraus schließen viele, dass der Mensch geschützt und gepflegt werden muss, 24 Stunden am Tag. Und der Staat ist der Pfleger. Das Problem ist, dass der Staat auch aus Menschen besteht, die ihrerseits wieder Pflege brauchen. Und das ist das Schwierige. Natürlich ist der Mensch ein Pflegefall, aber wenn alle Pflegefälle sind, wer pflegt dann?

Der Hund vielleicht?! Der Hund ist ja unglaublich fürsorglich, aber der Hund braucht ja auch Pflege. Da pflegen sich die Pflegefälle gegenseitig.

Beziehungsweise: Haben wir Menschen denn nicht wenigstens ein bisschen mehr Bewusstsein als ein Hund? Im theologischen Sinne: Ja! Der Mensch hat eine Seele, sagt der Theologe. Er weiß auch nicht, wo die sitzt, im Blinddarm oder vielleicht im Stirnlappen, man weiß es nicht. Aber sie ist da, selbst bei Frauen. So hat es Papst Dingsbums beschlossen, ich weiß nicht mehr, welcher. Großartig, die Frauen sind also im katholischen Sinne auch in der Lage, in den Himmel zu kommen, stehen also in der theologischen Rangliste knapp über dem Rauhaardackel, teilweise sogar über dem Berner Sennenhund – und wirklich begeisterte Hundezüchter wissen, wie schwer diese Entscheidung dem Papst gefallen sein dürfte.

Im Islam enthält man sich da lieber genauerer Bewertungen. Es gibt in islamischen Ländern oft auch kaum Berner Sennenhunde. Aber im Koran steht: »Ein Gebet ist ungültig, wenn ein Esel, ein Hund oder eine Frau vorübergeht.« Ist die Frau also noch mehr Pflegefall als der Mann? Oder richtet sich die Nachricht einfach nur an den männlichen Menschen, also den männlichen Pflegefall? Vielleicht ist ja auch die ganze Welt ein Irrenhaus. Das würde einiges erklären. Ein Irrenhaus, ohne Pfleger, und erst recht natürlich ohne Ärzte. Da ist auf Heilung nicht zu hoffen. Schade.

Demokratie und Ägypten   14. Februar 2011

Ist der Bürger eigentlich immer noch zornig? Ein Wutbürger? Na, sicher, er ist sauer! Auf die Politiker und das Gequatsche in den Parlamenten, alles doofe, korrupte Drecksäcke. Die Stimmung den Parteien gegenüber ähnelt ein bisschen der im Februar 1933, und da wäre es auch nicht gut angekommen, wenn einer gesagt hätte, dass er Parteiendemokratie prima findet. Auf die Fresse hätte der bekommen. Und heute ist die Stimmung ähnlich. Fast so wie in Ägypten, wobei die sich natürlich so etwas wünschen würden, was wir haben, eigentlich könnten wir sogar tauschen. Es stand ja teilweise zur Debatte, dass Mubarak nach Deutschland kommt. Ich dachte erst, er wird Trainer in Wolfsburg oder er übernimmt die Gorch Fock oder gleich das ganze Land. Dass diese Wischiwaschi-Politiker bei uns, na, dass der da halt mal richtig aufräumt bei uns.

Aber das wollen wir ja auch nicht. Wir Deutsche haben schlechte Erfahrungen gemacht mit Führern, die aufräumen. Wobei man sagen muss, einen Ägypter hatten wir noch nie.

Und Mubarak ist was? Generalleutnant. Und unser letzter war ja bloß Gefreiter. Aber das haben wir gelernt, nie wieder überlassen wir das Land einem lausigen Gefreiten und dann noch aus Österreich. So einer kennt sich doch gar nicht aus mit unseren Segelschiffen. Die österreichische Armee hat ja maximal Tretboote. Auf dem Wolfgangsee ...

Aber wir wollen überhaupt keine Militärregierung. Wir haben schließlich gerade erst die Wehrpflicht abgeschafft. Die Kreiswehrersatzämter sind geschlossen. Das ist schlimm und sehr gefährlich. Was ist jetzt eigentlich mit den Ärzten, die da festgehalten wurden? Laufen die draußen frei rum? Das macht mir Angst. Ich habe mir Anfang des Jahres ein paar Rippen gebrochen, und allein die Vorstellung, ich wäre an so einen gekommen und der hätte gesagt: »Wie, Rippen?! Hose runter und husten Sie mal.« Ja, da lachen die Frauen gerne drüber, aber das machen die genauso bei Frauen und schreiben bloß noch auf den Zettel: »Hoden fehlt!«

Damit ist man tauglich. Das war allerdings früher anders, da war man ohne Hoden untauglich.

Atomkraft I   15. Februar 2011

Wie spaßig darf man eigentlich sein, wenn in Japan dieses Kraftwerk in die Luft fliegt? Also bei uns ist ja jedenfalls alles schon in Panik. »Abschalten, sofort abschalten!« Ja, kommt ja, ist schon, da sind wir ganz schnell. Obwohl ein Tsunami bei uns nicht zu erwarten gewesen wäre, es sei denn, Sigmar Gabriel springt in den Rhein.

Aber Frau Merkel kümmert sich jetzt. Das finde ich großartig. Sie ist ja Physikerin, und da hat sie gleich gemerkt, wenn so ein Kraftwerk explodieren kann, dass das nicht gut ist. Das hat sie richtig erkannt und da hat sie auch gleich gesagt: »Dann lassen wir das eben mit der Kernkraft.« Gut, dass wir Physiker in der Regierung haben.

Die Kernkraft war eben noch unersetzbar, aber jetzt doch nicht mehr. Wenn die Dinger explodieren, sind wir sehr empfindlich. Der Deutsche ist ja grundsätzlich gegen Lärm. So eine Explosion ist auch von der Hausordnung in einem Kraftwerk gar nicht gestattet und deshalb sagen wir Nein. Dann muss eben doch das Unersetzliche ersetzt werden und offenbar geht es.

Die Kanzlerin hat in ihren alten Physikbüchern nachgelesen und hat gesehen, ein Kernkraftwerk enthält nicht nur Luft, Atome und Mitarbeiter, sondern auch Cäsium. Und zwar Cäsium 137. Oder 55. Oder 08/15, ich weiß es nicht. Dadurch ergibt sich dann eine ganz neue Lage, also eine Art Steißlage in der Energiepolitik. »Die Kernkraft muss neu überprüft werden«, hat Frau Merkel gesagt. Ich war bis dahin davon ausgegangen, das hätte schon mal jemand nachgeprüft. Oder wenigstens mal reingeguckt. Aber wahrscheinlich haben die vom TÜV gesagt: »Da geh ich doch nicht rein.«

Oder einer vom Bauamt ist da hin und hat gesagt: » Mit Ihrem AKW ist alles in Ordnung, da hat niemand unerlaubt eine Gaube ins Dach gebaut. Die Traufenhöhe ist auch prima, genauso wie beim Nachbarkraftwerk.« Super.

Aber jetzt geht es eben nicht mehr. So ist das eben. Dann sind wir halt umweltfreundlich. Alle. Der Herr Gabriel zum Beispiel, der von 2005 bis 2009 Minister für Umwelt, Naturschutz und Reaktorsicherheit war, hat damals noch gesagt: »Das geht noch 20 Jahre!« Aber jetzt ist er plötzlich ganz schnell. Was für eine Beschleunigung, das kostet Energie, bei der Masse. Und selbst Linkenchef Ernst ist jetzt umweltfreundlich. Er hat seinen Porsche von Atomantrieb auf Pelletheizung umgestellt. Großartig. Danke!

Liebe

Ist nicht alles sinnlos ohne die Liebe? Weniger Empfindsame sagen jetzt: »Was für ein Schmalz. Alles ist sinnlos ohne Verdauung.« Chemiker sagen, dass alles Chemie ist. Und Klempner bestehen darauf, dass alles nichts ist ohne fachmännisch verlötete Rohre. Das stimmt. Ansonsten steht einem irgendwann der ganze Dreck knöcheltief in der Bude und der Klempner sagt: »Nächste Woche Freitag hätte ich noch was frei.« Da hat man auf Liebe dann auch keinen Bock mehr ...

Natürlich ist die Liebe das Schönste auf der Welt, das muss gerade jetzt in der Vorweihnachtszeit gesagt werden, diese wunderbare Zeit vor dem großen Lichterfest, es sind ja nur noch zehn Monate! Und ich hab noch kein einziges Geschenk ...

Das Fest der Liebe. Großartig. Liebe ist so etwas Wunderbares. Die Liebe zum Nächsten, zu einem Mann oder einer Frau oder was es da sonst noch so gibt, es gibt ja so viel mehr, als man glaubt, vor allem in Berlin oder auf Ibiza ...

Ausnehmen möchte ich da allerdings Tiere. Es gibt auch in diesen Tagen noch Grenzen der Normalität, und auch ein Schaf sollte Gelegenheit haben, sich seine Geschlechtspartner selber auszusuchen. Sonst steht irgendwann noch Herr Berlusconi im Stall. Ich bin gespannt, ob sie den wirklich einlochen. 15 Jahre im Herrengefängnis. Da lernt er die Sexualität mal von der ganz anderen Seite kennen, also sozusagen von hinten.

Die Liebe. Ich bin ja ein großer Fan von *Bauer sucht Frau*. Da sind ja manchmal Gestalten bei, bei denen man sagen muss, solange die im Fernsehen eine Frau suchen, haben die Tiere mal ihre Ruhe. Damit möchte ich nichts gegen den Berufsstand des Hirten sagen. Und auch nicht gegen Oberhirten, wobei, auch in der Kirche, das haben wir lernen müssen in den letzten Jahren, Sexualität vor nichts haltmacht, denn sie ist ein gottgegebener Teil von uns. Vielleicht wäre das auch ein Sendekonzept: Pfarrer sucht Haushälterin. Oder in Italien: Regierungschef sucht Superhure!

Das würde bei uns nicht funktionieren, und daran sieht man, es ist nicht alles schlecht bei uns ...

Erziehung und Vernachlässigung

Wer ist eigentlich besser, der Reiche oder der Arme? Ich persönlich glaube, dass die Drecksackquote vom Stand völlig unabhängig ist. Die Anzahl der exorbitanten Arschgeigen ist unter Millionären exakt genauso hoch wie unter Hartz-IV-Empfängern. Oder unter Briefmarkensammlern. Oder unter Linkshändern. Natürlich verdirbt Geld den Charakter, kein Geld zu haben aber auch.

Im Übrigen wird der Einfluss des Wirtschaftlichen auf die menschliche Natur überschätzt. Geld macht nicht glücklich. Kein Geld zu haben aber auch nicht.

Und dann kommen viele an dieser Stelle mit der Statistik, die sagt, Leute mit Geld sind gesünder, leben länger, sind zufriedener. Das stimmt. Man sollte aber Ursache und Wirkung nicht verwechseln. Gesunde und zufriedene Menschen sind eben auch gerne mal beruflich erfolgreicher als Dauernörgler, die sich mit verstopfter Nase gleich einliefern lassen.

Wir sind Weltmeister im Verdrehen von Statistiken. Wir glauben auch, dass der berufliche Erfolg der Eltern auf den Schulerfolg der Kinder wirkt. Auch das ist natürlich umgekehrt, denn wer in der Lage ist, seinen Kindern aufgrund von allgemeiner Leistungsfähigkeit, Sprachfähigkeit, Sozialkompetenz eine gute Erziehung zukommen zu lassen, der ist eben manchmal auch beruflich erfolgreich, aufgrund derselben Eigenschaften.

Aber besser oder schlechter, was soll das? Wettbewerb an sich hat etwas Widerliches. In einer besseren Welt sollten die Menschen nicht im Wettbewerb stehen, sondern miteinander kuscheln, gemeinsam Kamillentee trinken und homöopathische Arnika-Globuli austauschen.

Heute gelten Eltern als unsozial, die ihren Kindern Wettbewerbsvorteile verschaffen, durch Gespräche Sprachkompetenz vermitteln, anstatt sie verkommen zu lassen, wie es sich gehört, das ist ein unlauterer Vorteil im Schulalltag.

Man sollte immer bedenken, dass Eltern Vorbilder sind. Nur Lieblosigkeit, Gewalt in der Erziehung und Vernachlässigung ermöglichen dem Kind, sich später in einer Welt der Hooligans zurechtzufinden.

Fastenzeit 9. März 2011

Es ist mal wieder Fastenzeit und 104 Prozent aller Deutschen wollen in diesem Jahr fasten. Es wird jetzt sieben Wochen lang nichts gegessen, nichts getrunken, außer ein bisschen Schnaps vielleicht. Und ein paar Schweinehaxen.

Die evangelische Kirche hat der Fastenzeit in diesem Jahr sogar ein Motto gegeben: »Ich war's!« Das war jetzt kein Schuldanerkenntnis meinerseits, das war das Motto. »Ich war's!« Superidee. Und du auch. Und der da hinten sowieso. Ein bisschen allgemein vielleicht, als Motto. Aber warum nicht? »Ich war's!«

Man muss aber auch mal fragen: »Wer war's eigentlich nicht? War's nicht am Ende jeder?« Denn wie sagt man so schön in der Kirche: »Wer von euch ohne Sünde ist, der werfe den ersten Stein«, aber bitte nicht wieder in die Auslage der Stadtsparkasse. »Ich war's!« Vielleicht fühlt sich da sogar mal Gaddafi angesprochen, der war es ja auch. Oder Guttenberg. An Schuldigen ist in diesen Tagen kein Mangel, Guttenberg, diese Fußnote der Weltgeschichte. Sogar der Bundestag fastet. Einen ganzen Nachmittag ohne Strom. Respekt. Das würde ich gar nicht aushalten, aber ich muss ja auch arbeiten. Das geht gar nicht ohne Strom. Nicht mal mehr die Klospülung funktionierte im Bundestag, damit war der Bundestag praktisch außer Betrieb. Einen halben Tag lang. Unglaublich. Da fragt man sich: »Was haben die mit der ganzen Scheiße gemacht?« Wir waren faktisch einen halben Tag lang ohne Regierung. Ist gar nicht aufgefallen. Von mir aus müssen die den Strom gar nicht mehr anstellen, das spart Steuergelder. Wir müssen schließlich alle fasten.

Aber ich weiß nicht, ob ich mich mit dem Motto »Ich war's« anfreunden kann. Was haben eigentlich die Katholiken für ein Motto? Vielleicht »Judas war's«. Oder die rothaarige Hexe. Oder der Muslim. Der Muslim ist ja eigentlich immer schuld.

Der Muslim hat übrigens auch eine Fastenzeit, die heißt Ramadan. Da darf man erst wieder essen und trinken, wenn die Sonne untergegangen ist. Das ist mir persönlich zu freudlos. Ich verzichte in der Fastenzeit selbstverständlich auch radikal auf Essen und Trinken, aber nur zwischen 10:30 Uhr und 11:00 Uhr. Das ist die rheinische Variante des Ramadan, so muss Religion sein. Tiefgründig, aber praktikabel. Und um 11:05 Uhr gibt's erst mal einen kleinen Cognac. Herrlich.

Besiedlung der Welt   21. März 2011

Wo begann eigentlich die Besiedlung der Welt? Wenn man der Wissenschaft Glauben schenkt, nicht in Köln. Das wird manchen Kölner überraschen, denn der Kölner glaubt, dass der Dom quasi die Verlängerung der Weltachse darstellt. Der Kölner glaubt, die Erde ist ein großes Kölschfass, um das sich alles dreht, sogar Düsseldorf, weil die Schwerkraft auch das Niedere und Unbedeutende ergreift.

Aber ganz so ist es nicht, das wissen wir aus genetischen Unter-
suchungen, die Welt besteht innen aus Eisen – und nicht aus Bier –
und sie ist von Afrika aus bevölkert worden, und zwar in mehreren
Besiedlungsschüben Richtung Europa, Asien, Australien und Amerika. Eine beachtliche Leistung, weil der Mensch damals noch kein
Auto hatte. Und es hätte ihm auch gar nichts genützt, selbst ein
Geländewagen nicht, denn es gab noch gar keine Tankstellen.
Geländewagenfahrer bilden sich ja ein, ihr Gefährt würde sie durch
die Wildnis führen. Aber Wildnis ist nie da, wo Tankstellen sind,
und auch die Schlaglochpiste auf dem Weg zum Getränkemarkt
ist nicht die Wüste Namib. Geländewagen schlängeln sich meist
langsam durch die Innenstädte, und sie fahren und fahren, weil sie
so dick sind, dass man sie nirgendwo parken kann, eine Eigenschaft,
die sie übrigens oft mit ihren Fahrern gemein haben. Mein Tipp:
Zu Fuß gehen hält schlank.
Wahrscheinlich wäre der Mensch mit dem Auto niemals bis Amerika gekommen, denn er wäre spätestens auf dem Kölner Ring zwischen Bocklemünd und Lövenich stecken geblieben.
Man macht sich von der Geschwindigkeit der menschlichen Wan-
derbewegungen sowieso ein ganz falsches Bild. Nomaden beweg-
ten sich langsam, vielleicht einen Kilometer in der Woche, und
dann kamen sie in drei Jahren immerhin von Krasnobirka nach Ba-
ranivka, wenn sie nicht vergaßen, in Kocheriv abzubiegen.
Wenn man die Strecke in der heutigen Ukraine fahren möchte,
nimmt man am besten die M06 und die T0608. Und wenn man
einen alten Lada fährt, schafft man die Strecke vielleicht sogar in
einem Jahr. Das ist dreimal so schnell. Herzlichen Glückwunsch.

Atomkraft II 29. März 2011

Jetzt wird alles anders, alles wird grün, das ganze Land, nicht
nur das Hähnchenbrustfilet, wenn man wieder den Kühlschrank

nicht richtig zugemacht hat und ein paar Tage weggefahren ist. Alles wird grün, sogar die FDP. Das ist ja die Spezialität der FDP, wenn die eine Krise haben, dann wechseln sie die Farbe. Die Chamäleonpartei. Heute gelb, morgen grün und vielleicht übermorgen schon beige, mit einem Hauch von Pflaume.

Man muss sich als Partei nicht immer mit Inhalten aufhalten, wenn es um Wichtigeres geht, also um Posten. Da wird selbst die FDP zur Anti-Atom-Partei. Das ist vielleicht Westerwelles letzte Chance, mit Irokesenschnitt und schwarzer Kutte auf Anti-Atom-Punk machen. Und Brüderle wird Ökowinzer.

Man muss in einer Demokratie dem Wählerwillen entsprechen. Es gibt Leute, die nennen das Populismus, die haben das Wesen der Demokratie nicht verstanden. Der Populismus ist die Funktionsweise der Demokratie. Populismus heißt ja, zu tun, was das Volk will, und das Volk will eine atomfreie Welt. Das wird nicht leicht, weil alles aus Atomen besteht, und das macht dem Wähler Angst. Deshalb hat der Deutsche immer Angst – und kauft Jodtabletten, bis er feststellt, dass die auch aus Atomen bestehen. Wie schlimm ist das denn?! Ist denn nichts mehr sicher?!

Der Wähler ist grundsätzlich für Strom, nur gegen Kraftwerke, weil Kohle auch schlecht ist. Der Wind steht auch so komisch in der Gegend rum und die Sonne scheint nicht und Stromtrassen wollen wir auch nicht. Das liegt aber am Design. Wenn man die grün anstreichen würde und oben kommt jede Stunde ein Kuckuck raus ... Aber dann beschwert sich wieder jemand wegen Lärm. Da frage ich mich: »Wo soll der Strom herkommen?«

Jedenfalls nicht aus dem Atom. Seit man aus Japan weiß, dass auch Atome ab und zu mal austreten müssen, hat sich die Lage vollständig geändert und jetzt muss alles nochmal überprüft werden. Das hat auch die Kanzlerin gesagt: »Jetzt muss alles überprüft werden.« Sogar die Kernkraftwerke, aber da kommt man gar nicht rein. Das ist elektrisch. Da ist Betreten verboten. Eltern haften für ihre Kinder. Da ist abgeschlossen. Weil das strahlt wie die Sau. Beziehungsweise die Sau strahlt ja erst, wenn wieder einer die Türe aufgelassen hat.

Deshalb hat Frau Merkel jetzt gesagt: »Dann nicht! Dann lassen wir das mit der Atomkraft«, wobei alle bisher gesagt haben: »Ohne geht gar nicht.« Und dann haben sie Frau Merkel gefragt: »Kann man denn jetzt plötzlich ganz einfach sieben oder acht Kernkraftwerke abschalten?« Und Frau Merkel hat gesagt: »Ja.« Daraufhin haben die Journalisten gefragt: »Warum geht das plötzlich?« Und Frau Merkel hat gesagt: »Wir haben nochmal nachgefragt und man muss nur den Stecker rausziehen.« Vielleicht hilft das ja auch bei der FDP. Wenn doch alles so einfach wäre ...

Regeln   3. April 2011

Neulich habe ich eine Frau getroffen, die meinte: »T-Shirts bei über 40-Jährigen geht gar nicht.« Das sind klare Vorgaben, das hätte Kant nicht imperativer hingekriegt. Keine Karos zur Streifenkrawatte. Grün und Blau trägt die Sau. Das sind gottgegebene Normen, so wie: Kinder dürfen keine Waffen tragen und Rentner keine Laubsauger. Das ist einfach so.

Genauso wie: Im Stehen wird nicht gepinkelt. Viele Männer fühlen sich unterdrückt, können nachts nicht schlafen, weinen ... Ich verstehe das gar nicht. Ich würde nie im Stehen pinkeln, da bin ich zu faul für. Ich setze mich sogar auf das Urinal.

Viele Regeln ändern sich mit der Zeit, heute heißt es zum Beispiel, Haare am Hoden sind assi. Morgen trägt man vielleicht schon wieder eine Hochsteckfrisur.

Wir brauchen Regeln, denn der Kosmos ist groß und in sich gekrümmt, also verbogen. Durcheinander. Verwurstelt. Der Blick in den gestirnten Himmel über uns erfüllt uns mit Ehrfurcht, aber wenn man gerade in den Kosmos blickt, also vorne raus durch die Windschutzscheibe, das macht aggressiv. Die anderen Verkehrsteilnehmer sehen wir nicht als kosmische Objekte im endlosen Raum, nein, das sind im Weg stehende Drecksäcke. Muss denn jeder genau da fahren, wo ich gerade mein Raumschiff durch Raum und Zeit lenke?

Gott sei Dank hat der Mensch aus diesem Chaos gelernt und Regeln geschaffen. Ich war neulich in Ulm, im Maritimhotel, 15. Stock, im Zimmer 28 Grad und die Fenster waren abgeschlossen. Da bin ich zur Rezeption, weil man sich die aufschließen lassen konnte, allerdings musste man unterschreiben, dass die Fenster auf eigene Gefahr geöffnet werden. Das sind Regeln, die schaffen Sicherheit, zumindest wenn das Öffnen eines Fensters als unterschriftswürdige Gefahrensituation gilt. Mich wundert, dass ich seit Barschel nicht auch noch das Füllen der Badewanne unterschreiben muss.

Klare Regeln, die brauchen wir, damit Ordnung ist und wir uns nicht gegenseitig ständig auf die Fresse hauen. Ich halte Gewaltfreiheit für etwas Erstrebenswertes. Das liegt natürlich auch an meiner Körpergröße. Wenn man über zwei Meter lang ist, ist man gelassener und man hat auch ein anderes Verhältnis zur Wahrheit. Dann steht man mit einem im Aufzug und sagt einfach mal: »Du sieht scheiße aus!« Einfach so, weil's stimmt und weil man ja weiß, so hoch kommt der gar nicht mit der Faust. Dann fühlt man sich im Universum geborgen. Schön!

Was die anderen denken   12. April 2011

Heute Morgen habe ich eine Hose angezogen. Das mache ich häufig morgens, weil man sonst im Supermarkt so komisch anbeguckt wird, selbst wenn es warm ist. Das ist so eine gesellschaftliche Norm, dass man nicht ohne Hose rausgeht. Mindestens in kurzer Hose. Das machen ja viele, wenn die Sonne rauskommt, zeigen sie ihre weißgrauen Unterschenkel her, mit der pickeligen Haut und der vor sich hin vegetierenden, zotteligen Behaarung, mir graut schon wieder vor dem Sommer. Ich bin kein Freund der Burka, aber von der Ästhetik her ...

Irgendein Beinkleid tragen fast alle. Man sieht ganz selten nackte Menschen auf der Straße, wenn man nicht gerade neben einer psychiatrischen Praxis wohnt. Viele Menschen sagen: »Was kümmert es mich, was die anderen über mich denken.« Eine Hose ziehen die aber trotzdem an, weil es am Ende eben doch nicht egal ist ...

Wir sind ja nicht autonom, wir leben im Rudel. Natürlich interessiert es jeden, wie über ihn gedacht wird. Wir sind doch keine Maschinen und das ist gut so. Wenn irgendwann einmal Roboter die Weltherrschaft übernehmen, das wird schlimm, denn Roboter gehen auch oft ohne Hose raus. Die kennen keine Peinlichkeit. Mir ist immer alles peinlich, zum Beispiel wenn ich was nicht weiß, deshalb lerne ich alles auswendig. Ich kann sogar *Wanderers Nachtlied* von Goethe. Sogar die zweite Strophe:

»Über den Kaminen ist Ruh
in allen Stuben riechest du
kaum noch den Hauch
überall Rauchverbot
im Vereinslokal auch«

Ich weiß, Goethe ist aus der Mode gekommen. Dichter wie Lady Gaga geben heute den Ton an:

»Just dance, gonna be okay,
Da da doo-doo-mmm
Just dance, spin that record, babe,
da da doo-doo-mmm«

Das ist auch gut, aber wenn man es so vorträgt, klingt es ein bisschen peinlich. Vielleicht liegt es daran, dass Lady Gaga auch öfter ohne Hose aus dem Haus geht. In einem Kleid aus Kalbsschnitzeln. Oder als Klobürste. Das geht auch. Mir steht das nicht, aber wer es tragen kann, bitte ...

Bewilligte Gelder 16. April 2011

Die Geschichte der Menschheit, denkt man ja immer, ist eine Geschichte menschlicher Taten, aber das stimmt nicht. Vieles folgt einfach physikalisch aufeinander. Es wurde Geld bewilligt, dann muss das auch durchgezogen werden. Es wird die Straße aufgerissen, die gestern erst zugemacht wurde, weil, gestern wurde der Gasanschluss repariert und heute das Wasser.

Wenn Gelder einmal bewilligt sind, kann selbst Gott nicht mehr eingreifen. Der Straßenbau ist ein raumzeitlich-physikalisches Phänomen, auf das Gott keinen Einfluss hat. Der Teufel schon. Der ist bei der Behörde. Man sagt ja, der Teufel sitzt im Detail, aber im Detail sitzt er im Tiefbauamt.

Das ging schon ganz am Anfang los, als die Menschen noch Nomaden waren. Das haben sie dann aufgegeben, weil sie eine Baugenehmigung bekommen hatten, inklusive der Fördermittel für den energieoptimierten Lehmhüttenbau.

Viele Menschen glauben, menschliches Handeln begründe sich im Für und Wider, also argumentativ. Das ist natürlich Unsinn. Es gibt exakt zwei Ursachen, die im Hirn menschliches Handeln auslösen: Botenstoffe und Geld.

Wobei Geld ja auch Botenstoffausschüttungen auslöst. Also ist Geld im Grunde die letzte Ursache für alles. Geld ist auch die Ursache für den Fortschritt. Deswegen wurde auch das Rad erfunden, das war der erste Schritt zur Mineralölsteuer und Feuer wurde nur gemacht wegen der Kohlendioxidabgabe.

Im Zuge seiner Geldgier hat der Mensch immer mehr erfunden, beispielsweise Folterinstrumente, Kreditkarten und Laubsauger, wobei der Laubsauger mit Geld nichts zu tun hat, der geht einem einfach so auf den Sack. Gratis. Denn der zweite menschliche Antrieb ist, seinem Nächsten auf den Sack zu gehen. Der Teufel saß gelangweilt im Feuer und dachte: »Wie kann ich den Menschen das Leben zur Hölle machen?«, und erfand den Laubsauger, den Gegenwind beim Radfahren und die in Wagenfarbe lackierte Stoßstange. Jetzt muss man nach jedem Einparken erst mal den Wagen lackieren. Danke, Satan! Blöder Hund!

Europa   17. April 2011

Ich finde ganz wichtig, dass das Problem der Endlagerung gelöst wird. Guido Westerwelle zum Beispiel ... Gott hab ihn selig ... Gut, er ist ja noch Außenminister, aber er wurde ja schon bereits teilweise abgeschaltet. Er ist noch am Netz, aber das ist bloß eine sogenannte Brückentechnologie. Das dauert nicht mehr lange, dann muss auch der Guido entsorgt werden. In Brüssel zum Beispiel, denn Brüssel ist ja praktisch eine Endlagerstätte für Politiker, das Gorleben für abgebrannte Amtsträger. Wenn keine Wiederaufbereitung mehr möglich ist, dann können die sich, bevor sie sterben, noch ein paar neue Projekte ausdenken, eine Steuer auf Pfefferminzbonbons oder eine Kofferraumabgabe.

Ich finde das gut, denn ich bin ein großer Verfechter von Europa. Ich reise gerne und bin froh, dass sich zu Hause nicht mehr diese ganzen Fremdwährungen aufstauen, Kopeken, Penunzen und Palmucken ... aus der Walachei oder Österreich. Ich finde es fantastisch, dass sich eine solche Gemeinschaft entwickelt hat, in der alle miteinander darauf verzichten, sich gegenseitig abzuschlachten, nicht mehr wie früher, als man sich ständig gegenseitig massakriert hat. Das ist vorbei. Das hat Brüssel verboten. Das entspricht nicht der Norm.

Und Deutschland geht in Europa voran. Das ist doch schön, wir sind die Spitzeneuropäer. Wir zahlen am meisten und regen uns deswegen auf, und wir verdienen am meisten daran, das regt die anderen wiederum auf, so kommt nie Langeweile auf. Jetzt kommt der ökologische Umbau, das wird auch spannend. Dem Rumänen beizubringen, die Umwelt zu schützen. Und den Franzosen, die den Wind für die Kernkraft nutzen. Die Franzosen haben die Atommeiler alle an die Grenze gebaut, weil sie mit Westwind rechnen, wenn da was hochgeht. Dann weht das alles zu uns. Das ist der europäische Geist, dass es immer auch über die Grenzen weht ...

Wir wollen ja die Windkraft gleich zur Stromerzeugung nutzen und überall blühen die Windräder. Heute ist der Umweltminister noch gleichzeitig Atomminister, das wird aufhören. Dann wird es einen Windkraftminister geben, wahrscheinlich gleich vier. Tinky Winky, Dipsy, Lah-lah und Poh! Das wird lustig, bevor die dann auch nach Brüssel gehen. Gute Reise.

Al-Qaida 4. Mai 2011

Ich lese gerne Zeitung, weil es so schön ist, dass da jemand – im Zeitalter des mobilen Internets – die Nachrichten von gestern als Schlagzeilen verkauft. Im Zeitalter der Echtzeitberichterstattung. Da muss man erst einmal drauf kommen, aber das klappt, weil man die Nachricht von gestern aufgrund aktueller Informationen längst wieder vergessen hat und sich dann plötzlich wieder erinnert.

Eine Zeitung ist demnach der Versuch, die Zeit aufzuhalten und das Gestrige ins Heute zu verschieben. Andere Medien sind so schnell. Die Erschießung Osama bin Ladens wurde ja praktisch live übertragen. Angeblich hat der Osama seine Erschießung selbst noch getwittert, und als es dann endlich in der

Zeitung stand, da wirkte es schon wie ein Rückblick. Damals, als der Osama starb.

Während die Welt schon diskutierte, ob er überhaupt verstorben ist, denn angeblich lebt er jetzt bei der CIA im Keller. Oder als Rübezahl im Märchenpark Ödenau. Ich glaube, er bringt bei mir die Post. Rasiert, was für eine perfide Maske. Das hat die CIA organisiert. Die CIA organisiert alles, Kriege, Anschläge, Missernten. Bei mir war beispielsweise neulich ein Joghurt schlecht, obwohl der noch gar nicht abgelaufen war, da hat die CIA doch auch … und überhaupt, der 11. September … und die Amerikaner waren auch gar nicht auf dem Mond, natürlich nicht! Das haben damals nicht mal die Russen angezweifelt und jeder Funkamateur auf der ganzen Welt konnte den Funkverkehr orten. Aber die CIA hat den Mond ja erst da oben aufgehängt, ist doch klar, und wenn man im Stau steht, Durchfall hat oder Erektionsstörungen, die CIA ist immer schuld.

Und jetzt der Osama. Und in der Zeitung stand es erst am Tag darauf, so viel zum Thema freie Presse. Die CIA hat alles unter Kontrolle, die haben die Erscheinungszeit unserer Zeitungen extra auf morgens gelegt, damit die Nachricht am nächsten Tag noch einmal in der Zeitung steht, die Angeber. Und jetzt suchen sie einen neuen Terrorfürsten. Da ist ein Job frei, sozusagen als Cheftrainer. Ich wette, Lothar Matthäus hat sich schon mal angeboten, schließlich werden die Mädchen dort auch sehr früh verheiratet, der fühlt sich dann wie zu Hause. Und wenn man es nicht glaubt, braucht man bloß morgen in die Zeitung zu schauen. Da steht es drin, und wenn nicht, dann hat es die CIA verhindert. Schlimm!

Verschwörung · 9. Mai 2011

Heute verrate ich mal ein Geheimnis. Ich bin Geheimagent. Ich verrate das nur, weil ich beleidigt bin, denn eigentlich hätte ich das Kopfgeld verdient für den Osama. 25 Millionen! Denn ich habe in den letzten Jahren mehrfach darauf hingewiesen, dass in Pakistan einer mit Bart rumläuft, der aussieht wie der Bassist von ZZ Top.

Jetzt behaupten die von der CIA, sie hätten ihn erschossen. Da lach ich mich doch kaputt. Der Osama lebt doch noch, das steht im Internet und da erfährt man schließlich die Wahrheit. Der lebt in einer Wohngemeinschaft, in Paraguay mit Adolf Hitler, Julius Cäsar und Uwe Barschel, und der belegt da die Badewanne.

Hoffentlich bringen die mich nicht um, wenn ich das erzähle ... Aber warum? Das glaubt sowieso wieder keiner, weil die Wirklichkeit so absurd ist, dass nur ganz große Denker in der Lage sind, das zu verarbeiten. Also große Philosophen, die dann im Internet diskutieren, im Forum der *BILD*-Zeitung oder der *taz*. Diese Leute, die immer die Artikel kommentieren, weil sie alles wissen, woher auch immer, jedenfalls nicht von den Amerikanern, denn die lügen. Sobald ein Amerikaner etwas sagt, stimmt sofort das Gegenteil, das ist ein Naturgesetz.

Die im Internet, die wissen, dass die Amerikaner selber in die Twin Towers geflogen sind, natürlich. Das hat ja schon John Lennon gewusst und deswegen ist er auch erschossen worden und er hat es sogar rückwärts gesungen. Auf *Seargent Peppers Lonely Hearts Club Band*. »Paul ist tot«, hat er gesungen. Und wie viele Pauls sind seitdem gestorben? Das wissen wir ja alle, wenn Popstars geheimdienstliche relevante Kenntnisse haben, dann singen sie rückwärts, um die Welt darauf aufmerksam zu machen. Vorwärts würde man einfach denken: »Ach so«, aber rückwärts ... So ist das, wenn einer Geheimes öffentlich machen will, dann singt er es rückwärts, damit es geheim bleibt, aber öffentlich.

Jetzt ist er tot, der John Lennon. Und der Osama singt bei den Beatles, aber nur geheim, zu Hause, in der Badewanne, mit Uwe Barschel. »Oppladi, opplada«, aber bitte nicht weitersagen.

Auf dem Grill 18. Mai 2011

Ich war in Urlaub, davon muss ich mich jetzt erst mal erholen. Ich war im Süden, also richtig Süden, fast Äquator und wie das so ist am Äquator, lag am Pool eine Engländerin. Von der Hautfarbe her dachte man: »Wie kommt ein Schneemann an den Äquator?« Weiß, aber die Nase schön rot, ich dachte erst, das ist die Möhre und warum schmilzt der eigentlich nicht?

Ich merkte, wie der ganze Körper, und davon hatte sie reichlich, wie der ganze Körper farblich mehr und mehr erst in Richtung Karotte ging und dann Granatapfel. Ich liebe exotische Früchte, aber das war ja Fleisch. Englisch. Sehr fettig. Wahnsinn, die blieb einfach in der Sonne liegen, also quasi auf dem Grill. Dabei heißt »englisch« ja eigentlich roh, aber die mochte es wohl lieber medium. Gegen Mittag war sie *well done*, also richtig schön durch.

Was für ein Anblick, 130 Kilo Speck auf gefühlte 1,60 Meter. Das hört sich jetzt unhöflich an, aber das sah nicht schön aus. Ich will damit weder Engländer herabwürdigen noch Dicke, weil Dicke sich auch gerne mal diskriminiert fühlen, wenn man es lieber mager mag. Dicke sind einfach Genießer, während die Schlanken einem falschen Schönheitsideal hinterherlaufen, sich quälen und auf die zweite Tafel Schokolade vor dem Frühstück verzichten. Die Schlanken steigen lieber Treppen, wo der Dicke sein Wohlfühlgewicht gar nicht mehr hochkriegt. Das ist diskriminierend. Im Grunde ist die Schwerkraft an sich diskriminierend.

Das darf man nicht, jemanden wegen seiner Körperfülle diskriminieren, wer diskriminiert, kommt in die Hölle und ich weiß übrigens auch, wo die Hölle ist. Die Hölle ist ein Rückflug vom Äquator über Nacht neben einer völlig verbrannten, 130 Kilo schweren, vor Schmerzen grunzenden Engländerin.

Universum Parkhaus 24. Mai 2011

Eben habe ich gelesen, dass amerikanische Astronomen herausbekommen haben, dass unsere Milchstraße Blasen schlägt. Woran es genau liegt, weiß man noch nicht. Ich schätze mal, entweder enthält unsere Galaxie Kohlensäure oder Gott schäumt sich gerade einen Latte macchiato auf. Die Welt ist voller Wunder und was ich mich als Hobbywissenschaftler auch immer wieder frage, ist: »Wie kommt eigentlich Pisse ins Parkhaus? Und wieso ist immer genau da eine Urinpfütze, wo ich parken will?«

Kann es sein, dass es Naturgesetze gibt, die unseren Forschern bisher entgangen sind? Wissenschaftler haben jetzt zum Beispiel herausgefunden, dass Männer, die häufig mit dem Handy telefonieren, weniger zeugungsfähig sind. Kann man das Handy bald möglicherweise schon als Verhütungsmittel benutzen? Das geht ja heute schon. Fortpflanzung ist beim Telefonsex ausgeschlossen.

Wie kommt man auf so was? Ich meine, welcher Wissenschaftler untersucht die Zeugungsfähigkeit von Vieltelefonierern? Sitzt da so ein Professor am Frühstückstisch, das Handy klingelt und der Forscher denkt, »wenn ich jetzt drangehe, hat das möglicherweise Folgen für meine Potenz«? Wer so denkt, hat eine ausgemachte Paranoia, aber er hat recht. Auch verschrobene Paranoiker haben ab und zu recht. Englische Wissenschaftler haben herausgefunden, dass Rückwärtsjoggen gesünder ist. Es verbraucht mehr Kalorien und ist besser für die Knie. Wer kommt darauf? Ich glaube, wer so was untersucht, pinkelt auch ins Parkhaus, aus wissenschaftlichem Interesse, rückwärts.

Die Welt ist voller Rätsel. Warum hat der Totenlichtpilz aus Brasilien einen leuchtenden Stängel? Wenn ich einen leuchtenden Stängel hätte, würde ich zum Urologen gehen, das ist doch nicht normal. Es sei denn, man ist ein Totenlichtpilz.

Therapie

7. Juni 2011

Eigentlich sind wir alle völlig nutzlos, denn wir kommen zur Welt und irgendwann leben wir wieder ab, dazwischen wird geatmet und verdaut, und das war's. Wenn uns das nicht ausreicht, dann gehen wir zum Therapeuten, der uns das Gefühl vermittelt, dass wir wichtig sind. So ein Quatsch, aber egal. Es ist gut, dass es das gibt, damit man schnell wieder gesund wird. Aber was heißt schon gesund? Gesundheit ist ein Zustand, der eintritt, wenn man nicht oft genug zum Arzt geht.

Wobei, ein Mann, der morgens gackert und dann weint, weil er kein Ei legen kann, glaubt auch nicht, dass er eine Therapie braucht. Der ist einfach traurig, weil er sich für unfruchtbar hält, ein Therapeut sieht das anders. Klar, denn der lebt davon, Menschen von dem Wahn zu befreien, sie seien ein Huhn. Und irgendwann liegen die auf der Couch und dann legen die plötzlich ein Ei und dann stellt sich raus, dass der Therapeut völlig wahnsinnig war. Der hat geglaubt, dass ausgewachsene Männer keine Eier legen können, ein Irrer ...

Aber was soll's, wir sind schließlich alle bekloppt, es fällt nur vereinzelt nicht so auf. Viele Probleme sind auch relativ. Wenn man gerne Frauenkleider trägt, ist das kein Problem, selbst in Ostwestfalen sind Frauenkleider ganz normal – bei Frauen. Als Mann wird es schon schwieriger. Gut, Männer in Frauenkleidern sind grundsätzlich auch kein Problem. In Köln ist das sogar normal, wenn man dabei im Dom die Ostermesse liest. Dann sollte das Kleidchen allerdings knöchellang sein, wegen der Mode, denn die ist auch manchmal ganz schön verrückt.

Phobien

11. Juni 2011

Irgendwie bin ich heute ein bisschen ängstlich. Das ist aber normal, denn Angst ist überlebenswichtig. Wenn zum Beispiel eine

Gruppe Nazis die U-Bahn besetzt, wird ja gerne Zivilcourage gefordert, vor allem von Leuten, die sich gerade nicht selbst in einer solchen Situation befinden. Im Namen der Moral wird sehr gerne ganz groß das Maul aufgerissen und Mut gefordert. Schon weil diese Forderung überhaupt keinen Mut erfordert, sondern als dummes Geschwätz überhaupt nichts kostet.

Nur wer keinen Geist hat, hat auch keine Angst. Natürlich kann man es auch übertreiben, es gibt auch irrationale Ängste, wie die Zemmiphobie, die Angst vor Maulwürfen, oder die Ychthiophobie, die Angst vor Fischen, oder die Anatidaephobie, das ist eine großartige Angst, die Anatidaephobie, das ist die Angst, von einer Ente angestarrt zu werden. Ich denke, das kennen wir alle. Man sitzt im Stadtpark, und plötzlich diese Angst! »Wer starrt mich da an? Ist das nicht diese Ente, die mich da geil und schamlos angrinst?« Hitchcock wusste, wie das ist. Als er *Die Vögel* drehte, hatte er ganz offenbar diese Misomöwie, das ist eine übertriebene und unangebrachte Aversion gegen die großen Vögel der Familie der Laridae, der Möwen, das kann in Einzelfällen zu einer Laridaephobie auswachsen. Das ist nicht schlimm, dann zieht man in die Berge, kein Problem.

Viel schlimmer ist die Arachibutyrophobie. Das ist die krankhafte Angst, dass einem Erdnussbutter am Gaumen kleben bleibt ... Das ist auch kein Spaß. Das darf man nicht verwechseln mit der Arachniphobie, der Angst vor Spinnen. Die hat ja fast jeder. Was ich nicht weiß ist, ob es auch einen Namen gibt für die Angst, dass einem Spinnen am Gaumen kleben bleiben. Aber ehrlich gesagt will ich mir das auch gar nicht vorstellen, da müsste ich brechen, wenn ich nicht solche Angst davor hätte, mich zu übergeben. Das nennt man übrigens: Emetophobie. Auch gut.

Denken

Es ist ja ein bekanntes Phänomen, dass Menschen, die doof sind, nachweislich glücklicher sind als Grübler, Denker und Zweifler. Trotzdem will keiner ein Idiot sein. Warum eigentlich nicht? Ich kenne Menschen, die legen sogar Wert darauf, intelligent zu sein. Was ja nicht selbstverständlich ist bei Säugetieren, denn Intelligenz ist in der Natur eher die Ausnahme. Unter den erfolgreichsten Arten der Evolution sind zum Beispiel ganz viele Insekten. Doof wie die Dachschindeln, das Leben eine einzige Schinderei, aber ich habe noch nie eine Ameise klagen gehört.

Wenn man sich auf einer belebten Geschäftsstraße mal so umschaut, laufen da einige, ich sag mal, »Menschen« herum, die denken: »Mann, wie lang ist die Ampel noch rot?« Oder: »Wenn das Jucken schlimmer wird, muss ich zum Arzt.« Tiere kratzen sich, notfalls auch im Schritt. Das machen Menschen auch, aber sie denken, das sieht keiner. So blöd sind Tiere nicht.

Tiere denken nicht und sind gerade deswegen oft bemerkenswert gut drauf. Ich habe neulich zum Beispiel eine Dokumentation gesehen über Afrikanische Elefanten. Beim Afrikanischen Elefanten treffen sich die unterschiedlichen Geschlechter während des gesamten Lebens ausschließlich zum Geschlechtsverkehr und gehen anschließend wieder getrennte Wege. Das sind sehr schlaue Tiere.

Ausgerechnet bei uns leben Männchen und Weibchen zusammen, weil wir uns überlegt haben, das sei artgerecht. Aber seien wir doch mal ehrlich, viele Frauen halten sich doch nur deshalb einen Mann, weil sie ein Pferd nicht mit in Urlaub nehmen können. Und viele Männer wären längst getrennt, wenn sie wüssten, wie man ein Bügelbrett aufbaut, ohne sich dabei zu kastrieren.

Da fragt man sich doch, ob wirklich alles immer besser geworden ist im Laufe der Evolution. Vor ein paar Millionen Jahren waren unsere Vorfahren noch in der Lage, mit zwei Fingern am Baum zu hängen und mit dem Schwanz die Fliegen wegzuschlagen. Wo gibt es das heute noch? Bei *Wetten, dass …?* vielleicht und das vielleicht nicht mehr lange. Schade.

Facebook 5. Juli 2011

Wer ist eigentlich dieser Napoleon? Oder auch Cäsar? Oder Adenauer? Gab es die überhaupt? Ja, sicher, weil die alle bei Facebook sind. Und wer heutzutage nicht bei Facebook ist, der ist tot. Aber Napoleon lebt, und Adenauer, und Cäsar … im virtuellen Raum. Wer nicht bei Facebook ist, gilt unter ehemaligen Klassenkameraden als verstorben. Dann schreiben sich die Klassenkameraden E-Mails: »Ich hab gegoogelt: Nix! Der muss tot sein …« Aber wer bei Facebook ist und stirbt, der muss entweder vorher seinen Account löschen – oder das wird nix mit dem Sterben. Das geht einfach weiter.

Als sich Gaius Julius Cäsar bei Facebook einschrieb, da hat er sein Passwort wahrscheinlich noch in Marmor meißeln müssen. Das bleibt ewig. Ich glaube, Cäsar ist auch noch bei Facebook, wenn er irgendwann tot ist. Und Napoleon auch.

Im richtigen Leben kann man immer noch versterben, das sieht man an den Todesanzeigen. Da steht dann: »Viel zu früh verstarb unser geliebter Onkel, Schwippschwager, Mittelstürmer …« Da wird jeder geliebt, das ist schön. Ich habe noch nie gelesen: »Viel zu spät verstarb die alte Drecksau!« Das drucken die auch gar nicht. Das muss man schon bei Facebook eingeben.

Im Internet ist man tot, wenn man keinen Account hat. Löscht man mal seinen Facebook-Account, dass einen keiner mehr anstupsen kann, dann ist man tot. Die Kinder bekommen plötzlich Kondolationsmails und Kränze. Eingescannt – als MMS.

Nach einem Monat kann man dann wieder den Facebook-Account aktivieren und posten: »Bin wieder da, hat länger gedauert

mit der Auferstehung, der Grabstein hat den Sargdeckel einge-
klemmt ...!« Das hat eine Wirkung, dagegen war die Jesus-Oster-
nummer ein müder Witz.

Lärm um Höflichkeit 13. Juli 2011

Früher ließ man sich noch Zeit beim Sterben, man kennt das aus
alten Western, wenn die getroffen wurden, dann rissen die erst die
Hände hoch, dann verzerrter Gesichtsausdruck ... langsames Nach-
vorne-Sinken, erst auf die Knie, dann in den Stütz, ein bisschen
röcheln noch, das dauerte ewig – und heutzutage? Buff. Tot. Weil
wir keine Zeit mehr haben.

Es war ja manches auch besser früher. Die Jugendlichen standen
noch auf im Bus, wenn ein Älterer einen Platz suchte. Das machen
die heute auch, aber um ihm auf die Fresse zu hauen. Das ist nicht
schön.

Ich versuche, höflich zu sein. Ich halte mich an die drei großen Ge-
bote des Freiherrn von Knigge: Ich rauche nicht, ich schieße nicht,
ich sprenge mich nicht in die Luft.

»Das tut man nicht!«, sagte man früher. Es gibt Dinge, die tut man
nicht. In die Luft sprengen und wenn, dann bitte zu Hause. Und
nicht in der Mittagszeit. Junge Leute wissen ja teilweise gar nicht
mehr, was das ist: die Mittagszeit. Das ist die Zeit, in der man sich
nicht in die Luft sprengt. Wegen der Ruhestörung. Eine Sprengung
ist alleine schon vom Lärm her maximal einmal im Jahr erlaubt.

So eine Selbstsprengung, das geht doch den anderen auf den Sack.
Mir wäre das peinlich. Aus religiösen Gründen, nur um ins Paradies
zu kommen, also aus zutiefst egoistischen Motiven, das ist doch widerlich. Das ist natürlich auch die Wut. Das sind Wutbürger. Grrr!
Buff!

Es ist ein unterschätzter Vorteil der Demokratie, dass man ab-
stimmt, anstatt sich in die Luft zu sprengen, deswegen finde ich

die parlamentarische Demokratie ganz schön. Da wird regelmäßig abgestimmt, einfach alle paar Jahre, und nicht, wenn gerade einer wütend ist. In der Zwischenzeit kann sich der Wutbürger ja trotzdem an Bahnhöfen oder Kraftwerken sammeln und dann wird ganz laut gebrüllt! Grrr! Aber ohne Buff! Meistens. Zum Glück.

Was tun mit dem Geld? 19. Juli 2011

Der neue Trend ist Gold, alle kaufen Gold. Wie schlau die Leute doch sind, aber noch Schlauere legen das Geld in Heu an. Das brennt im Winter.

Die Frage ist doch: »Was mache ich mit meinem Geld, wenn auf dem Finanzmarkt alles drunter und drüber geht?« Jetzt sagen viele: »Was für Geld?« Gute Frage. Ich rede von dem Geld, das auf der Bank liegt beziehungsweise liegen sollte, weil, da ist es ja nicht mehr. Die verleihen das ja weiter und leider oft an krude Gestalten. An den griechischen Staat zum Beispiel oder an die USA. Die hauen die Kohle raus, das gibt's gar nicht. Die geben viel mehr Geld aus, als sie haben, aber das stört den Amerikaner nicht, weil er dagegen ein geniales Mittel gefunden hat: Er druckt neues. Das sollte man nicht zu Hause probieren, das ist nicht erlaubt.

Aber der Amerikaner darf das. Wer soll ihn daran hindern? Deswegen hat der Amerikaner eine große Armee, damit da keiner groß die Fresse aufreißt. Zum Beispiel der Chinese, der könnte irgendwann sagen: »Moment mal, das ist doch eine Sauerei. Wir haben durch unseren Exportüberschuss derartig viele Dollar, da könnt ihr die doch nicht einfach entwerten, indem ihr immer neue druckt«, und der Amerikaner sagt: »Doch!« Und dann guckt der Chinese doof.

Der Chinese hat indessen viel mehr Dollar als der Amerikaner und mehr Euro als der Europäer. Die Chinesen können sich das gar nicht mehr leisten, dass der Dollar zusammenbricht. Oder der Euro. Deshalb kauft der Chinese jetzt griechische Staatsanleihen. Das ist der Segen der Globalisierung. Früher wäre der Chinese mit dem Panzer vorbeigekommen, aber das geht nicht mehr, denn ihm gehört doch halb Amerika.

Wenn der Chinese sagt: »Das machen wir nicht mehr mit«, dann bricht das Währungssystem zusammen und dann hat der Chinese kein Geld mehr.

Beziehungsweise hat er dann nur noch Renminbi, das ist die chinesische Währung. Davon kann der Chinese drucken, so viel er will, das interessiert den Amerikaner nicht, weil er ja in Dollar bezahlt wird. Außer der Chinese sagt: »Der Dollar ist mir zu krass, wir nehmen jetzt Euro«, dann wird es für den Amerikaner eng. Das wird wohl auch bald passieren. Oder Ngultrum. Ngultrum ist die Währung in Bhutan, und das finde ich die schönste Währung. Ngultrum, wie das schon klingt.

Früher zahlte man auch mit Steinen, in der Südsee, die waren teilweise drei Meter hoch und so schwer, dass sie keiner klauen konnte. Es war aber auch mühsam, zu bezahlen. Man gab das Geld nur ungern aus, weil man nachher immer einen Hexenschuss hatte. Deshalb wurden die kleinen Sachen getauscht, ein halbes Schwein gegen einen Sack Wurzeln. So wird das vielleicht dann auch wieder in Amerika und dann auch bei uns.

Oder wir zahlen in Drachmen, die sind wertlos, aber das ist nicht schlimm, solange es der Verbraucher nicht bemerkt. Solange der Verbraucher nichts merkt, geht sowieso alles weiter. Also bitte nicht weitersagen, dass eh alle längst schon pleite sind. Aber solange keiner was sagt, läuft das alles weiter. Ich lege mein Geld übrigens jetzt in Kleiner Feigling an. Und Ouzo. Das entspannt, macht aber am nächsten Tag einen mächtigen Kater, so wie jede andere Geldanlage auch. Suff macht aber bessere Laune. Super.

Erinnerung 27. Juli 2011

Was war eigentlich letzte Woche? Da war doch noch George Bush Präsident und davor war Franz Beckenbauer. Und davor lebten die Menschen noch auf den Bäumen, so ungefähr ist es mit der Erinnerung. Sie verkürzt ein wenig. Die FDP zum Beispiel hat bei der letzten Bundestagswahl knapp 15 Prozent bekommen. Wer erinnert sich daran noch? Da kann man fragen, wen man will: »Hast du die damals ...?!« »Neieieein!!!« Genau wie nach dem Krieg. »Warst du denn damals ...?« »Nein, ich nicht.« Es hat sich nach dem Krieg rausgestellt, dass der ganze Nationalsozialismus ein einziger Irrtum war: Es war gar keiner dabei. Außer Hitler, der soll dabei gewesen sein, sagt man.

Viele glauben bis heute, dass der Krieg gar nicht stattgefunden hat, das war bloß irgendwie ein Schlechtwettergebiet, weil der Mensch in der Lage ist, sich die Erinnerung zurechtzukneten. Nicht nur bewusst, durch Lüge, sondern auch durch Selbstbetrug. Der Mensch ist das einzige Wesen, das in der Lage ist, sich selbst zu betrügen. Das können selbst Rabenvögel nicht, obwohl die schlau sind, die sind in der Lage, Werkzeuge zu benutzen, das können viele Menschen nicht. Mein Schreiner zum Beispiel. Ich würde mich freuen, wenn er es mal versuchen würde, vielleicht wird er dann mal mit irgendwas fertig. Mein Schreiner sagt immer: »Holz arbeitet.« Das stimmt. Irgendjemand muss es ja tun. Wo war ich? Ach so, bei der Erinnerung ...

Es ist nachweislich so, dass unsere Erinnerung sich im Hirn alles zusammenrödelt, wie es gerade kommt. Schon in dem Moment, in dem wir was wahrnehmen, wird das gefiltert. Das Ganze kommt ins Hirn, wird noch ausgesiebt, verdaut, und was wir nicht wissen wollen, wird abgeschoben in den Dickdarm ... Krieg? Nein. Das Hängeschränkchen? Nein, da haben wir nie drüber gesprochen, dass das genau in die Nische passen soll. Ich dachte, das soll genau so ... irgendwie ... Sollte es nicht. Aber dann erinnert sich jeder an was anderes.

Das ist wie bei der stillen Post. Die Erinnerung trügt und am Ende denkt man wirklich: »So schlecht war der Krieg gar nicht.« Oder: »Mit der Frau war ich mal glücklich.« Nein, wir erinnern uns grundsätzlich an alles, was so nie stattgefunden hat.

Dass die Schreiner früher mal was fertig gemacht hätten, stimmt nicht. Ich glaube, dass Handwerker immer schon nichts fertig gemacht haben, das betrifft die gesamte Schöpfung. Wir hätten da draußen wahrscheinlich ein Superuniversum, wenn der Rest nicht noch beim Lackierer wäre.

Rauchen 30. Juli 2011

Mir tun Raucher leid. Nicht nur, dass sie früher sterben, selber schuld, aber wenn man sich schon umbringen will, dann will man doch nicht ständig gegängelt werden. Man darf kaum noch irgendwo rauchen. Erschießen darf man sich überall, aber rauchen ... Ich muss dazu sagen, ich habe selber nie geraucht, aber wenn die das Rauchen jetzt auch noch draußen verbieten, dann fang ich damit an. Ich möchte auch mal unvernünftig sein dürfen.

Dann setze ich mich in so eine Raucherzelle, diese kleinen, gläsernen Pranger, wo sie drinstehen, die Süchtigen, und die Kinder draufzeigen: »Mama, was sind das für Menschen?«, und die Eltern sagen: »Mein Kind, das sind keine Menschen, das sind Raucher, böse, qualmende Wesen aus einer vergangenen Welt.« Und die Kinder sagen: »Ooooh!« Und dann stehen die armen Schweine da in ihren eckigen Wolken, verängstigte Gestalten, weinerlich und räuchern sich gegenseitig aus.

Die meinen das gut mit uns in Berlin und vor allem bei der EU und deshalb schreiben sie uns so was vor, weil sie auch sonst nichts zu tun haben. Die sitzen da in Brüssel, in ihrer letzten Ruhestätte, alles Übriggebliebene, die mussten weg. Brüssel ist das Endlager für ausgebrannte Amtsträger, das Gorleben für Politiker und irgendwie müssen die was machen, und die können ja nichts außer Vorschriften.

Ein Treppengeländer muss bei uns 90 Zentimeter hoch sein und ab zwölf Metern Höhe aufwärts muss es 1,20 Meter sein. Bei elf Metern ist es egal, aber ab zwölf Metern, wer ist wohl auf diese Grenze gekommen?

Der Handlauf muss mindestens vier Zentimeter dick sein, wahrscheinlich weil Kinder ihn sonst verschlucken könnten. Aber nicht über sieben Zentimeter, wahrscheinlich, weil sie sonst ersticken könnten.

Darum kümmert sich die Politik. Irgendwann steht der Staat bei mir vor der Türe und sagt: »Du willst doch bei dem Wetter nicht ohne Jacke raus?« Deshalb bin ich eigentlich damals nicht bei meinen Eltern ausgezogen, dass mich jetzt der Staat als Pflegefall betrachtet. Dann bin ich wie ein 13-Jähriger und sage: »Ich bin groß! Ich kann schon rauchen!« Super!

Gute Zeiten   8. August 2011

Man sagt ja immer, Eigentum sei eine Belastung. Wenn ich die Wirtschaftsprognosen so lese, denke ich, dass vielen gerade eine große Last genommen wird.

Der ganze Aktienbesitz löst sich gerade in Luft auf. Man ist wieder frei und die ideellen Werte werden wieder wichtig. Freiheit zum Beispiel und Toleranz. Auch wenn wirtschaftlich alles zusammenbricht, es bleibt uns immer noch die Freiheit. Wir können hierzulande tun und lassen, was wir wollen. Wenn man bei uns zum Beispiel schwul ist, dann ist man – schwul halt. In Pakistan ist man dann so gut wie tot, das ist unangenehm.

Das ist hier besser und man kann auch mit Schnauzbart und Dirndl zu EDEKA gehen. Aber irgendwie ist es hier so schwer, was Positives zu sagen. Wenn man zum Beispiel sagt: »Ist doch prima hier«, dann machen sich die Leute ernsthaft Sorgen um den Geisteszustand.

Die Leute glauben wirklich, dass die Welt schlecht ist. Das liegt an den Medien. In der Zeitung steht: »Drogenhändler schießt um sich, 17-Jähriger erschlägt Eltern, Frau schneidet Penis ab«, alles, was man gerne liest zum Frühstück. Massaker, Mord und Totschlag. Manchmal meine ich, unsere Journalisten müssten besser bezahlt werden, die leben in ganz schlechten Wohnvierteln.

Bei uns in der Straße wird man nicht ständig erschossen, das finde ich auch angenehm, und so eine Zeitung ist ja auch nur eine Ware. Ein doofer Taschendiebstahl ist heute keine Meldung mehr, aber ein verstümmelter Penis, ein Eifersuchtsdrama, das will man lesen, in allen Einzelheit, nachts, mit dem großen Fleischmesser, während man sich am Küchentisch die Salami aufschneidet, da kriegt man eine Gänsehaut, das thrillt.

Auch Journalisten müssen sich was einfallen lassen, wenn sie überleben wollen. Das wurde mir klar, als in der *BILD*-Zeitung stand: »Wasserwanze macht mit Penis Krach wie Orchester«. Das nennt man dann eine Exklusivnachricht. Wohl dem Volk, das solche Sorgen hat und keine Wasserwanzen in der Nachbarschaft. Aber bei uns ist im ganzen Haus noch kein Penis abgeschnitten worden. Wenn ich abends nach Hause komme, gehe ich nicht so durchs Haus und denke: »Hoffentlich schneidet mir heute Nacht keiner den Penis ab.« Vielleicht ist das auch naiv, aber ich glaube an das Gute auf der Welt. Viele Menschen tun Gutes, wie Bill Gates zum Beispiel. Die Bill-Gates-Stiftung fördert in der Dritten

Welt Stromerzeugung aus Fäkalien. Das hat er einfach drauf, der macht aus Scheiße Gold. Solche Leute brauchen wir, dann geht's auch wirtschaftlich wieder aufwärts.

Handtasche   17. August 2011

Ich habe ein schlimmes Erlebnis hinter mir und muss dazu sagen: Ich empfinde keinen grundsätzlichen Ekel gegen die Frau, mit der ich zusammenlebe, sonst würde ich ja nicht mit ihr zusammenleben. Dieser Ekel richtet sich ausschließlich gegen ihre Handtasche.

Ich weiß, Handtaschen sind grundsätzlich kein Thema mehr, da ist alles gesagt. Dass die Handtasche grundsätzlich in ihrer Wesenhaftigkeit Ähnlichkeiten aufweist mit physikalischen Phänomenen, Stichwort schwarzes Loch, weil jedes Ding von der Handtasche angesaugt wird und am Ende unwiederbringlich in den Tiefen des Raumes verschwindet. Vor allem in Handtaschen, die oben eine relativ kleine Öffnung aufweisen und nach unten hin anschwellen, sodass sich die Materie sammelt, aber nicht von alleine wieder austritt. Dadurch bildet sich auf Dauer ein Gravitationsknoten in der Raumzeit, der immer mehr Materie anzieht, und das kann schlimm enden. Es gibt Menschen, die glauben, dass unser ganzer Planet in ein paar Millionen Jahren von einer Handtasche verschluckt wird. Ich halte das nicht für unmöglich, aber das ist gar nicht das Wesentliche.

Das Schlimme war, dass mir dieses volle Stück Raumzeit die Frau, mit der ich zusammenwohne, in die Hand drückte und sagte: »Holst du mal den Schlüssel raus?«

Ich weiß nicht, ob Frauen wirklich beurteilen können, was das für einen Mann bedeutet. In das Allerheiligste einzudringen, also quasi diesen ergreifenden Moment der Initiation zu erleben, wenn die männliche Hand den Ereignishorizont überschreitet und abtaucht in das Gewese aus organischer Materie, alten Parkquittungen, losen und teilweise angelutschten Fishermen's Friends sowie Grind, Ge-kröse, Schmodder und ich glaube auch Schmieröl, obwohl, das muss was anderes gewesen sein, aber was? Ich will es gar nicht wissen, vielleicht ein ausgequetschter Pinguin. Als Mann fragt man sich, wie ein ausgequetschter Pinguin in eine Handtasche kommt. Da fragt die Frau zurück: »Na wie wohl? Von oben natürlich. Durch das Loch.« Normal!

Die Frau denkt: »Wer weiß, wie der Tag endet. Da nehme ich lieber meinen ausgequetschten Pinguin mit, nachher stehe ich da, mitten in der Stadt und denke: ›So ein Mist! Ich habe meinen ausgequetschten Pinguin vergessen …‹«

Ich weiß nicht, wie man im formlosen Innenraum eines weiblichen Gekrösesacks einen Schlüssel finden kann, aber es war spannend. Ich fand das irgendwie gut, ein bisschen wie in einem Horrorfilm, und habe auch nicht erwartet, dass meine Hand einfach so wieder rauskommt. Sondern, dass ich meine Knochen sehen kann, wie auf einem Röntgenbild, oder dass die Hand verschrumpelt ist, wie nach ein paar Tagen in der Badewanne, oder verfärbt, verwest, verschimmelt, verstümmelt.

Den Schlüssel habe ich übrigens nicht gefunden. Möglicherweise habe ich ihn berührt, an den Zähnen, aber ich hatte das Gefühl, diese Zähne schnappen nach mir, und da habe ich mich furchtbar erschrocken. Es hat auch ein bisschen geblutet, nicht schlimm. Ich bin trotzdem gleich zum Arzt und habe meine Tetanusimpfung erneuern lassen. Das sollte man regelmäßig machen, wenn man eine Freundin mit Handtasche hat, regelmäßig die Tetanusimpfung erneuern. Das kann Leben retten.

Der Markt 24. August 2011

Wer ist eigentlich dieser Markt, der uns gerade wieder mal bedroht? Ich höre immer nur, dass die Märkte zusammenbrechen oder der Markt ist nervös. Was macht so ein nervöser Markt? Steht der an der Ecke und raucht eine nach der anderen und kaut Fingernägel? Gestern habe ich gehört, der Markt sucht den Boden. Wie ist das denn möglich? Der Markt ist offenbar von der Schwerkraft entkoppelt und deshalb wirkt er oft so abgehoben. Aber da kann der nichts für. Der Markt ist wie der DFB-Pokal: Er folgt eigenen Gesetzen und viele sagen, wir sind ihm ausgeliefert, und deshalb wollen sie ihn abschaffen. Das ist nur nicht ganz einfach, weil der Markt ja weltweit ist, und wenn wir ihn abschaffen wollen, müssen wir erst den Rest der Welt eingemeinden. Das hat damals der Hitler versucht, aber am Ende kommt man doch immer wieder vor Moskau in winterliches Wetter.

Wir können natürlich auch einfach sagen, wir nehmen am Markt nicht mehr teil. Es gibt Länder, die haben das gemacht, sehr erfolgreich sogar, wie Nordkorea. Die nehmen am Markt gar nicht mehr teil. Das kann man machen. Dann leben wir wieder von dem, was die bäuerliche Krume so hergibt. Statt Döner gibt es wieder anständige deutsche Kartoffeln. Und zwar mit Kartoffeln und Kartoffeln. Jeden Tag. Und sonntags mal ein Huhn, wenn man einen Balkon hat, also Platz für eine Hühnerzucht.

Ich persönlich esse auch ganz gerne mal was anderes. Ich will auch gar nicht zurück in die Zeit, als es noch keinen Weltmarkt gab und sich die Völker ab und zu mit dem Panzer besuchten, um danach wieder alles aufzubauen. Das ist doch auch mühselig.

Viele glauben ja, den Markt könnte man ganz abschaffen, das ist ein Missverständnis. Der Markt ist kein System, der Markt ist ein Grundgesetz wie die Gravitation, den gibt es immer. Auch da, wo es offiziell keinen Markt gibt, wie eben in Nordkorea. Da gibt es dann eben nichts, beziehungsweise nur auf dem Schwarzmarkt. Der Markt ist immer da. Die Gesetze des Marktes sind wie die Schwerkraft, was besonders ärgerlich ist, wenn man über 150 Kilo wiegt. Die Schwerkraft ist da, das kann man nicht ändern. Wenn einem Wasser in den Keller läuft, kann auch ein Gesetz über das Verbot von Wassereinbrüchen in unterirdische Räume nichts ändern. Das Wasser hält sich nicht dran. Und auch das Geld fließt, wohin es will. Leider meist nicht in den Keller. Schade.

Wutbürger in der Baustelle 31. August 2011

Es ist ja was los auf der Welt, Aufstand in Syrien, in Libyen, eben noch in England, die Menschen sind unzufrieden. Überall Wutbürger, die Autos anzünden. Wobei ich glaube, das sind bezahlte Schergen der Autohersteller. Zur Verknappung des Gebrauchtwagenmarktes.

In Arabien sind sie auch unzufrieden, denn da wollen sie jetzt die Demokratie und wählen gehen. Während wir ja schon einen Schritt weiter sind. Wir gehen schon gar nicht mehr hin, wenn Wahl ist.

Wahl! »Was für eine Wahl?«, sagen die Leute. Natürlich ist es im Grunde mit den Wahlen wie beim Zugfahren. Da kommt an jedem Bahnhof die Durchsage: »Danke, dass Sie Deutsche Bahn gewählt haben!« Gewählt? Welche Bahn fährt denn da noch? Ich hätte mich gerne anders entschieden, aber Jim Knopf fährt nicht von Wolfsburg nach Hannover.

Danke?! Wollen die mich verarschen? Das ist wie diese Schilder auf der Autobahn nach 30 Kilometer Baustelle: »Danke für Ihr Verständnis!« Ich hatte kein Verständnis! 30 Kilometern Baustelle und kein einziger Arbeiter, nur diese rot-weiß gestreiften Baken. Ich glaube, die wissen nicht, wohin mit den Dingern, und dann sagen die: »Komm, die stellen wir einfach für zehn Jahre auf die A1!« Dass dann der Bürger wütend ist, kann ich nachvollziehen.

Der Bürger ist auch nur ein Mensch und besteht zu 70 Prozent aus Wasser. Der Rest ist so ein bisschen Gedöns und vor allem Adrenalin. Wir sollten dankbar sein, dass er nur alle vier Jahre wählt und nicht, wenn er gerade 30 Kilometer durch die Baustelle gefahren ist.

Piraten und andere   5. Oktober 2011

Ich habe gerade im Fernsehen gesehen, dass die Piraten in den Umfragen vor den Linken liegen und vor der FDP sowieso. Warum? Weil die Piraten die Lösung für unsere ökonomischen Probleme haben. Sie kümmern sich einfach nicht drum, eine gute Idee.

Die Piraten sagen auch selbst: »Wir sind für die Fragen zuständig, nicht für die Lösungen«, und die Frage lautet: »Kann man das Geld nicht irgendwo runterladen, also für lau?«

Einen Kandidaten der Piraten in Berlin, den Namen habe ich vergessen, haben sie nach der Wahl gefragt, ob er wüsste, wie viele Schulden Berlin hat, und er hat gesagt: »Äh, nö.« Das ist gut für die Nerven, die Probleme gar nicht an sich ranlassen, so wird man 100 Jahre alt.

Geld interessiert ihn wohl auch nicht so, das ist ja sympathisch. Aber der Journalist war so hartnäckig und hat nachgefragt: »Was schätzen Sie denn so, wie viele Schulden Berlin so hat?« Unser Pirat meinte: »Äh, viel«, und der Journalist fragte nochmal: »Ja, wie viel?« Und der Pirat antwortete: »Viele Millionen.« Das ist jetzt bei 63 Milliarden knapp vorbei, aber kommt es in der Politik auf ein paar Nullen an?

Wer weiß schon die Lösung für die Eurokrise? Gut, Sigmar Gabriel, der weiß immer alles. Der ist Lehrer. Der weiß, wie man die Schuldenkrise in den Griff bekommt. Mit Kreide und Schwämmchen. Sigmar Gabriel plärrt momentan in jedes Mikrofon: »Ist doch ganz klar, die Regierung, alle ganz doll doof, daher Eurobonds und fertig.« Das lieben wir an unseren Politikern, dass die so genau Bescheid wissen. Die Nobelpreisträger ringen noch um die Lösung, aber Sigmar Gabriel weiß sie schon.

Es ist gut, dass wir eine Physikerin als Kanzlerin haben, die weiß vielleicht auch nicht genau, was jetzt zu tun ist, und macht auch nichts, aber das ist konsequent. Wer handelt, macht Fehler, das kann man ihr nicht nachsagen. Immerhin weiß sie als Physikerin, dass Geld gar nicht verschwinden kann. Das ist physikalisch nicht möglich, es kann höchstens einen anderen Aggregatzustand einnehmen. Dann macht es: Puff!, und es ist weg beziehungsweise nicht weg, sondern woanders, wie beim Roulette, am Ende gewinnt immer die Bank.

Und was machen die anderen? Die Grünen wollen mit Windmühlen kämpfen und nicht dagegen, das ist die Ökovariante von Don Quijote, sehr lobenswert, aber auch keine große Hilfe gerade im Moment. Herr Rösler dagegen schickt Insolvenzvorschläge. Das ist gut, denn in der FDP kann man sich mit Insolvenz nicht früh genug beschäftigen.

Irgendwie geht gerade alles dem Ende entgegen und jetzt hat es auch noch Heidi, das schielende Opossum, erwischt, das als letzte Hoffnung der FDP galt. Jetzt macht Rösler weiter. Das kann nicht gut gehen.

Sprengung und Sicherheit   12. Oktober 2011

Wir Deutsche neigen ja nicht so zur überbordenden Lebensfreude, das haben wir nicht so drauf, aber die Religiösen im Nahen Osten, zum Beispiel die Taliban, die haben einen interessanten Ansatz, auch wenn die nicht so lebensfreudig sind, und die trinken ja auch nichts, dabei hilft oft ein Fläschchen Schnaps oder zwei, aber das wollen die gar nicht, sondern sagen: »Das Glück kommt im nächsten Leben. Wir leben gottgefällig! Wir kommen ins Paradies!«

Das macht gelassen, denen ist die Finanzkrise egal und der Aktienmarkt wurscht. Klimaerwärmung? Was soll's. Und Stauballergie kennen die gar nicht. Laktoseintoleranz?! Ich habe noch nie gehört, dass ein Taliban über Laktoseintoleranz geklagt hätte: »Der Sprengstoff ist okay, aber die Milch macht mich fertig!«

Das wird man da nicht hören. Die sind robuster und schicken teilweise ihre Kinder zum Explodieren los. Vollkommen schmerzfrei. Nicht alle, viele Selbstmordattentäter sind auch vorsichtig und verbinden sich vor der Sprengung die Geschlechtsorgane. Ganz dick! Das ist wirklich wahr, wegen der 72 Jungfrauen, die auf den Märtyrer warten, und deshalb glauben die, sie bräuchten das Ding noch. Das wird nicht funktionieren, wenn der restliche Körper, also ich meine, der Penis als Alleinüberlebender, das geht doch nicht.

Ein lebender Penis, allein, ist auf dieser Welt noch nicht gesehen worden, was natürlich noch lange nicht beweist, dass es ihn nicht gibt. Egal ...

Es gibt so viele Irres auf der Welt, und so viele Irre ... Dschihadkämpfer, Nazis, Amokläufer. Da bin ich einfach bürgerlich und lehne das ab. Wir legen bei uns zu Recht großen Wert auf körperliche Unversehrtheit und sind sicherheitsorientiert. Bei uns sind Selbstmordattentate verboten, das finde ich gut.

Und wenn es erlaubt wäre, dann müssten Selbstmordattentäter bei uns einen Helm tragen und nachts so kleine Reflektoren, damit man die nicht vor der Sprengung überfährt. Wie die Rentner, beim Nordic Walking, bei denen man oft denkt: »Was ist das? Aliens?« Nein, das sind zwei Rentner in Leuchtkleidung, die zwei Stöcke hinter sich herziehen. Das ist auch ein Sport, den ich noch nicht verstanden habe. Stockziehen. Wenn's glücklich macht, warum nicht ...

Burn-out 16. November 2011

Hat heute eigentlich jeder wirklich Burn-out? Beziehungsweise bin ich krank, wenn ich keinen Burn-out habe? Wahrscheinlich bin ich unsensibel. Sensible Menschen haben heute Burn-out. Immer mehr. Natürlich haben heute mehr Menschen Burn-out, weil man den Begriff früher gar nicht kannte, als noch nicht jedes nervöse Zucken psychologisch betreut wurde.

Ein nervöses Zucken in der Nachkriegszeit war normal, schon allein wegen der ungemütlichen Tage im Schützengraben. Im Krieg war es schwierig, einen Burn-out anerkannt zu kriegen. Man konnte zum Feind rüberrufen: »Bitte keine Granate werfen! Ich habe Burn-out!«, aber der warf trotzdem. Unsensibles Pack.

Aber heute ist das anders, obwohl ich einfach mal sagen möchte, nicht jeder, der ein bisschen müde ist, hat Burn-out. Burn-out ist nämlich was Schlimmes und der inflationäre Gebrauch heute ist ein Schlag ins Gesicht für alle, die wirklich Burn-out haben, also Depressionen. Wenn man sich überfordert fühlt, muss das nicht am Burn-out liegen, vielleicht ist man auch einfach überfordert.

Deshalb Augen auf bei der Berufswahl. Wer Flugangst hat, sollte nicht Pilot werden. Auch kein Chirurg, wenn man beim Amputieren schlechte Laune kriegt. Als Chirurg sollte man gerne amputieren, sich freuen und ab und zu mal sagen: »Heute nehme ich mir mal Arbeit mit nach Hause und säge im Kreise der Familie weiter …«

Viele glauben, es liegt am Leistungsdruck, dass der Burn-out heutzutage so zunimmt. Ich glaube nicht, denn früher arbeitete man auch mal 50 oder 60 Stunden die Woche und wenn man entlassen wurde, bedeutete das für die Familie Hunger und Elend. Es ist gut, dass es das nicht mehr gibt, aber dann sollte man auch nicht behaupten, dass es früher weniger Druck gab. Als die Arbeitsplätze angeblich noch sicher waren und die Löhne höher, stand man zehn Stunden im Akkord am Fließband und sparte auf ein Moped. Ein Burn-out kam höchstens am Sonntag infrage, wenn man nicht gerade Schicht hatte.

Nicht, dass man mich falsch versteht, mir geht es nur ein bisschen auf den Sack, dass heute jeder, der mal schlechte Laune hat, behauptet, er hätte Burn-out. Erklärt man das mal einem, dem es wirklich schlecht geht, lacht der einen aus. Gut, dann geht's ihm vielleicht besser, insofern wäre es einen Versuch wert.

Sieben Milliarden 23. November 2011

Seit ein paar Wochen haben wir sieben Milliarden Menschen auf der Erde. Wahnsinn, besonders, wenn man bedenkt, dass ein beträchtlicher Teil davon freitags nachmittags auf der A57 steht.

Sieben Milliarden! Dadurch ist es in Indien sehr eng, während in Ostwestfalen noch Platz wäre. Gott sei Dank weiß das der Inder nicht, sonst würde er eventuell Ostwestfalen besiedeln, und wenn da plötzlich mitten im Wald und auf der Lichtung, wo sonst nur die Hoppelhäschen hoppeln, Menschen wären ... die sind da Menschen doch gar nicht gewöhnt ...

Sieben Milliarden, weil die Menschen immer älter werden, die Kindersterblichkeit sinkt, der Wohlstand steigt – viele Menschen können im Winter plötzlich heizen, da steigt der CO_2-Ausstoß und die Fragen sind doch: »Muss der Chinese eigentlich heizen? Muss er atmen?« Der Chinese erzeugt ja schon beim Atmen CO_2 und viel Knoblauch auch. Chinesische Küche ist viel mit Knoblauch, das belastet die Atmosphäre, und der Chinese fährt Auto. Das empört uns Europäer, weil wir sagen: »Wir fahren hier seit 100 Jahren Auto, müsst ihr jetzt auch noch damit anfangen? Ihr seid eh schon viel zu viele.« Wir haben 1,3 Milliarden Inder, 1,3 Milliarden Chinesen, eine Milliarde Afrikaner, das ist zu viel. Die verbrauchen alle Ressourcen, und erst der Klimawandel, genau deswegen stirbt die Rotbauchunke, das ist eine Krötenart, die kommt mit dem Klimawandel nicht klar. Aber wie bringt man dem Afrikaner bei, dass er ableben muss, damit bei uns die Rotbauchunke überlebt?

Die Rotbauchunke ist ein interessantes Tier, die macht 40-mal in der Minute »Uh, uh, uh, uh«. Wenn Sie mal nicht wissen, was Sie sagen sollen, sagen Sie einfach: »Uh, uh, uh, uh …« Die Rotbauchunke ist damit immer gut gefahren. Aber wir klagen: »Die Rotbauchunke stirbt, 50 Grad soll es in Deutschland werden, mit Starkregen und Dürre.« Hoffentlich nicht gleichzeitig. Es ist ja jetzt schon der trockenste November seit Erfindung des Herbstes. Jahrhundertwetter! Es ist ja oft Jahrhundertwetter, das liegt an der Statistik. Bei 365 Tagen im Jahr ist die Chance auf einen Tag mit Jahrhundertwetter im Jahr 365 durch 100 also 3,65 zu 1. Und in 100 Jahren soll ständig Jahrhundertwetter sein.

Gießen soll es dann, melonengroße Tropfen werden auf die Erde fallen, und das alles schon in 100 Jahren. Und ich Depp habe die Balkontür offen gelassen. Oh Gott! Wenn jetzt der Inder kommt … Schnell nach Hause.

Das Jahr 2011 I

1. Dezember 2011

Haben wir wirklich schon wieder den 1. Dezember? Ist das Jahr fast schon wieder rum? Wahnsinn! Es war ein schwieriges Jahr. Finanzkrise, Atomkatastrophe, und was das Schlimmste ist, wir wissen immer noch nicht, wer Nachfolger von Thomas Gottschalk wird. Selbst der Lothar hat sich noch nicht angeboten und Michael Ballack ist noch in Leverkusen beschäftigt.

Unseren Titel beim *Eurovision Song Contest* konnten wir auch nicht verteidigen. Immerhin ein Mittelplatz, gut, dass sich Lena von Stefan Raab betreuen ließ und nicht von Felix Magath, einem der überschätztesten Komponisten Deutschlands. Der hätte ihr drei Dutzend Sänger beiseitegestellt, einen miesen Chor daraus gemacht und beim zu erwartenden jammerlappigen Gedudel mit dem Medizinball gedroht.

Der Felix ist wenigstens noch im Amt, das unterscheidet ihn von den Cheftrainern Mubarak in Ägypten oder Gaddafi in Libyen. Wer seine Herrschaft auf Gewalt begründet, wird selten glücklich alt, was auch Osama bin Laden lernen musste. Al-Qaida steht nun gänzlich ohne Sportdirektor da. Wenn das so weitergeht, wird der Verein bald von Moody's runtergestuft und dann verleihe ich mein Geld lieber nach Griechenland. Da bekomme ich es zwar auch nicht wieder, aber es kommt wenigstens nicht in Form von Sprengstoff wieder zurück. Obwohl ... wer weiß?

Erfreulich im Sportjahr war, dass Kachelmann freigesprochen wurde. Es folgte einer der trockensten November aller Zeiten. Gut für das Wetter, schlecht für die Regenschirmindustrie, die nun auf Eurorettungsschirme umstellen muss. Ein Riesenmarkt. Auch nicht schlecht.

Das Jahr 2011 II 8. Dezember 2011

In diesem Jahr gab es wieder einige wahnsinnig interessante Neuigkeiten aus der Wissenschaft, zum Beispiel habe ich im Fachblatt für angewandte Naturwissenschaften gelesen, also der BILD-Zeitung: »Jeder zehnte Hamster ist schwul.« Jeder, wie er mag, solange man es nicht mit Haustieren treibt, das wäre nicht schön. Obwohl, im Grunde kann man da auch nichts machen ...

Evolutionsforscher haben nämlich herausgefunden: »In der Evolution wuchsen Hoden schneller als Gehirne.« Das erklärt einiges. Zum Beispiel, warum viele mit den Hoden denken.

In dem Zusammenhang ist auch folgende aktuelle Statistik interessant: »Jeder Zehnte steht auf behaarte Frauenbeine.« Die Umfrage wurde wahrscheinlich im Wildpark durchgeführt. Egal.

Australische Wissenschaftler wiederum haben das Erbgut des Kängurus gefunden, es war ganz unten im Beutel. Ich finde, Wissenschaft ist etwas Faszinierendes, während die Religion ein bisschen auf der Stelle tritt. Der Weltuntergang, den uns ein amerikanischer Prediger vorausgesagt hat, ist überraschenderweise wieder ausgeblieben. Irgendwann muss es doch mal klappen. Wahrscheinlich müssen wir bis zum nächsten Eurokrisengipfel warten. Ich bin gespannt.

Nächstes Jahr geht es also erst mal weiter, im Jahr 2012, vielleicht ist das dann das letzte Jahr überhaupt, denn an der Stelle endet der Maya-Kalender. Viele sagen: »Dann ist Feierabend.« Ich glaube das nicht, die drucken bloß keinen neuen mehr, sondern nehmen jetzt auch den von der Sparkasse. Die Welt existiert weiter, trotz Euro-, Klima- und Schuldenkrise … Das ist doch alles nicht so schlimm. Schlimm ist: Wir wissen immer noch nicht, wer *Wetten, dass …?* übernimmt. Das ist so schrecklich! Das macht mir Angst! Es will ja keiner machen. Außer Lothar Matthäus, aber den hat keiner gefragt. Und Silvio Berlusconi, der hat frei, das ginge, dann müsste Michelle Hunziker immer mit dem Rücken zur Wand stehen, aber egal …

Ansonsten wird nächstes Jahr auch nicht anders sein als alle anderen. Das Leben geht weiter. Oder auch nicht. Gut so.

Das Jahr 2011 III   15. Dezember 2011

Was wurde in diesem Jahr wieder gestorben, einige sind von uns gegangen. Der letzte Veteran des Ersten Weltkrieges ist gestorben. Ein Engländer mit 110 Jahren. Woran, weiß ich nicht, wahrscheinlich aber an den Spätfolgen des Krieges.

Steve Jobs ist gestorben, der größte Erfinder unserer Zeit. Er hat die Welt nicht erschaffen, aber er hat sie bedienbar gemacht. Und er hätte auch das Rad und das Feuer erfunden und hätte es besser gemacht. Mit Gestensteuerung, zieht man die Finger auseinander: »Feuer an«, abwärts wischen: »Feuer aus«, das wäre cool gewesen, aber das haben die damals nicht hingekriegt. Das ist wie mit den Smartphones. Hat ja auch nicht geklappt, bis Steve Jobs das in die Hand genommen hat. Wenn der damals schon im Himmel gewesen wäre, wäre die Erde nicht rund, sondern eine Scheibe und würde super in der Hand liegen – und geil aussehen. Jetzt ist er da oben und ich erwarte einiges. Wenn ich Gott wäre, würde ich anfangen, um meinen Chefposten zu bangen.

Hier unten kam erst mal nur das iPhone 4S. Es ist toll, weil es alles kann. Ich spreche mit ihm. Es macht Pipi, melkt Hühner und heilt Kranke, aber für Steve kam es zu spät. Schade.

Auch die Lieblingstochter Stalins ist in diesem Jahr von uns gegangen. Als ich das gelesen habe, dachte ich erst: »Mein Gott, der arme Lafontaine«, aber es war gar nicht Sahra Wagenknecht. Sie hat ja große Verdienste um die Marktwirtschaft und sogar einen ganz neuen Beruf erfunden, sie tritt als Showkommunistin auf. Jetzt auch mit Oscar. Eine seltsame Karriere, das hat die *Welt* sehr gut beschrieben, ein Werdegang von der Revolutionärin zur Trophäe eines alternden Silberrückens.

Amy Winehouse hat sich leer getrunken und um beim Thema zu bleiben, hatten wir dieses Jahr auch den 200. Todestag von Heinrich von Kleist. Was ich traurig fand, denn er hat ihn nicht mehr erlebt. Überlebt haben im Grunde bloß Stephanie Hertel und Stefan Mross, aber einzeln. Vereinzelt. Allein. Die große Trötentrennung. Die Trompete ist geknickt. Sie bläst ein trauriges Lied. Da stelle ich einfach den Ton ab und schon ist alles wieder gut. Wunderbar.

Das Jahr 2011 IV   29. Dezember 2011

In diesem Jahr war ein munteres Personenkarussell. Ein Kommen und Gehen, wie beispielsweise Theodor zu Guttenberg, vom Erlöser zum Auswanderer. Eigentlich war er ein Traumtyp für die Deutschen. Er sah aus wie Lothar Matthäus, aber mit Sprache. *Vorerst gescheitert* heißt sein Buch. Vorerst, aber ich bin sicher, den Rest schafft er auch noch.

Das ist eine ganz typische Promi-Karriere. Jetzt noch ins Dschungelcamp und dann ist Feierabend, aber er wird jetzt EU-Experte fürs Internet und erweitert seine Fähigkeiten. Die nächste Doktorarbeit wird nicht mehr mit Copy und Paste gemacht, das wird ein Download, ein Remix. Die schönsten Textstellen der 80er, der 90er und das Beste von heute, der beste Mix. Das wird sicherlich unterhaltsam und nicht so ein Reinfall wie die letzte. Mir hat er jedenfalls leidgetan. Er konnte doch nicht wissen, was in seiner Doktorarbeit steht. Wahrscheinlich wusste er nicht mal mehr, wer sie geschrieben hat, und die Rechnung hat er wohl auch nicht aufgehoben, so was macht man doch sowieso ohne.

Das ist gefühlt schon so lange her, dabei war das dieses Jahr. Die Älteren erinnern sich noch an Theodor zu Guttenberg und die ganz Alten erinnern sich sogar noch an Dr. Theodor zu Gutenberg.

Die Namen darf man nicht verwechseln: Es gibt ja Gutenberg mit einem »t«, der hat den Buchdruck erfunden vor 500 Jahren, aber Guttenberg erfand die Kopie.

Seine Doktorarbeit war jedenfalls ein Plagiat, wenn man das so sagen darf. Er sieht das ja anders und sagt immer noch: »Das war kein Plagiat!« Es war viel mehr eine Parodie auf eine Doktorarbeit, ein illegaler Download. Möglicherweise hat er seine Doktorarbeit bei edonkey runtergeladen. Ich denke, Guttenberg wird zu den Piraten gehen und für ein faires Urheberrecht kämpfen.

Auch Thomas Gottschalk wird sich verändern. Zurück bleibt nach wie vor die große Frage: Wer moderiert *Wetten, dass ...??* Mein Favorit wäre ja Catweazle, da würde man den Unterschied kaum bemerken.

Ich habe das Gefühl, wer jetzt noch *Wetten, dass ...?* übernimmt, würde nicht als zweite Wahl wahrgenommen, sondern als Totengräber. Ein Kandidat, der es wirklich nötig hat ... Vielleicht Guttenberg. Oder Westerwelle ... Oder gleich der Lothar ... Da hat Michelle Hunziker ihre Ruhe, die ist ihm zu alt ...

Der größte Abgang des Jahres ist allerdings ausgeblieben. Der Weltuntergang, den uns der amerikanische Prediger Harold Camping vorausgesagt hat, wurde abgesagt, erst am 21. Mai, dann am 21. Oktober. Wieder nix. Jetzt müssen wir mit dem Weltende bis zum nächsten Eurokrisengipfel warten. So viel Zeit muss sein. Guten Rutsch!

Straße aufgerissen   25. Januar 2012

Etwas ganz Schönes ist passiert. Wir haben einen neuen Regenwasserkanal in der Straße, der war teuer, aber sehr wichtig, denn bisher fiel der Regen einfach auf den Boden, und das geht ja nicht. Das würde ich im Wohnzimmer auch nicht akzeptieren, deswegen habe ich ein Dach drüberbauen lassen. Deshalb haben sie bei uns jetzt die Straße aufgerissen, das wird traditionell jedes Jahr gemacht, das kommt so sicher wie Karneval. Man weiß nicht warum, aber es ist irgendwann der Bagger wieder da, wie der Zoch, der kütt auch, immer wieder!

Weil viele Kanäle unter einer Straße liegen und Kabel und Anschlüsse, und einmal im Jahr kommt halt der Bagger und reißt das auf, guckt nach, ob alles noch da ist, und macht alles wieder zu, bis der nächste kommt. Man könnte das auch koordinieren, aber das hieße, dass man sich vorher hinsetzen und nachdenken und gemeinsam planen müsste. Das habe ich früher beim Baggern auch nicht gemacht. Wer will das auch, das interessiert doch in der Behörde niemanden.

Die machen das auch wieder zu, weil der Nächste zum Aufreißen vorbeikommt, die Stadtwerke, das Tiefbauamt und die
untere Wasserbehörde und die obere Wasserbehörde und die
mittlere Wasserbehörde und lauter Behörden, von denen man
gar nicht wusste, dass es sie gibt. Irgendwas müssen die Menschen tun und dann gründen sie eine untere Wasserbehörde
und bestellen einen Bagger. Wahrscheinlich kennen die einen,
der einen Bagger hat, und die wissen, dass der gerne baggert.
Die Menschen arbeiten nun mal gerne zusammen, nicht nur
der Bundespräsident, im Kommunalbereich geht das noch
viel besser und lautloser.

Ich glaube, bald kommen auch die Kirchen hier zum Baggern,
die suchen nämlich unten nach der Hölle, dabei brauchen die
das gar nicht. Wo die Hölle ist, weiß ich, die ist da, wo ständig der Bagger kommt und die Straße aufreißt.

Wegen der unteren Wasserbehörde oder den Stadtwerken, es
gibt so viele Stellen, die gerne mal baggern lassen. Das sind
alles Menschen, die den ganzen Tag überlegen, wann sie eigentlich das letzte Mal den Meisenweg aufreißen ließen. Die
Straße sieht inzwischen aus wie eine Patchworkdecke, aber
das ist doch schön, was Handgemachtes in dieser industriell
gefertigten Zeit.

Die Ecke werden sie uns zum Kreisverkehr umbauen. Das ist
total angesagt momentan, das ist hip, das ist in, das ist cool. Das
war früher schon mal ein Kreisverkehr, aber dann hat man da
eine Tempo-30-Zone gebastelt, dann eine Ampel für Frösche
und Damwild, vermute ich zumindest, denn sonst kommt da
eigentlich keiner vorbei. Dann wurde der Kreisverkehr wieder
rückgebaut, die Mode ändert sich, danach Schwellen eingezogen,
Buchten, damit man nicht einfach aneinander vorbeifahren kann,
wegen der Sicherheit, wegen der vielen Verkehrstoten bei uns in
der Straße, denn wer will schon ständig neue Nachbarn … egal.

Alles wird wieder aufgerissen, erst wegen Telekommunikation, dann Schmutzwasserkanal, Wasseranschluss, anschließend kam Gas. Zuletzt hat einer alles aufgemacht und vergessen weswegen und einfach wieder zugemacht. Und immer weiß man auch nicht, warum jetzt einer baggert, die wissen das oft selber nicht oder sie sagen es nicht, vielleicht gibt es bei uns indessen einen geheimen Tunnel nach Neuseeland durch den Erdkern … Jetzt haben wir erst mal einen Regenwasserkanal, weil sich die obere Wasserbehörde nicht nachsagen lassen will, sie hätte sich mit den anderen Ämtern abgestimmt. Man kann unseren Behörden vieles nachsagen, aber nicht, dass langfristig geplant würde.

Lokalteil   4. März 2012

Am liebsten lese ich den Lokalteil, weil man alles, was direkt um einen herum passiert, erfährt, das ist großartig.

Bei uns in Grafendorf gibt es zum Beispiel gerade großen Streit um die Zuschüsse für das Programm der *Alten Spinnerei*, in der Kurse angeboten werden für Folkloretanz, Handarbeit und entspanntes Atmen. Die Zuschüsse sollen jetzt gekürzt werden, Riesenärger, Pressekonferenz und die Betreiber ließen verlauten, dass die geistige Leere unter den Menschen zunimmt, und Folkloretanz, Handarbeit und entspanntes Atmen gäben den Menschen Gelegenheit, in einer entfremdeten Welt ihre Mitte wiederzufinden, bevor sie spirituell veröden, was ja furchtbar wäre.

Das Argument der Stadtverwaltung: Folkloretanz, Handarbeit und entspanntes Atmen seien zwar schön und gut, aber Privatsache, und die Kommunen könnten es sich nicht leisten etc. Das sei mal wieder der typische Zynismus der herrschenden Klasse und dann ging die Diskussion richtig los. Folkloretanz, Handarbeit und entspanntes Atmen seien wichtige Teilbereiche der Reproduktion, und überhaupt, warum soll für Folkloretanz, Handarbeit und entspanntes Atmen bezahlt werden, solange unsere Truppen in Afghanistan stehen? Für das Töten sei Geld da, aber an der Kultur wird gespart. Eine kleine Gruppe hat sogar einen Sarg aus Pappe gebaut, auf dem stand »Folkloretanz, Handarbeit und entspanntes Atmen«, und da gab es einen kleinen Protestzug, es war richtig was los.

Die Stadtverwaltung hat auch noch andere Sorgen. Die Bürger sind unzufrieden mit der Abfallentsorgung, mit der Ampelanlage an der Schiefergasse und einem im Winter ungestreuten Waldweg am Teufelsbach. Die Verwaltung verweist auf ökologische Gründe, während die Bürger geltend machen, dass bereits alte Menschen und Behinderte hätten sterben können, wenn sie bei einem Spaziergang am Teufelsbach in Blitzeis geraten wären. Gott sei Dank hat noch niemand alte Menschen und Behinderte an dem Teufelsbach gesehen, schon allein deshalb, weil der Teufelsbach tief im Wald liegt. Aber was wäre, wenn da jemand ein paar Alte oder Behinderte mit dem Hubschrauber absetzen würde? Was dann? Muss es erst Unfälle geben?! Da ist das letzte Wort noch nicht gesprochen.

Die grüne Stadtratsfraktion sorgt sich jahreszeitbedingt um die Kröten im Landkreis. Der Umweltausschuss hat sich mit der Frage beschäftigt, wie die Amphibien sicher über die Straßen in und südlich von Priseberg kommen. Ein Tragedienst ist ebenso zu teuer wie eine Rolltreppe oder eine Klapp-, Hub-, Dreh-, Schrägseil-, Stahlbogen-, Vollplatten-, Rahmen-, Balken- oder Hängebrücke. Schwimm- oder Pontonbrücken wären billiger, stören aber den Autoverkehr. Eine Schwimmbrücke benötigt zudem Wasser unter sich. Die Straße müsste also zunächst geflutet werden, dafür sei aber kein Geld da und das erfährt man alles aus dem Lokalteil.

Auch dass Türkgüçü verloren hat, 0 : 5 gegen Grafendorf. Torschützen des FC Grafendorf waren: Uhmud, Üzgür, Swereladse,

Jawliçek und Ösütgür. Der Name des Schiedsrichters war Heinz Schmidt. Der hatte es nicht leicht. Da kann man nichts machen und ohne Lokalteil hätte ich das alles nicht gewusst. Schade.

Das älteste Thema der Welt   14. März 2012

Ich habe lange nicht mehr über Männer und Frauen geschrieben. Gut, da sagen viele: »Ist nicht schlimm, ist eh kein ganz neues Thema.« Stimmt, es ist möglicherweise sogar das älteste Thema der Welt, denn angeblich wurde die Frau sechs Tage nach dem Urknall aus der Rippe des Mannes erschaffen. Es gibt Physiker, die das bezweifeln, vielleicht zu Recht. Angeblich wurde die Welt in sieben Tagen erschaffen, und ich muss zugeben, ich glaube das nicht. In sieben Tagen hat ein normaler Handwerker nicht mal ein Angebot erstellt und der Estrich muss auch erst mal trocknen.

Mit dem Thema Männer und Frauen haben sich auch schon andere beschäftigt. Seit ich denken kann, beschäftigen sich Komiker damit, aber seit ich denken kann, sind auch keine weiteren Geschlechter hinzugekommen, zumindest nicht, dass ich wüsste.

Es gibt geschlechtertypisches Verhalten, das kennen wir auch aus der Tierwelt, und der Mensch ist schließlich auch ein Tier, gerade wenn es um Geschlechtliches geht. Man könnte ihn mit dem Schimpansen fast verwechseln, wenn wir nicht diese eine Fähigkeit hätten, die uns vom Affen unterscheidet: Wir haben Facebook.

Männer und Frauen ist immer noch ein spannendes Thema, wegen des kleinenen Unterschiedes. Unsere Geschlechtsteile gehören zu uns dazu. Wenn man das anders empfindet, sollte man vielleicht professionelle Hilfe aufsuchen. Es gibt Leute, die reden von ihrem Geschlechtsteil in der dritten Person.

Das ist merkwürdig. Die sagen zum Beispiel: »Oh, was macht er jetzt?« So als hätte er die Entscheidung selbst getroffen und beim Mann stimmt das ja oft auch.

Es sind die Geschlechtsteile, die uns Männer von Frauen unterscheiden. Meistens. Es gibt manchmal aber auch Überraschungen, gerade auch im Thailandurlaub. Das sind Klassiker der Urlaubserlebnisse, wo Männer mit wunderschönen Frauen ins Hotel gingen und dann nahm der Abend eine ganz schwierige Wendung, aber das sind Sonderfälle ...

Küche sauber machen   20. März 2012

Warum denke ich ausgerechnet jetzt daran, dass ich die Kiste mit den Gewürzen mal wieder aufräumen könnte? Man erkennt daran, wie sprunghaft der menschliche Geist ist. Der Kreuzkümmel hat allerdings wirklich schon bessere Jahrtausende erlebt. Jung und würzig. Dann kam 89 die Wende und heute bietet er Milben und Motten eine Heimat, das ist auch schön, da freut sich der Ökologe. Wir tragen Frösche über die Straße, aber wer hilft Milben und Motten? Keiner, aber zu viel Natur im Haushalt will man auch nicht.

Erst denkt man, wie artenreich die Tierwelt bei uns ist, dann übersieht man, dass da auch gemeine Parasiten dabei sind, und ruckzuck braucht man eine Spenderleber. Gott sei Dank gibt es Motorradfahrer, gerade jetzt im Frühling, die viele Menschenleben retten, weil die inneren Organe beim Aufprall häufig unbeschädigt und dadurch verwendbar bleiben. Auch Raucher leben früh ab, aber innen ist alles verklebt. Wer will schon eine Leber, die riecht wie eine Zigarrenlounge?

Ich habe glücklicherweise noch eine Leber, und die will ich behalten. Wie komme ich darauf? Vielleicht war es der Blick auf das Spülbecken, der meine Gedanken über Säuberungen auslöste.

Als Stalin seine Säuberungen durchführte, blieb kein Stäubchen übrig, aber zum Küchendiktator fehlt mir einfach das Talent. Ich kann meine Gewürze auch nicht einfach nach Sibirien schicken. Ich bräuchte, glaube ich, eine Haushälterin, wie früher, in alten Krimiserien, der Kommissar, wo immer eine Haushälterin im Hintergrund stand und sofort abräumte und neuen Kaffee brachte. Meistens hatte sie ein Verhältnis mit dem Sohn und deshalb haben die beiden den Chauffeur umgebracht, weil der die beiden erpresst hat.

Das wäre mir alles auch wieder zu aufwendig, aber so jemanden im Haus zu haben, der ganztägig überall aufräumt, herrlich. Und zwar immer genau da, wo ich in wenigen Sekunden hinschauen werde. Wenn ich geguckt haben werde, sollte sie schon fertig gewesen sein. Eine Futur-zwei-Putzhilfe. Wenn ich geschaut haben werde, würde sie sich bereits entmaterialisiert haben, aber leider gibt es so etwas nur im Konjunktiv.

Dicksein und Willenskraft   21. März 2012

Das großartigste am Tag ist das Frühstück. Überall auf der Welt ist es anders. In Asien isst man Suppen, woanders auch schon mal ein geröstetes Nagetier und in vielen Kulturen wird bereits vor der ersten Mahlzeit Schnaps getrunken. Zuletzt war ich in den USA, da gibt es einen leckeren Pfannkuchen mit viel Sirup, anschließend ca. 30 Eier mit weißem, nährstofffreiem Brot und viel Speck, der nicht durchwachsen ist, sondern komplett aus Fett besteht.

In Amerika isst man so früh, wie es geht, so vitaminfrei wie möglich, um den Kalorienbedarf des Tages bereits gegen 7:30 Uhr morgens zu überschreiten. Man weiß nie, ob einmal der Strom ausfällt oder eine Kältewelle hereinbricht. Dann könnte man sich den Neoprenanzug sparen, weil man sich ja schildkrötenartig in die eigene Körpermasse zurückziehen kann, super.

In den USA darf man einen dicken Menschen trotzdem nie als »dick« bezeichnen, auch wenn er dick ist. Er wird wegen psychischer Folgeerkrankungen Schadenersatz einklagen, auf einer Zahlung von 40 Millionen bestehen und sich dann wundern, dass ein Europäer für so etwas keine Versicherung besitzt.

Auch ein richtig dicker Mensch, ein Fettsack vor dem Herrn, ein gigantischer Fleischkloß, der den ganzen Tag Marshmallows und Schokoriegel in sich hineinstopft, als wenn es kein Ende gäbe, gilt dort als von der Nahrungsmittelindustrie heimgesuchter Gewichtsbenachteiligter.

Vor Gericht sagt man einfach: »Ich musste es essen, es war da!« Schon gibt es Schmerzensgeld. Das ist ein Beruf in den USA: Schmerzensgeldempfänger, weil der Mensch nicht verantwortlich ist für sich selbst, sondern der innere Schweinehund, der, wie sein Name es bereits andeutet, im Inneren wohnt, also im eigenen Ich. Eine diabolische Kampftaktik, bei der jeder Widerstand zwecklos ist. Natürlich kann man nun einwenden, dass Essen eine Willensentscheidung voraussetzt, aber was heißt schon Wille?

Libet hieß der Mann, ein großer Hirnforscher, der stellte damals fest, dass der Mensch erst handelt und das Hirn dann — im Nachhinein erst – rationale Begründungen für sein Tun erfindet. Als der das Experiment machte, hatte er sich wahrscheinlich gerade selbst die dritte Packung »Edle Tropfen in Nuss« eingeführt. Gegen seinen Willen. Schokolade ist eben Geistesnahrung, legt sich aber nachts zum Ruhen trotzdem auf die Hüfte.

Weiße Brötchen und Ei 4. April 2012

Ich bin ein ganz großer Fan von weißen Brötchen. Man findet heute nicht mehr einfach etwas »gut« oder »lecker«, man ist gleich Fan. Das kommt von *fanatic*. Ich bin jetzt nicht fanatisch, was weiße Brötchen angeht. Ich kreische nicht, wenn ich in eine Bäckerei komme, aber ich finde weiße Brötchen Wahnsinn. Heute ist alles Wahnsinn, warum nicht auch weiße Brötchen? Sie bestehen fast ausschließlich aus kurzkettigen Kohlehydraten und treiben den Insulinspiegel in die Höhe. Leider fällt er genauso schnell wieder herunter und dann kommt der Hunger zurück, wie ein Bumerang. Dann kann man noch mehr weiße Brötchen essen, das ist großartig.

Leider sind Geschmack und Gesundheit zwei grundsätzlich unterschiedliche Dinge. Tätigkeiten, die gesund sind, treffen seltener den Geschmack der Masse als ungesunde. Eine beliebte Tätigkeit der großen Bevölkerungsmehrheit ist beispielsweise das Sitzen, gefolgt von Essen, zu viel Schlafen und Geschlechtsverkehr. Wobei Geschlechtsverkehr nicht ungesund ist, wenn man ihn nicht mit jemandem ausübt, der größer ist und jähzornig, aber egal. Weiße Brötchen sind beliebt und nicht gesund.

Weiße Brötchen erfordern nämlich auch viel Butter. Sie müssen gespachtelt werden wie die Wand einer Pizzeria. Dazu ein Ei oder zwei. Weich gekocht. Großartig. Danach kann man seinen Cholesterinspiegel vergessen. Aber bitte, früher wusste man gar nicht, was ein Cholesterinspiegel ist, als es noch keine Blutdruckmesser für das iPhone gab. Heute misst das iPhone sogar den Blutzuckerspiegel und sagt: »Heute keine weißen Brötchen mehr.« Dann hole ich mein altes Nokiaklapphandy wieder aus dem Schrank, einfach weil es in der Erziehung toleranter ist.

Ich liebe weiche Eier und Mitleid mit den Hühnern ist dabei überhaupt nicht angebracht. Hühner sind auch nur Menschen. Ich weiß, Hühner sind in der Lage, sich bis zu 100 verschiedene Gesichter ihrer Artgenossen einzuprägen, das stimmt, aber das Ei, das man ihnen entrissen hat, hat weder Augen noch Nase oder Mund.

Dementsprechend kurz ist die Trauerphase. Es sieht so aus, als wenn sich das Erinnerungsvermögen von Hühnern auf wenige

Sekunden beschränken würde. Man nimmt das Ei und während sich das Huhn damit beschäftigt, verwundert aus dem Gefieder zu glotzen, hat es schon wieder vergessen, dass es beraubt wurde. Eine großartige Überlebensstrategie, geradezu buddhistisch. Die Fähigkeit, im bloßen Dasein, also der Meditation, das Leben zu vergessen, beherrschen Hühner besser als buddhistische Mönche. Allerdings muss man zur Verteidigung der Mönche sagen, dass Vergessen einfacher ist, wenn man nichts behalten kann – ein schöner Sinnspruch, den ich im Kalender auf einem Sonntag platzieren würde. Ein Huhn ist eine einfache Reiz-Reaktionsmaschine. Es ist dumm wie eine Regenrinne. Vielleicht denkt es aber auch einfach: »Mein Ei ist weg. Egal, dann lege ich morgen ein neues.« Eine gute Lebenseinstellung, davon können wir alle lernen. Wunderbar.

Schlager-Ekki, Grass und Naher Osten 12. April 2012

War nicht vor sieben Tagen auch schon Donnerstag und davor auch? Das ist doch kein Zufall, es scheint doch eine Schleife zu sein, in der Raumzeit. Ein sich wiederholender Wahnsinn. In der *BILD*-Zeitung las ich neulich: »Schlager-Ekki singt Oma aus dem Koma«. Das ist schön und gut, aber man muss doch auch mal kritisch nachfragen, wie viele Menschen aufgrund Schlager-Ekkis Gesang überhaupt erst ins Koma gefallen sind. Ich behaupte, wenn mehr Menschen Schlager-Ekki hören würden, dann wäre unsere ganze Kultur bereits im Koma, so sieht es doch aus! Vielleicht ist auch wegen Schlager-Ekki diese Rakete in Nordkorea losgegangen. Die Nordkoreaner wollten doch einen Satelliten ins All schießen und die Rakete ist abgehoben. Und dann, flupp, ins Meer … Wahrscheinlich ist sie einfach nicht mehr an einer Tankstelle vorbeigekommen, das kann passieren. Wir kennen das von Silvester. Man kauft eine gemischte Tüte und denkt, das wird knallen, und am Ende sackt so eine verhinderte Wunderkerze seitlich vom Balkon, da machste nix dran. Man sollte nie eine Knallermischung aus Nordkorea kaufen.

So ist das Leben, man denkt, es knallt, jetzt geht's los, aber flupp – nix knallt, stattdessen singt am Ende Schlager-Ekki. Es ist schrecklich, aber immer noch besser, als wenn Günter Grass ein Gedicht schreibt, mit vertrockneter Tinte und vertrocknetem Verstand. Sollte das nicht auch eine Rakete werden? Flupp, ab ins Meer. Man kann nur hoffen, dass sich der Iran beim Raketenbau von Nordkorea beraten lässt. Es arbeiten heute ja alle zusammen. Wahrscheinlich schreibt auch Schlager-Ekki die Gedichte von Grass, obwohl er so schlecht nun auch wieder nicht ist.

Gott würfelt nicht   16. April 2012

Ich glaube, es war Mario Vargas Llosa, der große Nobelpreisträger, der gesagt hat: »Das Leben ist ein Sturm aus Scheiße – und die Kunst der einzige Schirm, den wir dagegen haben.« Das hat er schön gesagt und muss es metaphorisch gemeint haben, denn zumindest in Mitteleuropa regnet es nur selten Scheiße – und wenn, dann nur, wenn man hinter einem Güllewagen herfährt, bei dem der Bauer den Hahn nicht richtig zugemacht hat. Vorsicht, dann wird es glatt. In ländlichen Gebieten nennt man das »Bauernglatteis«.

Ich habe eine andere Theorie als Herr Llosa. Ich glaube, das Leben ist ein Showroom. Man zeigt, was man hat, hofft auf gute Geschäfte und geht entweder pleite oder vererbt den Laden. Spätestens die Enkel werden dann das Erwirtschaftete wieder versoffen haben. Wegen der verkommenen Nachkommen funktioniert unser Erbrecht auch so gut.

Wobei man sogar noch grundsätzlicher werden kann: Was soll das Ganze überhaupt?! Wieso ist etwas und wieso ist nicht vielmehr nichts? Wegen der Bundesliga. Dann wäre samstags niemals Bundesliga, und das wäre doch trostlos.

Aber man darf ja mal fragen, wo das Seiende so plötzlich herkommt. Aus dem Nichts? Aber wenn vorher schon was da war, wo kam das dann her? Es kann auch nicht schon ewig was gewesen sein, es muss doch einen Anfang haben. Ein Spiel dauert 90 Minuten. Und vorher? Vielleicht habe ich das Problem jetzt philosophisch gelöst: Vor der Schöpfung war ein Zustand vergleichbar mit dem Warten an einer Bushaltestelle. Gefühltes Nichts. Gefühlte Endlosigkeit. Der öffentliche Nahverkehr hat eine starke existenzielle Komponente.

An so einer Bushaltestelle habe ich oft das Gefühl, als ob ich auf einer Insel des Seins im Ozean des Nichts lebe. Und dem Zustand hat Gott dann mit der Schöpfung angefangen. Aus Langeweile und ohne Vorlage. Respekt. Er hat ein paar Naturgesetze geschaffen, weswegen Einstein gesagt hat: »Gott würfelt nicht.« Was für ein Satz! »Gott würfelt nicht.« Wahrscheinlich spielt er lieber Karten, aber woher will Einstein das wissen?

Oder Schach. Auf einem elfdimensionalen Feld mit schwarzen Löchern und Superstrings, auf dem das Pferd in einer Raumzeitschleife in sich selbst zurückspringt. So soll der Kosmos ja angeblich aussehen, sagen unsere Physiker. Dann bleibe ich lieber auf der Erde und stehe im Regen. Was sag ich? Regen? In einem Sturm aus Scheiße und baue mir einen Schirm aus Kunst. Das ist kompliziert genug.

Fußball 22. April 2012

Wo steht eigentlich der deutsche Fußball, also international? Immerhin haben wir gerade Österreich weggeputzt, was ungefähr so viel bedeutet wie ein Sieg gegen Legoland oder Ravensburg. Oder die Gonzburger Blutgrätscher.

Wir waren nicht überlegen – was meines Erachtens an der Einstellung lag. Einige Spieler haben sich angeblich nur deshalb Schuhe angezogen, weil es in Wien noch ziemlich kalt und der Rasen feucht war. Wahrscheinlich haben viele unserer Spieler auch nicht damit gerechnet, dass der Gegner aufrecht geht bzw. sogar läuft, was unsere dagegen vermieden haben.

Da wusste ich, dass unsere Mannschaft bei der Europameisterschaft durchaus Chancen hat. Sie ist momentan in einer Verfassung, Spiele zu gewinnen, ohne überhaupt auf dem Platz zu sein. Gegen Österreich ist es vielleicht auch nicht fair mit elf gegen elf. Man hätte auch mal sagen können: »Wir sind besser, ihr habt zwei mehr.« Oder drei Ecken, ein Elfer, dann wäre das Spiel nämlich noch mal spannend geworden.

Aber darum ging es ja gar nicht. Es ging ja um einen Leistungstest. Sind wir Deutsche überhaupt in der Lage, etwas zu bewegen, also wenigstens uns selbst? Wovon nicht viel zu sehen war. Das muss bei der Europameisterschaft besser werden, denn die müssen wir gewinnen. Wie sollen wir bei der Globalisierung mithalten, wenn wir nicht mal Europa wegputzen? Dann kommt noch der Klimawandel, das Ende des Erdöls und der Anstieg des Meeresspiegels, da kann man nicht einfach sagen: »Kein Problem, wir haben ja eine Raute im Mittelfeld.«

Gerade in einer globalisierten Welt muss hinten die Null stehen, denn wenn erst mal alle Chinesen Fußball spielen, ist kein Platz mehr für das Spiel in die Breite. Auf einen deutschen Torwart kommen mindestens 16 Chinesen, also ein klassischer Zehner, eine Doppelsechs und drei Viererketten plus letzter Mann.

Nicht zuletzt nach dem Österreichspiel fragt man sich doch, ob man sich hierzulande nicht besser auf die klassischen deutschen Stärken besinnt. Die liegen bekanntlich beim Halma, beim Skat und im Fang den Hut. Contra, Reh, Bock! Hier sind wir dem Chinesen überlegen, zumindest bei der Europameisterschaft.

Kita, Sparta, Leinenzwang 30. April 2012

Kita-Pflicht für alle, fordern SPD und Grüne. Und die Linke sowieso. Ich habe nichts gegen Kitas, im Gegenteil, das ist eine wunderbare Erfindung, aber dass man da gleich hinmuss, das stört mich.

Vielleicht ist es eine gute Idee, denn Eltern erziehen ihre Kinder teilweise, wie sie das für richtig halten, wo kommen wir denn da hin? Ich kenne Väter und Mütter, die wollen ihre Kinder erziehen, und zwar selber. Am Ende wollen sie noch Zeit mit ihren Kindern verbringen und damit dem Staat den Zugriff verweigern. Das ist doch staatsfeindlich, wo ist denn da der Verfassungsschutz? Kinder müssen frühzeitig in das moderne Personenverwertungssystem, Gesellschaft genannt, eingegliedert werden, so was kann man nicht einfach den Eltern überlassen. Die Parteien wissen doch besser, was für ein Kind gut ist, als irgendwelche dahergelaufenen Eltern. Dieses System hat schon Sparta damals erfolgreich gemacht. Die Kinder wurden den Eltern entzogen, damit sie gute Soldaten werden, diese Idee wurde dann von Adolf Hitler wieder aufgenommen. Und von Stalin und von allen, denen das Individuum an sich verdächtig ist.

Es ist natürlich etwas überraschend, dass sich ausgerechnet Hannelore Kraft und Claudia Roth einreihen, aber bitte, vielleicht haben wir deren Verständnis des modernen Staatsbürgers unterschätzt, weil man als Politiker mit unpopulären Ansichten auch nicht gleich so gerne rausrückt, aber dass die da gleich mit Kita-Pflicht kommen, also mit der Enteignung der Brut.

Grundsätzlich ist das natürlich oft wünschenswert. Wir alle werden immer wieder mit Kindern konfrontiert und die beißen teilweise sogar. Eigentlich müssten die angeleint werden. Wofür gibt es die Leinenpflicht, bisher zwar nur für Hunde, aber da ist noch Spielraum. Die Eltern könnte man gleich mit anleinen, vielleicht kommt das dem Staatsverständnis unserer Politiker am nächsten. Der Bürger als Haustier der Politik, die Aufzucht unter staatlicher Obhut. Er ist an der Leine, darf dreimal am Tag zum Gassigehen raus und bekommt eine Marke, für die er Steuern zahlt. Dafür macht dann der Staat die Häufchen weg, das wär's doch. Und wer frei sein möchte, kann immer noch in die freie Natur. Nicht bei uns, aber irgendwo im Dschungel, in Papua-Neuguinea oder Zentralafrika, da muss man sich halt was suchen. So haben die das vielleicht gemeint mit zurück zur Natur, aber in der Stadt bleibt der Bürger Haustier. Das ist das Schöne an unseren Politikern, das sind alles Tierfreunde, herrlich!

Wahl 9. Mai 2012

Man fragt sich vor dieser Wahl am Sonntag: »Was bleibt eigentlich von meiner Stimme?« Wir haben in NRW 13,4 Millionen Wahlberechtigte und mancher sagt: »Meine Stimme zählt doch nix.« Doch, aber nur ein 13,4-millionstel! Gott sei Dank, denn mehr wäre auch nicht gerecht. Ich kenne viele Leute, bei denen denke ich, wenn deren Stimme richtig was zählen würde, um Gottes willen, besser nicht.

Die Leute sind aber frustriert, dass sie nichts bewegen können, weil eben auch andere wählen dürfen, und dann wählen sie Piraten, weil die Piraten anders sind und weil sie auch nicht immer gleich so – Bescheid wissen. Die Piraten sagen auch mal: »Öäh?« Und der Wähler denkt: »Den wähl ich, der ist genauso blöd wie ich!«

Die wissen nix, die Piraten, aber sagen es auch. Das ist Transparenz und bei denen soll alles transparent sein, also durchsichtig. Klar, das funktioniert auch, denn wo nichts drin ist, kann man super durchgucken. Wissen ist sowieso überschätzt, was soll das ganze Wissen überhaupt? Wissen war gestern, heute ist googeln.

Natürlich ist Transparenz auch nur ein hohles Schlagwort, aber ohne hohle Phrasen kommt man in der Politik nicht weit. »Wir lassen kein Kind zurück«, und der Wähler denkt: »Aha! Die anderen Parteien locken Kinder in den Wald, um sie da zurückzulassen.« Dann wähle ich lieber die Hannelore, die trägt Nordrhein-Westfalen im Herzen, das steht so auf dem Wahlplakat … wirklich. NRW im Herzen. Die lässt kein Kind zurück.

Während Herr Röttgen, und das stand genau so auf seinen Plakaten, man glaubt es gar nicht, aber das stand da, also Herr Röttgen wollte Politik durch Kinderaugen sehen. So ist der Herr Röttgen, der guckt durch die Kinder durch. So etwas nennen die Piraten Transparenz.

Piraten lassen übrigens auch ihre Kinder zurück. Das kennen wir von Pippi Langstrumpf. Deren Vater Efraim, der Schrecken der Meere, der hat sein Kind in der Villa Kunterbunt zurückgelassen, und Frau Kraft ist die Prusseliese, das ist die Alte, die immer versucht, Pippi in die Kita zu bringen.

Früher waren die Grünen die Piraten, aber heute sind die Grünen für Tempo 20 auf dem Seeweg. Der Röttgen dagegen ist noch ein richtiger Pirat. Der höhlt Kinder aus, um dann durch sie durchgucken zu können. Und was sagt überhaupt die FDP? Der Herr Lindner sitzt da und sagt: »Das ist meine FDP.« Na, die wird er in dem Zustand bestimmt billiger bekommen haben. Herzlichen Glückwunsch.

Rätsel 16. Mai 2012

Es gibt offenbar jede Menge Wissenschaftler, die unglaubliche Sachen entdecken: mittelschwere schwarze Löcher, die aus zerstörten Zwerggalaxien stammen, Ziegen, die beim Mähen ortsspezifische Dialekte aufweisen, und Dinosaurierfossilien, die eine Verkrümmung haben, weil sie vor etwa 200 Millionen Jahren unter Wasser verwest sind. Mich interessiert so etwas.

Vor 200 Millionen Jahren. Nochmal 200 Millionen Jahre und es könnte sein, dass ich das gar nicht mehr erlebe. Wie alt wird man werden in Zukunft? Nicht über 100 Millionen Jahre und danach möchte ich auch zum Fossil werden. Ein Fossil spiegelt eine Ära wider! Ich will, dass mich in ein paar Millionen Jahren Kinder am Strand entdecken und sich fragen: »Sahen so die sagenhaften Menschen aus? War das einer ihrer Könige? Oder wenigstens ein Bundespräsident?« Und ich werde still in meinen Stein hineinrufen: »Nein, aber so was Ähnliches!«

Dann werde ich ins Museum kommen und wenn ich viel Glück habe, wird ein ganzes Erdzeitalter nach mir benannt oder wenigstens eine menschliche Epoche. Ich muss unbedingt mit einem Namensschild in meiner Jacke versteinern. Ich werde beim Nordic Walking umfallen, überwuchert und dann irgendwann gefunden. Es wird dann sicherlich heißen: »In der Nuhr-Zeit gab es Menschen, die beim Wandern Stöcke hinter sich herzogen.«

Wir hatten Steinzeit, Eisenzeit, Bronzezeit. Heute gibt es so viele Materialien, wie zum Beispiel Glibber. Kinder kaufen Glibber im Plastikeimer und spielen damit. Vielleicht wird man einmal sagen: »Das war die Glibberzeit.« Oder Plexiglas, Laminat oder Rigips. Wir leben in der Rigipszeit. Wir hatten Schellack, dann kam Vinyl, danach die Polycarbonatscheibe, also die CD, und jetzt kommt die Musik aus dem Internet, aus der Cloud, aus der Wolke, exakt so, wie man es sich im Mittelalter vorstellte. Damals dachte man auch, die Musik kommt aus der Cloud, in den Wolken die Cherubim, die Engel mit der Harfe.

Heute sind die Menschen beleidigt, wenn der Computer das Gehirn nicht vollständig ersetzt. Sie beschimpfen ihren Rechner, weil der nicht von alleine weiß, was er tun soll, weil der Idiot vor dem Bildschirm wieder vergessen hat, irgendetwas zu markieren. Der Computer hätte wissen müssen, was der ändern wollte, das kommt bestimmt. Irgendwann wird der Computer selbst erkennen, was der Idiot, der vor ihm sitzt, vergessen hat zu markieren. Er wird sich in den Trottel hineinversetzen und seine Softwarefehler korrigieren. Ich bin mir aber sicher: Die Idioten werden auch in Zukunft weiter Idioten sein. Das ist ein Trost.

Hygiene 30. Mai 2012

Heute habe ich frei und habe deshalb gerade erst meine rituelle Waschung hinter mich gebracht, die ich jeden Morgen durchführe, weniger aus religiösen als aus hygienischen Gründen. Warum soll man sich morgens auch nicht waschen? Ich weiß, viele Leute sehen das anders, die trifft man vor allem im Bus immer wieder. Klar, man muss sich nicht waschen. Elefanten wälzen sich im Staub, geht auch. Schweine suhlen sich, warum nicht? Aber sollte man dann nicht besser mit dem eigenen Wagen fahren?

Ich habe nichts gegen Schweine und halte sie auch nicht grundsätzlich für unrein, aber einer der Vorzüge des Menschen als Krone der Schöpfung ist fließendes Wasser. Ich habe irgendwann als kleines Kind der Suhle Adieu gesagt, das ist natürlich Erziehungssache, weil meine Mutter jedes Mal, wenn ich nach Hause kam, die Hände über dem Kopf zusammenschlug und sich über Flecken beklagte, die, wie sie immer sagte: »nie mehr rausgehen«. Natürlich bekam ich die Klamotten immer irgendwann wieder, und zwar in neuwertigem Zustand, aber dafür musste man einen langen Monolog in Kauf nehmen, in dem meine Mutter auf die unüberwindlich erscheinenden Schwierigkeiten hinwies, denen sie sich bei der Fleckentfernung ausgesetzt sah, Flecken, deren diabolische Hartnäckigkeit nur mit heldenhaftem Mut und übermenschlichen Kräften beizukommen war, über die meine Mutter offenbar verfügte, Gott sei gepriesen. Meine Mutter war eine Superheldin, Fleckenwoman, die alle Bösen der Welt kleinkriegte, den Ketchupman, den Schokoladendevil oder sogar den damals nur im Sommer aktiven Kirschfleckenjoker!

Mütter neigten früher dazu, ihren Kampf gegen Lärmemission, Dekontamination und Entropie zu heroisieren. Sie glaubten fest an eine Ordnung im Universum, die sich im häuslichen Bereich spiegelt. So wie die Naturgesetze im Kosmos eine Art ehernes System gestalten, so sollten auch die Dinge im Haus niemals ihre Umlaufbahn verlassen.

Das ist heute anders. Heute stehen auch Mütter gerne mal stinkend im Bus und reden mit ihren Mitmüttern lauthals über Pilzbefall – an Stellen, die man sich als Mitreisender gar nicht vorstellen möchte, halten sich, Arm hoch, an der Halteschlaufe fest und geben den Blick frei auf ein in der Achselhöhle wachsendes kleines Fichtenwäldchen.

Ich glaube nicht, dass früher alles besser war, aber früher badeten alle nur am Wochenende, da war man an Hygiene einfach noch nicht so gewöhnt. Das können sich 15-Jährige gar nicht vorstellen, dass früher die ganze Familie nur eine Wanne verwendete, Vater zuerst, dann die anderen, und worin der jüngste Bruder baden musste, das darf man heutzutage gar nicht mehr ungeklärt in die Kanalisation einleiten, aber sich schimmelnd in den Bus stellen und die Mitreisenden verseuchen, ist erlaubt. Das ist nicht gerecht. Bah!

Missionare 5. Juni 2012

Ich war heute Morgen mal bei den Salafisten. Nette Leute, aber nicht sehr flexibel. Ich habe denen gesagt: »Das Buch, das ihr da verteilt, also gut, es ist umsonst, aber sprachlich ...« Haben Sie das Buch gelesen? Die Figurenzeichnung ist für mich als Ungläubigen ein bisschen einseitig. Dadurch wird irgendwie überdeutlich, wer die Bösen sind, also wir.

Die Salafisten haben geantwortet: »Das ist so, das ist von Gott so gewollt, Gott ist der Autor.« Da kann man natürlich nichts mehr sagen. Wenn Gott ein Buch schreibt, ist das schon eine Sensation und trotzdem ist es nicht in den Bestsellerlisten, dagegen aber jede Menge Biografien und Krankheitsberichte. War Gottes Biografie und Krankheitsbericht auch in der Bestsellerliste oder war das Steve Jobs? Was im Grunde auf dasselbe rauskommt.

Ich bin grundsätzlich kein Freund der religiösen Mission. Ich bin schon froh, wenn die nicht klingeln wie die Zeugen Jehovas! Irgendwann werden auch die Islamisten klingeln, mich fragen, wie ich zum Propheten stehe, und dann, wenn man was Falsches sagt ... buff! Die sind so radikal und nicht wählerisch, was ihre Mittel angeht. Das Schwarzpulver haben übrigens die Chinesen damals erfunden, also Buddhisten, und das nicht wegen der Missionierung, sondern einfach so.

Buddhisten missionieren nicht. Auch nicht an der Haustür, das finde ich sehr sympathisch. Der Buddhist sagt: »Wenn du nicht Buddhist sein willst, dann lass es bleiben.« Selbst schuld, wenn du dann im nächsten Leben als Fußpilz wiederkommst. Das kann dauern, bis man sich wieder karmatechnisch nach oben gearbeitet hat.

Die Damen mit dem Wachturm klingeln gar nicht mehr bei mir. Die kamen eigentlich immer regelmäßig, ohne dass ich ihnen jemals irgendwie Anlass gegeben hätte, an eine erfolgreiche Missionierung zu glauben. Im Gegenteil. Meine Theorie, die Benutzung unserer Geschlechtsteile sei göttlicher Wille, denn alle Lust wolle Ewigkeit, kam bei denen nie gut an. Ich habe mal nachgefragt, ob sie reinkommen wollen, um ihnen die Theorie im Einzelnen zu erläutern, seitdem klingelt es nicht mehr. Schade eigentlich.

Ich habe die beiden immer sehr bewundert, so überzeugt, wie sie waren. Gegen alle Erkenntnis. Ihr Glauben beruhte praktisch ausschließlich auf nichts, außer stumpfem Beharren auf dem, was offensichtlich wissenschaftlich nur sehr schwer bis gar nicht … also, wenn überhaupt. Das ist dann schon eine beachtliche Leistung! Auch Einstein gründete seine Weltsicht auf dem Nichtsichtbaren, hatte aber wenigstens die Mathematik auf seiner Seite. Rechnen kann ja jeder, aber zu sagen eins plus eins ist drei und nicht nachrechnen zu wollen, weil man so fest daran glaubt, dann ist das eine Leistung. Respekt.

Fußschaum   12. Juni 2012

Ich habe gerade in einer Reklameanzeige gelesen: *Nails hands feet feet basics € 9,95.* Das klingt, wie soll ich sagen, interessant. Und weiter heißt es da: »Geschmeidige Füße, luftig-leichter Fußschaum mit Blaualge und Seeseide«.

So was bringt mich ins Grübeln. Luftig-leichter Fußschaum? Natürlich ist es gut, wenn mein Fußschaum nicht zu schwer ist. Das muss schlimm sein, wenn der Fußschaum wie eine Tonne auf den Füßen liegt, sodass keine Bewegung mehr möglich ist. Man schafft es nicht einmal mehr in die Dusche, um ihn abzuspülen. Wahrscheinlich wird man den Fußschaum mit dem Bohrhammer entfernen müssen, aber den hat man im Bad auch nicht immer zur Hand. Am Ende verharrt man am Ort wie festgenagelt und verhungert, wenn keine Hilfe kommt, und das alles nur wegen schweren Fußschaums.

Was immer auch ein Fußschaum ist, wenn man ihn schon hat, sollte er wenigstens leicht sein und einen geschmeidigen Fuß machen. Warum kommen zum Erreichen dieses Idealzustandes Blaualge und Seeseide zur Verwendung? Ich fahre lieber in die Berge als an die See. Hätte man nicht genauso gut Enzian und

Edelweiß nehmen können? Oder Akelei und Huflattich? Gems-wurz und Sterndolde? Stendelwurz und Knabenkraut? Beides übrigens Orchideengewächse! Während Nabelmiere und Leim-kraut zu den Nelkengewächsen gehören. Auch nicht schlecht, aber im Fußschaum, ich weiß nicht.

Das ist trotzdem immer noch besser als Handkäs mit Musik oder Grünkohl mit Mettwurst, leckere Sachen aus Großmutters Hausapotheke, zur äußerlichen Anwendung allerdings völlig un-geeignet.

Wieso Blaualge und Seeseide? Vielleicht beruht das Rezept auf jahrelanger Erfahrung. Wahrscheinlich gab es erste Versuche mit Brennnesseln und Himbeersträuchern, das führte zu eitrigen Verletzungen. Daraufhin versuchte man es mit Tulpen und Nar-zissen. Gut, aber zu teuer in der Herstellung. Alkohol und Die-selöl sind zu gefährlich wegen der Brandgefahr. Man war kurz davor, aufzugeben, als plötzlich ein bis dahin völlig unbekannter Fußsalbeningenieur sein »Heureka« ausrief: »Blaualge und See-seide! Das ist es!«, und so soll es bleiben.

Ich werde jetzt auch Fußschaum benutzen, sonst welken die Füße und man muss zum Podologen. Und der sagt: »Da werden wir wohl amputieren müssen.« Wer will das denn? Man sollte allen Körperteilen mehr Aufmerksamkeit schenken. Was ist zum Bei-spiel mit meinen Ellenbogen? Oder der Kniekehle? Wieso gibt es luftig-leichten Schaum mit Blaualge und Seeseide für die Füße, nicht aber für die Kniekehlen? Ich werde mir den Fußschaum bis in die Kniekehlen schmieren, ansonsten werden die gleich unter der Hüfte amputieren.

Sprechende Marmelade   20. Juni 2012

Ich habe mir heute beim Frühstück vorgestellt, wie es wäre, wenn meine Marmelade sprechen könnte. Wahrscheinlich würde sie sich beschweren, weil ich im Moment sehr viel Leberwurst esse und nur manchmal am Ende ein bisschen was Süßes. Das können Marmeladen überhaupt nicht leiden, wenn man ihnen Leberwurst vorzieht. Wenn Marmeladen denken könnten, dann wahrscheinlich vegetarisch, vor allem Gelees, die nicht mal Fruchtfleisch enthalten, aber das ist alles Spekulation.

Ich hatte mir am Ende noch auf das letzte Brötchenstück ein bisschen Himbeermarmelade draufgetan, ganz wenig, weil sie so fett macht. Dann bin ich wohl nochmal eingenickt, habe geträumt und plötzlich meinte meine Marmelade, dass ich auch mal ein bisschen mehr drauftun könnte. »Ja, natürlich«, erwiderte ich, obwohl ich es eigentlich nicht mag, wenn sie zentimeterdick auf dem Brötchen wabert, aber ich bin ein höflicher Mensch und will keinen Streit mit meiner Marmelade.

So dick verschmiert auf meinem Brötchen machte sie sich erst so richtig wichtig und fing an, ihre Lebensweisheiten vor mir auszubreiten: Nicht viel sei bedeutend auf dieser Welt, die Früchte aber, die Gottes Natur hervorgebracht hätte, seien eine unabdingbare Grundlage der Ernährung allen Lebens. Leider seien Früchte schnell verderblich, weshalb Gott den Menschen den Gelierzucker geschenkt hätte, um sie einzukochen, Himbeeren, Erdbeeren, ja sogar Quitten oder Pfirsiche. Die Marmelade sei so zum haltbaren Vitaminträger geworden, sie sei deshalb der König der Nahrungsmittel, quasi göttlich, weil sie unsterblich sei. Aber ich diskutiere doch nicht mit meinem Frühstück, zumal ich am längeren Hebel saß, habe einfach den Deckel draufgeschraubt und das Brötchen mit der Marmelade ruckzuck aufgegessen. Das Geschwätz blubberte noch ein bisschen in meiner Speiseröhre weiter, bis alles im Magen angekommen war und ... blubb ... war Stille. Die Sache mit der Unsterblichkeit dürfte sich damit geregelt haben. Es ist das Wesen des Hochmuts, dass er seine Grenzen nicht erkennt.

Ich bin dann wieder aufgewacht, habe alles in den Kühlschrank zurückgestellt, machte die Türe zu und plötzlich vernahm ich so ein Genörgel, machte den Kühlschrank wieder auf und hörte, wie die Leberwurst zur Marmelade sagte: »Alter, Fresse halte, ey, sonst mach ich disch Messer!« Glaube ich zumindest, vielleicht war es aber nur das Kühlaggregat, was da gerauscht hat. Ich sollte morgens einfach mal wieder richtig ausschlafen, und das ganz dringend, ganz dringend.

Internationales Recht 26. Juni 2012

Ich sitze gerade am Computer, surfe im Internet und studiere die aktuellen Meldungen. In Rumänien zum Beispiel, da schreibt die Tageszeitung *Adevarul*: »Parlamentul a decis sa merg la Consiliul European. Parlamentul poate hotari si suspendarea lu Basescu.« Ja. Wer will da widersprechen.

In China ist alles komplizierter. *Xinmin Wanbao* schreibt: »欧速« Das weiß ich nicht, kann ich nicht beurteilen, aber der Chinese sieht das so. In Shanghai bringt man die Dinge eben gerne auf den Punkt.

Interessant ist, dass Europa in chinesischen Zeitungen faktisch gar nicht mehr vorkommt, außer im Zusammenhang mit Berichten über den Niedergang der Alten Welt. In China nimmt man kopfschüttelnd zur Kenntnis, dass sich die Menschen in der Demokratie ihrer Wohlstandsgrundlage berauben, indem sie jeden Trottel mitbestimmen lassen, auch wenn er keine Ahnung hat. Wenn man in China eine neue Stromtrasse braucht, dann wird die gebaut und was im Weg steht, kommt weg. Wenn man Pech hat, auch das kleine Eigenheim. Macht nichts, muss man denn immer wohnen? Hauptsache, es gibt Strom.

»Der Demokrat ist bekloppt«, denkt der Chinese, »Genehmigungsverfahren ... dass ich nicht lache.« Er freut sich über enorme Wachstumsraten und arbeitet in 180 Metern Höhe ungesichert auf Bambusgerüsten, dann fällt er runter, aber das ist egal, es gibt ja genug Chinesen, also quasi nachwachsende Arbeitskräfte. Man möchte dem Asiaten an dieser Stelle entgegnen, dass auch sein Gesellschaftssystem, das den Menschen als Verbrauchsware betrachtet, nicht ausschließlich erfreulich ist, zumindest ethisch gesehen.

Aber leider richtet sich die Weltgeschichte nicht nach ethischen Gesichtspunkten. Wir Deutsche werden weltweit als Romantiker verspottet, weil wir immer alles moralisch beurteilen, enorm spießig sind und so viel wert auf unseren Rechtsstaat legen.

Da ist man woanders pragmatischer. In Afghanistan beispielsweise gibt es auch ein Rechtssystem, aber das ist den meisten wurscht. Jeder Stamm hat sein eigenes Recht. Da wird eifrig geköpft oder gehängt, erschossen und gesprengt. Nicht von der offiziellen Justiz, nein, die meisten Hinrichtungen finden auf privater Ebene statt, weil jeder sein eigenes Rechtsempfinden hat.

Es ist vielleicht einer der schönsten Fortschritte in der Entwicklung unserer Zivilisation, dass körperliche Gewalt in unserem Justizwesen keine Rolle mehr spielt, wenigstens nicht offiziell. Inoffiziell sollte man längere Gefängnisaufenthalte schon deshalb meiden, weil die Mitinsassen oft ein ziemlich lockeres Verhältnis zum Recht auf körperliche Unversehrtheit haben. Zumindest sollte man in der Strafanstalt immer mit dem Rücken zur Wand stehen, das wäre mein Ratschlag. Es sei denn, man wollte schon immer mal im Herrengefängnis die Freundin vom Anführer sein. Dann viel Vergnügen ...

Ein gutes Gefühl
3. Juli 2012

Ich habe ein gutes Gefühl, denn es geht auf die Mitte des Tages zu. Bald wird die Sonne im Zenit stehen und der Zähler meiner

Solarpaneele rattert, natürlich nur metaphorisch. Das ist eine Digitalanzeige, die den Strom, den mein Solarkraftwerk erzeugt, gleich teilweise wieder verbraucht. Ich bin Stromerzeuger. Ich habe im Hotel nie gewusst, was ich als Beruf eintragen soll, Kabarettist oder Comedian. Jetzt schreibe ich immer Stromerzeuger, und das ist ein gutes Gefühl.

In weniger als 40 Jahren wird sich die Anlage amortisiert haben, wenn nicht vorher etwas kaputtgeht. Das werde ich vielleicht sogar noch erleben. Ich bin so stolz. Nicht dass ich die Klimaerwärmung dadurch persönlich aufgehalten hätte. Dafür war die Herstellung der Paneele viel zu energieintensiv, aber ich habe das Gefühl, etwas getan zu haben, und darauf kommt es an.

Ich fahre auch sparsam Auto. Natürlich wird auf dieser Welt trotzdem weiter Öl verbraucht, und zwar genau so lange, bis es kaum noch welches gibt. Dann wird das Öl so teuer sein, dass sich die Verbrennung nicht mehr lohnt, ob das jetzt noch 40 Jahre dauert oder 45, ist völlig wurscht. Das Gefühl gibt den Ausschlag.

Ich habe auch eine Wasserspartaste in der Toilette. Dadurch verhindere ich, dass geklärtes Wasser unnütz verschwendet wird. Es ist nicht so, dass wir Wassermangel hätten. Außerdem hat sich die Wassermenge in unserer Kanalisation durch Wassersparten derartig verringert, dass nun die Stadtwerke das durch Wassersparten eingesparte Wasser selber durch die Kanalisation schicken müssen, um die Verschlackung der Rohre zu vermeiden. Unglaublich, aber wahr. Im Grunde also völliger Schwachsinn in unseren Breitengraden. Natürlich ist dadurch nichts gewonnen, aber es gibt ein gutes Gefühl, nicht nur für mich, sondern auch für die Hersteller von Wassersparspülungen.

Wir dämmen unsere Häuser, bis sie schimmeln und Frischluft künstlich zugefügt werden muss, wir bauen Pflanzen an, aus denen wir Ökokraftstoff gewinnen, und wundern uns über den Anstieg der Nahrungsmittelpreise, wir essen PCB-verseuchte

Freilandeier und fliegen mit dem 30 Jahre alten Airbus in den Ökourlaub. Alles nur aufgrund des guten Gefühls.

Bruttonationalglück 10. Juli 2012

In Bhutan gibt es ein Recht auf Glück, das ist in der Verfassung festgelegt. Das ist wirklich so, Bhutan hat das »Mandat des Staates zur Schaffung einer Umgebung, in der die Bürger mentaler Gelassenheit nachgehen können«. Man erstrebt nicht die Steigerung des Bruttosozialproduktes, sondern des »Bruttonationalglücks«.

»Bruttonationalglück«, schon der Begriff gibt mir Rätsel auf. Wie sieht es dann mit dem Nettonationalglück aus, also mit dem Glück, das man am Ende tatsächlich herausbekommt? Wichtig ist nicht so sehr, wie viel Glück man bekommt, sondern wie viel man davon behalten darf.

Offensichtlich muss man in Bhutan dann auch einen Teil seines Glücks an den Staat wieder abführen, ansonsten wäre ja brutto gleich netto, also ist das System gar nicht so viel anders als bei uns. Auch bei uns sorgt die Finanzbehörde gerne per Lastschrift für eine signifikante Abschwächung der Lebensfreude. Allein das Ausfüllen einer Steuererklärung ist derartig kompliziert, dass niemand in der Lage ist, ein Steuerformular zu beschriften, ohne einen Teil seines Wohlbefindens aufzugeben.

Ich muss mal im Finanzamt nachgucken, ob da von der ganzen geraubten Lebensfreude auch was ankommt. Wahrscheinlich nicht, denn der Finanzbeamte behält das ja nicht für sich. Schade eigentlich, das würde den Job erheblich attraktiver machen.

Die Steuerlast fließt dem Finanzamt zu, der Finanzbeamte darf das Geld aber nicht einfach weiterleiten an Verwandte oder es gleich vor Ort versaufen, schon gar nicht während der Dienstzeit. Deshalb sorgen auch horrende Steuerzahlungen in der Finanzbehörde nur sehr selten für übermäßig gute Laune.

Meine letzte Steuerprüferin war allerdings eine so freundliche Frau, dass ich erst gedacht habe: »Das muss eine externe Kraft sein.« Die war nett und ausgeglichen. Das Glück sitzt oft da, wo man es am wenigsten vermutet, teilweise sogar in unseren Behörden. Normalerweise hatte ich bisher Steuerprüfer als Menschen kennengelernt, deren oberstes Ziel es ist, den Steuerzahler dorthin zu bringen, wo er ihres Erachtens per se hingehört: in die Armut oder ins Gefängnis. Dass mir der Herrgott beziehungsweise das Finanzamt (wo ist der Unterschied?) einen richtigen Menschen schicken würde, hat mein Weltbild erschüttert. Wie viele Erwartungen werde ich in meinem Leben noch über Bord werfen müssen? Lernt man denn nie aus? Nie. Nie!

Heim-OP 24. Juli 2012

Mein Nachbar sagte mir eben, dass unser Gesundheitssystem auf den Kollaps zusteuert, weil die Menschen immer älter werden. Wenn das Gesundheitssystem kollabiert, werden doch die Menschen nicht mehr so alt, oder? Dann ist doch alles wieder gut? Ich weiß es nicht, vielleicht läuft es darauf hinaus, dass man nicht mehr so oft zum Arzt gehen soll. Kaum haben welche unterwegs ein Bein verloren, rennen sie schon zum Arzt. Obwohl, rennen ist da natürlich nicht mehr so leicht möglich, aber wenn der Krankenwagen zu teuer ist, muss man eben auch umdenken. Am besten operiert man gleich im Kreise der Familie. Aber wie, ohne Anleitung? Ich habe im Internet gesucht, aber vergeblich. Für alles gibt es genaue Anweisungen, Bombenbau, Selbstmord, aber eine Gebrauchsanweisung für eine Blinddarmoperation. Nix. Und ohne Gebrauchsanweisung sollte man nicht mal die Mandeln entfernen. Obwohl, werden die nicht einfach abgeknipst? Wie bei der Traubenernte. Ich weiß nicht mal, wie man eine Küchenarbeitsplatte fachmännisch desinfiziert. Macht man das in der Badewanne, damit es besser abläuft?

Ich möchte so was wissen, bevor ich anfange. Das hört sich spießig an, ich weiß. Manchmal meine ich selbst, dass mich mein Perfektionismus blockiert. Vielleicht wäre ich längst ein erfolgreicher Chirurg, wenn ich einfach mal angefangen hätte. Ruckzuck ist er weg, der Appendix. Oder die Fistel. Die Zyste. Man sollte im Leben nicht immer das Risiko sehen, sondern auch mal die Chance.

Aber ich glaube, zu Hause operieren ist verboten. Ist ja auch gut so, sonst würden doch viele aus purem Geiz loslegen oder skrupellose Geschäftemacher würden schwere Operationen in Heimarbeit durchführen, schwarz und mit billigen Ersatzteilen von Hornbach. Viele lassen sich heute schon irgendwo in Kirgistan die Augen lasern und wundern sich dann, dass das mit der Gewährleistung nicht so richtig klappt.

Irgendwann wird es so laufen müssen, wenn unser Gesundheitssystem nicht mehr bezahlbar ist. Man wird sich das Handbuch downloaden und ruckzuck ist die Lunge transplantiert und eine Nephrektomie ist auch keine Hexerei. Die Menschen würden wesentlich gesünder leben, einfach weil sie unbedingt verhindern wollen, dass ihnen Onkel Toni den Oberschenkel amputiert – mit der Flex.

Der Volksmund sagt: »Auf einem Bein steht man schlecht.« Noch schlechter steht man allerdings, wenn Onkel Toni so operiert, wie er Fliesen legt, dann gute Nacht!

Paketdienst 10. August 2012

Bei uns klingelt alle fünf Minuten irgendein Paketdienst, das nervt. In unserem Land werden vielleicht keine Produkte mehr hergestellt, aber sie werden eifrig hin und her getragen.

Der mit dem gelben Auto ist ein Russe. Das finde ich schön, das gibt dem Alltag so etwas Globalisiertes. Wir haben auch einen

Ghanaer, einen Letten, einen Polen, einen Griechen, einen Neu-
seeländer und sogar einen Kölner und einen, der sich selbst als
Jugoslawen bezeichnet, der war wohl länger nicht mehr zu Hause.
Neulich habe ich im Internet Gewürzdosen bestellt. Die sind nicht
schwer, aber der russische Paketzusteller guckt trotzdem immer, als
wenn er einen Hinkelstein tragen müsste. Während der aus Ghana
immer fröhlich ist. Auch wenn die Hagelkörner Melonengröße erreichen, der lacht immer. Warum auch nicht, er macht schließlich
eine wichtige Arbeit. Logistik ist ein wichtiges Puzzleteil im Rahmen der weltweiten Warenzirkulation.

Es wird jeder Mensch gebraucht. »Jeder Mensch ist ein Künstler«,
sagte der große Josef Beuys, wenn er seine Arbeit als Paketzusteller
als kreative Tätigkeit im Rahmen des Gesamtkunstwerks Mensch-
heitsgesellschaft begreift. Beuys war allerdings der Meinung, dass
für ein amtliches Kunstwerk auch Honigpumpen gebraucht würden sowie Fett, Filz, Paketband, Straßenbahnschienen, Hasenpelze,
Schäferstöcke, Hüte und Gold. Ich glaube nicht, dass Päckchenzu-
steller darunter leiden, dass ihnen Honigpumpen fehlen. Das Wetter ist häufig schlecht, aber Honigpumpen?! Die gesellschaftlichen
Utopien unserer Künstler gehen meistens an den realen Lebens-
umständen der arbeitenden Bevölkerung vorbei.

Unser Paketzusteller leidet nicht. Der hat dieses wunderbare
»Leck-mich-am-Arsch-Gefühl«, auch wenn das Paket eingerissen
und vom Regen völlig aufgeweicht ist, das ist dem wurscht. Wahrscheinlich ist er Buddhist und erleuchtet. Oder er hat einfach keinen Bock. Tja, Erleuchtung und Leck-mich-am-Arsch-Gefühl sind
leider oft kaum zu unterscheiden.

Zurück aus dem Urlaub 21. August 2012

Ich bin aus dem Urlaub zurück. Lebend. Ist das nicht toll heutzutage, dass es fast schon normal ist, dass man lebend von einer

Reise zurückkehrt? Früher war man froh, wenn man lebend ankam. Früher war es schon eine Reise, wenn man vom Rheinland nach Westfalen fuhr. Heute auch, aber man kommt oft lebend wieder. Selbst aus Ostwestfalen.

Früher waren solche Strecken gefährlich, geschweige denn Weltreisen. Vor 300 Jahren musste man erst mit der Kutsche nach Hamburg und im Wald waren nicht nur sprichwörtlich die Räuber. Man wurde überfallen, entführt, beraubt oder erschossen, erstochen, erwürgt oder gelyncht, gern auch alles zusammen. An der Zollstelle wurde man ausgenommen, bevor man ohne Geld mit letzter Kraft am Hafen ankam, wo man sich für die Neue Welt einschiffte.

Daraufhin verlor man erst das Land aus den Augen, dann die Zähne aus dem Mund und am Ende den Verstand, bevor man auf einer Insel strandete und von den Einheimischen gehäutet wurde. Ein paar kamen auch durch, die erzählten anschließend maßlos überzogene Heldengeschichten und vergaßen zu erwähnen, dass die Hälfte der Besatzung nicht nur ums Leben gekommen, sondern auch noch vom Rest der Belegschaft verzehrt worden war, mangels Südfrüchten, oder als Mätressen missbraucht, weil Damen an Bord verboten waren. So was läuft auf der AIDA höchstens als Rahmenprogramm.

Heute gilt auf Reisen eine kaputte Klimaanlage als Gefährdung der Existenz. Rentner verklagen die Bahngesellschaft auf Schmerzensgeld, weil sie durch den Luftzug einen Schnupfen davongetragen haben, Studenten nörgeln, weil ihr Grundrecht auf unbegrenzte Mobilität Geld kostet, und Damen verzweifeln, weil sie im Glauben an die Unversehrbarkeit ihres fahrbaren Untersatzes ohne Jacke losgefahren sind und nun wegen einer Reifenpanne eine halbe Stunde bei 18 Grad im Schatten auf den ADAC-Pannenservice warten müssen. Leid ist eben relativ. Andere Generationen lebten im Krieg. Wir haben Stau.

Und Baustellen, die dafür da sind, dass die Wege des Herrn gepflastert werden. Leider ständig und überall. Früher wurden Straßen ja auch schon mal – wie nannte man das? – fertig. Das gibt es nicht mehr. Man kommt gar nicht mehr vorwärts. Es wird eine Zeit kommen, in der man nach Ostwestfalen am besten wieder die Kutsche nimmt – und lässt sich im Teutoburger Wald massakrieren. Immer noch besser, als im Stau auf dem Kölner Ring zu stehen.

Alles sicher 28. August 2012

Die Zahl der Verkehrstoten ist im Jahr 2011 gestiegen. Das freut die Politiker, weil man so tun kann, als könnte man was tun. Da ist das Rudel der Politiker in Aufregung und verkündet: »Wir müssen was machen!«, worauf der Wähler fragt: »Was denn?«, und die Politiker antworten: »Irgendwas!«

Natürlich liegt die gestiegene Anzahl der Verkehrsopfer in Wirklichkeit einfach an den vielen schönen Frühlingswochenenden letztes Jahr. Das Wetter war am Wochenende gut, schon schwirren die Motorradfahrer aus, rutschen unter die Leitplanken, lassen sich die Vorfahrt nehmen und wickeln sich um die Laternen. Das ist eine gute Zeit, um jetzt endlich mal die Helmpflicht für Radfahrer zu fordern oder für Fußgänger, Hauptsache, man kommt damit ins Fernsehen oder ins Radio oder in die Zeitung. Der Politiker muss immer auch ein bisschen Rampensau sein und dann fordert er Tempo 30 überall, außer da, wo Tempo 20 kommt. Sturzhelm für Klappradpiloten. Das wird die Totenzahlen jetzt nicht rapide senken. Aber vielleicht ist das Wetter dann im nächsten Jahr schlecht und man kann sagen: »Hat doch was gebracht! Super.« Als Politiker muss man etwas machen. Irgendwas muss man immer fordern. Einen Abgasfilter für Gartengrills. Ein Popelverbot an der Ampel. Ein Tempolimit für Rollatoren. Völlig wurscht, Hauptsache, es klingt fürsorglich. Alles im Sinne der Sicherheit und am Ende wird einfach das Ableben verboten. Das ist schlecht für Bestatter, aber die anderen freuen sich.

Weg mit dem Tod und mit Krankheit sowieso. Gespaltene Fußnägel? Das muss verboten werden. Haut auf dem Pudding, zu viel Schwerkraft auf der Waage oder Lochfraß in der Waschmaschine? Alles verbieten!

Das ist Stoff für eine ganze Legislaturperiode. Wahrscheinlich wird es dann irgendwann keine Verkehrstoten mehr geben, schon weil es keinen Verkehr mehr gibt. Ist verboten. Dann müssen die Leute zu Hause bleiben – und fallen von der Leiter. Die meisten Unfälle passieren eben im Haushalt und deshalb soll bald auch Haushaltsführung verboten werden.

Hausfrauen werden angeleint kochen müssen, Hausmänner werden im Schutzanzug staubsaugen, die Kinder werden per Internet in die Kita upgeloadet. Alles wird eine saubere, sichere Welt sein.

Ein paar Tausend Verkehrstote sind ärgerlich, aber ganz bitter ist übrigens, dass mehr als fünfmal so viele Menschen jährlich an Geschlechtskrankheiten sterben. Man wird also leider auch die Geschlechter verbieten müssen oder zumindest den Verkehr zwischen ihnen, mindestens aber die Bakterien, die die Krankheiten auslösen. Aber dann werden sicherlich die Umweltschützer protestieren. Man wird Plakate sehen wie: »Bakterien sind kein unwertes Leben!« Das ist also auch wieder nicht korrekt. Ich glaube, das Einzige, was immer richtig ist, ist der folgende Satz: Wie man's macht, macht man's falsch ... Richtig!

Körperpflege   12. September 2012

Gerade habe ich geduscht. Herrlich. Körperpflege ist etwas Wunderbares. Auch Zähneputzen ist nicht schlecht. Manche Leute halten es für tierfreundlich, wenn sie in ihren Zähnen einen Zoo eröffnen. Aber eigentlich sind die Tiere sehr undankbar. Die verdauen, sterben und verwesen in der Zahnlücke, deshalb sollte man ruhig mal drüberputzen, um die gröbsten Exkremente zu entfernen. Man kann auch sagen: »Ich esse eh bloß Schokopudding, was brauche ich Zähne.« Diese sind bei der Partnerwahl allerdings ein Riesenvorteil. Wenn sich beim Lächeln so ein schwarzes Loch auftut, hilft es auch nicht, wenn man sagt: »Ich bin Astrophysiker und schwarze Löcher sind mein Fachgebiet.«

Selbst ein Auto will ab und zu gewaschen werden. Es soll ja nicht kariös werden. Zähne müssen zwar nicht zum TÜV, sind aber in der Wiederbeschaffung teurer als ein Mittelklassewagen und bei Lackschäden liegt meistens gleich ein Totalschaden vor.

Für Details empfehle ich die Lektüre eines Literaturklassikers des Abendlandes: *Karius und Baktus*. Das haben Sie schnell durch, das ist für Vorschulkinder, mit vielen Bildern. Es ist die Geschichte zweier radikaler Anarchisten, deren Ablehnung einer auf gemeinsamen Werten beruhenden Gesellschaftsordnung im Wohnraum Mund zu verheerenden Beschädigungen führt, bis die Staatsgewalt eingreift, Pflegeinstrumente einsetzt und die beiden im Endkampf vernichtet.

Gut, man mag das Martialische der Story als faschistisch brandmarken und fragen, ob es schon wieder so weit ist, dass wir über die Vernichtung von unwertem Leben nachdenken dürfen, und sei es nur in der Mundhöhle. Aber sollte man sich wundern, warum alle, die mit einem sprechen müssen, um die nächste Ecke gehen, um dann auf dem Handy anzurufen, sollte man es mal mit Zahnbürste und Shampoo versuchen.

Grillen in Bristol
17. September 2012

Ich bin ja so froh, dass es das Internet gibt. Morgens, wenn ich aufwache, gehe ich immer als Erstes ins Internet. Man muss ja wissen, was los ist. Warum soll ich aufstehen, wenn die Sonne explodiert? Dann schlafe ich lieber aus, mache das Fenster zu, denn es könnte draußen heiß werden, selbst wenn es im Januar passiert. Häufig bleibe ich dann irgendwo hängen. Meistens auf irgendwelchen Seiten mit Nachrichten aus der Wissenschaft. Die sind so toll! Neulich habe ich gelesen: »Paläontologen aus Bristol rekonstruieren das Gezirpe eines 165 Millionen Jahre alten Grillenfossils.« Leider ohne Soundfile. Wie klingt eine 165 Millionen Jahre alte Grille? Wahrscheinlich wie eine neue Grille, so: »Bssssss.«.

Aber egal. Wenn wir erst einmal wissen, wie eine paläontologische Fossilgrille klingt, ist es nicht mehr weit bis zu Rekonstruktion und Wiederbelebung. Irgendwann werden dann archaische Kerbtiere aus der Klasse der Gliederfüßer auf meinem Balkon sitzen. Vermutlich sind sie einen halben Meter lang, wiegen einen Zentner und honken wie ein altes Frachtschiff. Oder wie Ivan Rebroff, der müsste inzwischen auch ein Fossil sein. Das war ein Sänger, der starb fünf Milliarden Jahre vor der Sonne, aber 165 Millionen Jahre nach einer Grille, deren Zirpen nun entschlüsselt wurde.

Dabei fällt mir ein: Ivan Rebroff hatte eine Falsettstimme, dann hinkt natürlich der Vergleich. Ich kann mir nicht vorstellen, dass ausgestorbene Grillen im Falsett zirpen. Überhaupt geht das Zirpen von Urzeitinsekten wahrscheinlich über die Vorstellungskraft des Menschen hinaus, es sei denn, er ist Paläontologe in Bristol.

Bristol liegt übrigens im Südwesten von England und ist die achtgrößte Stadt der britischen Insel. Google ist so toll. Die wissen das. Und selbst wenn sie es nicht wissen, dann sagen sie es einfach, und dann stimmt es auch. Die Menschen glauben dann in Bristol irgendwann selbst, dass das stimmt. Wenn Bristol jetzt, sagen wir mal, nur die neuntgrößte Stadt Englands wäre, dann würde

Google eben so viele Menschen dort ansiedeln, bis es wieder stimmen würde. Google ist die Macht. *May the force be with you!* Die Menschen in Bristol beschäftigen sich mit versteinerten Tieren. Was wäre das Leben ohne Internet, Grillen und Paläontologen? Essen, Trinken, Verdauen. Natürlich besteht das Leben auch in Zeiten von Google im Wesentlichen aus Essen, Trinken und Verdauen. Aber wenn einem die Zeit lang ist, kann man zwischendurch nachschauen, warum Bristol nicht die siebtgrößte Stadt Englands ist. Das liegt übrigens an der großen Pest im 14. Jahrhundert, die zu einem lang anhaltenden Bevölkerungsrückgang führte. Gut, dass es heute Antibiotika gibt. Die Pest konnten wir aufgrund des Fortschritts den Schweinen überlassen. Es gibt immer irgendwo Verlierer, bei Google aber leben sie ewig. Prima.

Traum und Bedeutung 26. September 2012

Ich hatte heute Nacht einen ganz komischen Traum. Eine Raumzeitschleife öffnet sich, ich rutsche da durch und lande auf einer Couch. Und vor mir sitzt Gott, der sagt: »Das Universum ist ein Irrenhaus und ich bin nur der Doktor.«

Ich muss dazusagen, ich war noch nie bei einem Psychologen, aber ein guter Freund von mir ist Psychotherapeut. Der erzählt gerne von Wahnvorstellungen, Zwangshandlungen, Autoaggressionen, bei denen sich Menschen selbst verletzen, um ihrer Mutter zu zeigen, dass sie zu früh abgestillt hat. Deshalb entwickeln sie Träume, in denen Melonen die Hauptrolle spielen.

Ich meine, eine Melone im Traum kann doch vielleicht auch einfach eine Melone sein, oder!? Vielleicht drücken selbst lange, dicke, harte Schlangengurken und auch dicke Melonen im Traum eines hormongefüllten Teenagers nur die Sehnsucht nach gesunder Ernährung aus. Zuckermelonen sind übrigens enger mit Gurken verwandt als mit Wassermelonen. Was sagt das dem Psychologen? Nichts, und das ist gut so.

Jedenfalls bin ich dann nochmal zurück in den Schlaf gesunken. Ich bin völlig weggedöst, es öffneten sich die Dimensionen und Raum und Zeit verknoteten sich. Ich werde gedehnt, gestaucht und in mich selbst gekrümmt. Das ist nicht gut für die Bandscheibe, so von Dimension zu Dimension geschleudert zu werden. Beim Übertritt in die neunte Dimension werden die Schmerzen stärker. Die elfte Dimension besteht ausschließlich aus Schmerz und in der 14. gibt es Betäubungsmittel ohne Rezept. Allerdings nicht ohne Nebenwirkungen, ich bin wie besoffen.

In der 21. Dimension sind die Atome so groß wie Melonen. Ich gucke so an mir herunter, da sehe ich, dass ich in meinem Traum selbst zu einer Melone geworden bin, ich liege auf dem Feld, mit vielen anderen Melonen. Es erklingt Orgelmusik. Der Schöpfer betritt das Treibhaus, durchschneidet ein Flatterband und ruft: »Ich erkläre die 22. Dimension für eröffnet!« Großes Hallo! Feuerwerk! Ich wache auf. Kopfschmerzen. Und was lernen wir daraus? Nichts, das ist gut. Vergessen. Es hat eben nicht alles eine Bedeutung.

Schönheit 1. Oktober 2012

Das Schlimmste habe ich für heute hinter mir, das Aufstehen. Was allerdings noch schlimmer ist, ist der Blick in den Spiegel. Meine Fresse. Das ist genau das, was ich dann sehe: meine Fresse! Da macht sich Entsetzen breit. So frisch aus dem Bett denkt man: »Was ist das? Ein Gesicht, oder was?«

Der Übergang von der nächtlichen Bewusstlosigkeit in den Zustand der Vertikalität erfordert vom Körper offenbar unmenschliche Anstrengungen. Die Nacht hat Spuren hinterlassen. In der Horizontalen haben sich Flüssigkeiten unter der Haut gesammelt, die

Hautporen haben sich entspannt und bieten ein Bild, das man von vulkanischen Landschaften kennt. Geschwollene Placken verzerren das, was Gesicht zu nennen eine hoffnungslose Übertreibung wäre. Das muss man alles erst mal verdauen.

Wer mit über 30 gut gelaunt in den Tag startet, ist entweder blind oder noch betrunken. Der Morgen ist die Tageszeit, um dem Leben ungeschminkt in die vergorene Fratze zu blicken.

Junge, schöne Menschen haben es leichter. Die größte Ungerechtigkeit auf dieser Welt ist die Schönheit. Schöne Menschen haben nicht nur mehr Erfolg, verdienen mehr, sie werden bewundert und auf Händen getragen, nur weil sie schön sind. Das ist doch schlimm. Das ist ungerecht. Das ist Natur. Selbst bei den Tieren ist das so. Wer das schönste Gefieder hat, den schönsten und dichtesten Pelz ... obwohl wiederum starke Behaarung bei jungen Mädchen jetzt nicht unbedingt der Renner ist. Egal.

Die einzige Möglichkeit, die Diktatur der Schönheit zu durchbrechen, wäre, allen Menschen das Augenlicht zu nehmen. Dann bliebe trotzdem immer noch der Geruch, den man wahrnehmen kann, die Haut, die man ertasten kann, die Stimme, die man hören kann, die klingt wie das Summen der Engel oder krächzt wie eine verrostete Hupe. Wenn man eine gerechte Welt will, müsste man alle Sinne abschalten. Dann allerdings hört man auch nicht mehr, wenn der Postbote klingelt, der müsste immer mehrfach kommen, das wäre auch nicht gerecht, dass ausgerechnet die Postboten unter der neuen Gerechtigkeit leiden.

Andererseits will man auf Schönheit auch nicht verzichten. Ohne Schönheit ist ja auch nicht schön. In der Politik zum Beispiel, bei der es nun wirklich nicht auf Schönheit ankommt, ich meine, was man da auf den Wahlplakaten so sieht, wirkt doch auch eher abschreckend. Diese Grinsfressen. Das Lächeln aus dem Kostümverleih. Bettelnde Augen, die flehen: »Nimm mich!«

Dann lieber eine schöne Seifenwerbung, sexistisch, auf billigste Instinkte zielend, unterleibsgesteuert. Aber schön. Wunderbar.

Fleisch und Hund   10. Oktober 2012

Ich muss zugeben: Ich esse gerne Fleisch. Ja, aber wer weiß, wie lange das noch geht. In der Zukunft werden Veganer und Vegetarier für eine schinkenfreie Zukunft werben. Blasse, pickelige und eiweißarme Fleischverächter werden uns Aasfresser und Mörder nennen. Ich werde das lächelnd hinnehmen und ihnen mit der Keule winken.

Ich glaube, dass viele Vegetarier nur deshalb kein Fleisch essen, weil man sich mit Pflanzen besser unterhalten kann. Sie gucken nicht weg, wenn man mit ihnen spricht. Pflanzen geben keine Widerworte und schauen einem nicht bettelnd in die Augen, wenn man sie erntet.

Deshalb stellt man an Pflanzen auch keine Fragen. Kein Mensch fragt eine Pflanze: »Ja, wo ist sie denn?« Hunden stellt man solche Fragen. »Ja, wo ist er denn?« fragt man im Notfall auch einen Dobermann, der aufgrund seiner körperlichen Ausmaße direkt vor einem die Sonne verdunkelt.

Wenn der Hund nicht zu dämlich wäre, die Frage zu erfassen, würde er sich wahrscheinlich fragen, ob sein Herrchen blind ist. Er würde ein kurzes, einfühlsames »Wuff« andeuten, um dem Sehbehinderten seinen Standpunkt akustisch zu verdeutlichen. Leider sind Hunde dumm wie die Bodendielen und verstehen nichts von dem, was man sie fragt. »Wo ist das Stöckchen?« Kein Hund antwortet mit einem souveränen »Dahinten! Du Depp! Du hast ihn doch selber gerade da hingeworfen!« Das würde ein Hund niemals sagen, nicht weil er zu höflich wäre, sondern weil er es selber nicht schnallt.

Wenn Hunde schlau wären, würden sie nach Filet verlangen und ihren Menschen nahelegen, den Pansen zu fressen. Gerade so ein Dobermann mit den Ausmaßen einer Schrankwand hätte aufgrund seiner Größe durchaus die Fähigkeit, auch unverschämt anmutende Forderungen mit latenter Gewaltandrohung zu untermauern.

Viele Hundebesitzer würden ihren Tieren alles geben, schon allein weil sie glauben, dass das Tier aufgrund seiner Unterwürfigkeit charakterfester sei als der Mensch. Das ist natürlich Unsinn. Hunde gehorchen. Hunde waren deshalb beliebte Schergen der Nazis. Sie sind undemokratisch und gehorchen dem Führerprinzip, ein verabscheuungswürdiges Verhalten.

Ich bin Humanist. Ich glaube an den Menschen als Krone der Schöpfung. Der Hund wird niemals mehr sein als des Menschen bester Freund. Wer seinen Hund als gleichberechtigten Partner begreift, sollte seinen Führerschein abgeben und sich ins Tierheim zurückziehen, wo man mit Gleichgesinnten lustig umhertollen kann.

Saufen, Vernunft und Gewaltfreiheit
24. Oktober 2012

Mir ist aufgefallen, dass zu viel Denken die Laune verdirbt. Man wird sich seiner Sterblichkeit bewusst und schon fängt man vor dem Frühstück an zu saufen.

Das Problem ist, dass wir den Glauben an einen höheren Seinszweck aufgegeben haben. Das ist eigentlich gut. Früher glaubten die Menschen an Erlösung, durch Gott, den Kommunismus oder sonst was. Oder wenn der Lebensraum für die germanische Rasse erobert wird. Dann wird alles gut. »Ja, wenn das so ist«, haben die Menschen geantwortet, »dann auf ins Gemetzel!« Das war auch nicht schön.

Die Völker der Welt haben sich gegenseitig massakriert und wir als Deutsche immer vorne mit dabei. Gott sei Dank haben wir daraus gelernt. Deshalb haben wir beschlossen, in Zukunft auf Angriffskriege zu verzichten. Ich unterstütze das. Wir arbeiten an einer gewaltfreien Welt und wundern uns, wenn sich die Mitbewohner des Planeten woanders massakrieren. Wir fragen uns: »Können nicht alle lieb sein?« Und wenn uns jemand bedroht, dann werfen wir mit Kuscheltieren.

Die Iraner basteln derweil weiter an Atomsprengköpfen und sagen sich: »Wir wollen auch mal Weltgeschichte schreiben!« Das kommt davon, wenn Alkohol im Land verboten und der Gebrauch der Geschlechtsorgane erst nach der Vermählung erlaubt ist. Damit ist die schlechte Laune groß und ruckzuck sind die sexuell frustrierten Kerle gemeinschaftlich gewalttätig.

Alles ist so bekloppt. Deshalb hat ein Herr namens Diderot, der auch schon tot ist, gesagt: »Durch Vernunft, nicht durch Gewalt soll man Menschen zur Wahrheit führen.« Ja klar, der war Philosoph und lebte vom Denken, ein aussterbendes Geschäftsmodell. Wer hört heute noch auf tote Philosophen? Wie auch? Diderot liegt in der Pfarrkirche Saint-Roch in Paris begraben, und die ist häufig abgeschlossen.

Vernunft?! Wie naiv. Jeder Hobbyhirnforscher weiß heutzutage, das Hirn besteht aus grauer Grütze. Dass wir in der Lage wären, zu denken, ist offensichtlich eine Wahrnehmungstäuschung, die auf chemischen Prozessen basiert. Wir sind Reiz-Reaktions-Maschinen und unterscheiden uns vom Pinguin durch Hausschlüssel und Handy.

Natürlich gibt es weitere Unterschiede: Gefäßchirurgie oder die Fähigkeit zur Herstellung von Pflaumenkuchen mit Sahne. Das kann keine andere Spezies auf diesem Planeten. Freuen wir uns daran!

Schraubendreher

Ich bin ja kein Freund von Waffen. Ich habe Zivildienst gemacht, aber jetzt habe ich mir einen Akkuschrauber in Pistolenoptik gekauft. Der ist im Dunkeln von einer Strahlenwaffe extraterrestrischer Eindringlinge kaum zu unterscheiden. Wenn man damit schrauben will, hat man das Bedürfnis, einen Kampfanzug anzuziehen und sich mit Dienstgrad ansprechen zu lassen. Seit ich den habe, schraube ich ständig. Wie formulierte es der große Baumarktgründer und Lyriker Michael Hornbach bereits 1877: »Es gibt immer was zu tun. Jippijajajippijippiyeah.« Leider hat man immer das falsche Werkzeug. Heute ist es bei den meisten Elektrogeräten erforderlich, einen eigenen Schraubendrehersatz anzuschaffen, dessen Kompatibilität mit den verwendeten Schrauben im Internet zu verifizieren ist.

19-zackige individuell gefräste Vertiefungen. Mit einem normalen Schraubenzieher ist nichts zu reißen, also ab in den Baumarkt. Nach zweistündiger Blockade des Infoterminals erschien ein Mitarbeiter, der mich übersehen hatte, und lief mir quasi in die Arme, sodass er nicht mehr flüchten konnte. Er hätte mir auch gern geholfen, aber die Schrauben müsste ich schon mitbringen. Nun steckten die allerdings noch in der Lampe, weil ich ja einen Schraubendreher kaufen wollte, um die Lampe abzumontieren. »Ach so«, meinte er, dann könnte er auch nichts machen. »Gut«, habe ich mir gedacht, »wenn nichts mehr zu machen ist, dann ziehe ich mich jetzt eben zum Sterben zurück.«

Ist es eigentlich normal, wenn man bei solchen Gelegenheiten Gewaltfantasien entwickelt? Vielleicht erzwingt allein Gewalt, dass es bald wieder nur noch primitive Schlitz- oder Kreuzschlitzschraubenzieher geben wird. Das ist Notwehr. Pozidrive- oder Torxschraubendreher gehören vernichtet! Ich brauche auch keinen Zwei-Komponenten-Griff mit robuster

Klinge aus Chrom-Molybdän-Vanadium. Ich will doch nicht meine Großmutter spurenfrei auseinanderschrauben.

Ich möchte keine Schraubendreher mit Sechskantschaftbithalter und Edelstahlhülse ohne Sprengring, auch keinen TX-Schraubendreher-Satz und kein VDE-Elektriker-Handwerkszeugset für alles, was sich nicht mehr mit dem Schraubendreher bewegen lässt. Und nein, ich will auch kein Beil mit Eschenkuhfußstiel, ganz geschliffen, Kopf goldfarbig, Schneide poliert. Oder doch?! Das Beil, das nehme ich! Das bringe ich nächstes Mal mit in den Baumarkt. Vielleicht will mir dann jemand helfen. Aber heute habe ich mir erst mal den runtergesetzten Flaschenöffner mit ergonomischem Wiha-SoftFinish®-Mehrkomponentengriff gekauft. Am Ende hilft nur Betäubung.

Nuhr am Leben

20. November 2012

Diese Woche ist ARD-Themenwoche *Leben mit dem Tod*. Ein schönes Thema. Das geht uns alle etwas an, außer mich vielleicht. Ich bin ja unsterblich. Zumindest bin ich bisher noch nie gestorben und somit ist es auch unwahrscheinlich, dass das noch kommt. Denn rechne ich mal die Tage, an denen ich gestorben bin, gegen die Tage, die ich überlebt habe, und die Wahrscheinlichkeit meines Todes wird von Tag zu Tag geringer. Oder so ähnlich, ich bin jetzt nicht sicher, ob ich das richtig gerechnet habe, aber was soll's.

Unsterblichkeit ist so eine Sache. Was macht denn unsterblich? Ein Olympiasieg angeblich, aber das glaube ich nicht. Zum Beispiel der Olympiasieger im Tauziehen von 1896? Der ist so was von tot, wenn er das allerdings gerade liest, bitte ich um Verzeihung.

Darf man über den Tod überhaupt Witze machen? Ich denke ja, das ist doch die Aufgabe des Humors, uns die Sterblichkeit ein bisschen lustiger zu gestalten, genauso wie das Miteinander. Humor macht das Unerträgliche erträglich. Die Ehe beispielsweise ist auch oft etwas sehr Trauriges. Deswegen heißt es ja: »bis dass der Tod euch scheidet«, weil er zur Ehe die einzige Alternative darstellt. Viele beziehen im hohen Alter ihren ganzen Lebenswillen daher, dass sie noch einen Partner haben, dem sie ihren Tod nicht gönnen.

Früher blieb man meistens lebenslang zusammen, obwohl man es gar nicht wollte. Damals entstanden Partnerschaften oft nur aus Zufall. Man lernte sich kennen und plötzlich war sie schwanger, man musste heiraten und blieb zusammen, machte sich das Leben zur Hölle und fing an zu saufen. Damals war die Familie noch intakt. Man blieb zusammen, auch wenn man sich gar nicht verstand. Teilweise in abgrundtiefem Hass, bis dass der Tod euch scheidet. Der trat dann häufig durch Erschießen ein. Aber immerhin, die Ehe hielt bis zum Ende.

Tiere   28. November 2012

In der Zeitung steht heute, dass bei den Dreharbeiten zu *Der kleine Hobbit* 27 Tiere ums Leben gekommen sind. 27 Tiere! Jetzt wird schon zum Boykott aufgerufen, wobei man erst mal gucken sollte, um was für Tiere es sich handelte. Waren das Elefanten oder Mücken, Rhinozerosse oder Bandwürmer? Ich höre schon die Tierschützer rufen: »Das spielt doch keine Rolle!« Es stimmt natürlich, jedes Tier hat ein Lebensrecht, aber wenn ich den Köter kriege, der immer genau vor unsere Haustür kackt, den schick ich nach Mittelerde. Zu den Menschen mit den riesigen haarigen Füßen, zusammen mit seinem Herrchen, in mehreren kleinen Paketen.

Aber diese Tiere beim Filmdreh, darüber haben sich ja alle aufgeregt, der *Stern* schrieb: »Pony Rainbow starb im Auenland«. Die *BILD*-Zeitung: »Mehr als ein Dutzend Hühner von streunenden Hunden getötet!«. Todesursache laut *BILD*: »Teilweise falsche Ernährung und Wurmbefall.« Jetzt ist kein Tier während der

Dreharbeiten zu Tode gekommen. Einige Todesfälle hatten auch natürliche Ursachen, Altersschwäche, aber mit so was verkauft man keine Zeitung, da muss es schon ein bisschen aufgeregter daherkommen.

Oder skurril. Ein chinesischer Bauer lässt seine Schweine vom Dreimeterbrett in kaltes Wasser springen, damit sie einen Schock bekommen, der das Fleisch besser macht. Das stimmt wirklich und der verkauft die Schweine für den dreifachen Preis. Was für die Schweine allerdings eher unerfreulich ist: Er verkauft sie in verstorbenem Zustand.

So ist das oft bei Bauern, das sind ökonomische Zwänge. Die Leute wollen einfach keine lebenden Schweine braten, weil die sich in der Pfanne selber wenden, und das nervt. Außerdem wehren die sich gegen das Bratenthermometer.

Viele meinen, Tiere sollte man überhaupt nicht töten. Doch, zum Beispiel die asiatische Buschmücke! *Aedes japonicus*, die Krankheitserreger übertragen kann, setzt sich jetzt neuerdings in Deutschland fest. Die Drecksau. Die mach ich kaputt. Diese Buschmücke überträgt das West-Nil-Virus und weitere Viren, ich weiß nicht welche, wahrscheinlich das Ost-Nil-Virus und wahrscheinlich bald auch das Nordrhein-Virus. Und das Westfalen-Virus, das an Karneval zu seltsamem Verhalten führt, dann steht man in der Karnevalssitzung von Münster im Elferrat und singt mit dieser westfälischen Urfreude: »Westfalenland-Westfalenland ist wieder außer Rand und Band.«

Wildkatzen breiten sich übrigens auch bei uns aus. Gut, die stechen nicht, aber auch wenn der Bund für Naturschutz sagt, das sei ja ganz toll, das sind doch Raubtiere. Eine einzige Wildkatze verbraucht im Jahr mehr Tiere als ein neuseeländischer Fantasyfilm und das ist auch nicht schön.

Tod in der Natur

Ich finde, in der Natur wird einfach zu viel gestorben. Das fing damals mit dem Wald an, wie oft ist der schon gestorben. Früher starb der ständig und es hieß: »Mein Freund, der Baum, ist tot.« Dabei muss man sagen, das sieht bei Bäumen oft so aus, aber die bewegen sich von Natur aus wenig. Erst stirbt der Wald und dann der Mensch, sagte man und ich dachte mir nur: »Gott sei Dank in der Reihenfolge!« Heute gibt es bei uns mehr Wald als je zuvor, von daher haben die Buddhisten offenbar recht gehabt mit der Wiedergeburt.

Manchmal überlebt eben auch jemand. Die besten Karten beim Überleben haben momentan Klimawissenschaftler, die haben regelrecht Konjunktur. Gerade erst haben die sich auf dem großen Klimagipfel getroffen, um gemeinsam festzustellen, ohne uns geht die Welt unter. Die Welt geht ohnehin unter, allerdings erst in fünf Milliarden Jahren und man sollte realistisch sein, es ist durchaus möglich, dass wir das alle nicht mehr erleben. Denn der Tod ist gnadenlos.

Im Moment meinen die Klimawissenschaftler, steuere die Welt auf eine Situation zu, in der die globale Durchschnittstemperatur bis zum Ende des Jahrhunderts um vier Grad steigen werde. Damit sind es in der Antarktis plötzlich statt minus 20 nur noch minus 16 Grad und alles schmilzt, die Malariamücken werden bei uns dann so groß, dass sie kleine Hunde verschlucken können. Es geht alles den Bach runter. Jetzt bekommen sogar schon die Schimpansen und Orang-Utans eine Midlife-Crisis. Wissenschaftler und Tierpfleger haben das festgestellt. In der Lebensmitte werden die Viecher schlecht gelaunt. Viele Tiere waren so depressiv, teilweise weigerten sie sich sogar, die Fragebögen auszufüllen.

Tiere haben es sowieso nicht leicht. Auf unseren Straßen kommen jährlich 5000 Menschen ums Leben, aber 220.000 Rehe, weil sie sich nicht anschnallen. 12.000 Wildschweine sterben, weil sie im Straßenverkehr keinen Helm tragen, und wie viele Leute fahren wie die Sau?!

In Neuseeland gibt es tatsächlich schon Restaurants, bei denen kann man ein mitgebrachtes Opossum grillen lassen, das man gerade überfahren hat. Makaber, aber wahr. Das Tier hat somit wenigstens das Gefühl, nicht umsonst gestorben zu sein. Im Gegensatz zu manchen Autofahrern, die es gerade jetzt in der Weihnachtszeit mit dem Wagen gegen den Brückenpfeiler getrieben hat, weil sie sich den vierten Glühwein mit ins Auto genommen und dann glühend heiß über die Hose gegossen haben.

Was ist das für eine Welt, die wir unseren Kindern hinterlassen? Schlimm, aber Gott sei Dank kann man heute sagen, dass die Blagen, die draußen rumlaufen, es oft auch nicht besser verdient haben. Und dann ist ja wieder gut.

Taschenuntersuchung im Stadion
12. Dezember 2012

Es ist schlimm. Man kann heute nicht mal mehr sorglos zum Fußball gehen. Da gibt es Gewalt, meist auf dem Rasen, wenn einem zu langsamen Spieler bei der Ballannahme der Unterschenkel amputiert wird. Aber im Publikum gibt es auch Hooligans. Mein Vorschlag ist bisher leider nicht angenommen worden, für die am Rand der Stadt ein paar Gummizellen zu bauen, in denen die sich gegenseitig auf die Fresse hauen können und fertig.

Deshalb gibt es jetzt Sicherheitsprobleme in den Stadien beziehungsweise Streit um das neue Sicherheitskonzept und weil die Fans dagegen sind, haben sie nun zwölf Minuten und zwölf Sekunden lang geschwiegen, im Stadion. Ich fand das ganz schön. Das sollte Schule machen. Überall auf dieser Welt sollte man mal wenigstens zwölf Minuten und zwölf Sekunden schweigen, wie schön ruhig das wäre.

Die Fans wollten damit verdeutlichen, dass ohne sie keine Stimmung aufkommt, dabei hat gar keiner etwas gegen Fans, sondern gegen ein paar Durchgeknallte, die mit 1000 Grad heißer Chemie ins Stadion gehen und diese bei Bedarf gerne auch mal auf den Schiedsrichter werfen. Interessanterweise sind das dieselben Leute, die es normal finden, dass man so was mitnehmen kann, und wenn man die fragt: »Sind Sie für ein strengeres Waffengesetz in den USA?«, kommt die Antwort: »Auf jeden Fall«! Was auch richtig wäre, denn in den USA würde auch so mancher Tote vielleicht noch leben, wenn man einfach mal darauf achten würde, dass Tötungsmittel nicht überall mit hingenommen werden dürfen. Das hat sich auch schon an anderen Orten bewährt, wie zum Beispiel in Kindergärten. Dort sterben nur selten Kinder aufgrund von Waffengewalt, sondern nach wie vor wegen des schlechten Essens und an Kolibakterien. Auch nicht schön, aber wenigstens nicht so laut.

Weltuntergang im Advent   17. Dezember 2012

In meinem Adventskalender war heute wieder nur Schokolade drin, schade, denn unser Öltank müsste auch noch aufgefüllt werden. Für den Preis, den die Dinger kosten, ist in denen viel zu wenig Öl drin. Unsere Politiker haben wohl mal wieder den Mund zu voll genommen, als sie gewarnt haben, alles sei voll Öl. Alles. Aber vor Weihnachten ist halt immer nachrichtenarme Zeit und man hat es als Provinzpolitiker leicht, den Menschen irgendwelche Versprechungen zu machen, nach dem Motto: »Wenn Ihnen das Öl zu teuer wird, dann kaufen Sie eben einen Adventskalender.« Die Dinger brennen keine drei Minuten und wenn man die Schokolade vorher weggefressen hat, brennen sie sogar noch kürzer.

Wenn man einen Kalender hat, der drei bis vier Stunden brennt, würde ich allerdings vom Verzehr abraten, denn dann scheint etwas nicht zu stimmen, aber ich habe jetzt so viele Kalender ausprobiert, ich habe jegliche Hoffnung verloren.

Ich habe keine Lust mehr, mich darüber aufzuregen, und ich habe gehört, dass wir nicht nur unter verseuchten Adventskalendern leiden, sondern auch noch unter dem Weltuntergang. Morgen soll es so weit sein, wahrscheinlich wird das allerdings auch wieder nichts. Eher war das irgendwie voreilig, schon mal den Kühlschrank abzutauen und die Stecker der Elektrogeräte rauszuziehen, aber ich habe mir gedacht, wenn schon Weltuntergang, dann muss man nicht noch unnütz Strom verbrauchen.

Ich weiß nicht, ob das Ende der Welt wirklich bevorsteht, aber ich finde es gut, wenn man sich jetzt noch einmal eine Freude macht, wie Herr Berlusconi. Der hat sich jetzt noch kurzfristig mit der Dame vom Escortservice verlobt und setzt deshalb natürlich große Hoffnungen in den Weltuntergang. Vielleicht kommt er so um seine Gefängnisstrafe herum, eine richtige Einstellung in diesen Tagen: Wenn eh die Welt untergeht, egal ob wegen der Maya oder dem Öl in den Adventskalendern, macht man am besten nochmal so richtig was auf, das 21. Türchen oder die Hose, ist egal.

Wir sollten nun einfach noch das Leuchten der Lichter genießen. Ich freu mich auf den Weltuntergang, denn Weihnachten wird furchtbar. Wir haben mal wieder ausgemacht, dass wir uns nichts schenken. Unterm Weihnachtsbaum leuchten die Augen, bis ich sage: »Wir haben das doch ausgemacht, ich hab nix«, worauf sich das Funkeln in den Augen ins Böse verwandelt. Die Fresse wird lang, die Niedertracht glitzert aus jeder Pore und der Duft der Nordmanntanne mischt sich mit den Feromonen der Aggression. Wenn Weihnachten dieses Jahr wider Erwarten doch stattfindet, sollte man keinen Fehler machen. Liegt nämlich statt des iPhones ein Noname-MP3-Player unter dem Baum, bricht die Hölle los und man sehnt sich danach, dass die Maya recht gehabt hätten. Frohes Fest.

Gut gelaunt   19. Dezember 2012

Ich habe mir für dieses Jahr vorgenommen, immer gut gelaunt zu sein! Bisher habe ich durchgehalten, obwohl ich manchmal auch streng sein muss mit mir. Dann sag ich mir: »Sei gut gelaunt, du Drecksack!«, das hilft. Natürlich gibt einem das Leben nicht immer Grund zu lachen. Nagelrisse sind unangenehm und der Wasserkocher ist wieder verkalkt, das nervt. Todesfälle sind meistens auch nicht angenehm.

Wer sich da sein positives Lebensgefühl bewahren will, der braucht die Sensibilität eines Schnitzelklopfers und eine Hornhaut auf der Seele. Hornhautrisse sind übrigens auch unangenehm. Da könnte ich laut »Scheiße« schreien, aber immer gut gelaunt. Hauptsache, gut gelaunt.

Ich will mir unbedingt mein sonniges Gemüt bewahren und hüte mich vor jenen, die mir weismachen wollen, ein gutes Leben sei nur eine Frage der inneren Einstellung. Die haben keine Ahnung. Man braucht auch, äh, Alkohol, Sex und eine gewisse innere Gelassenheit, die ins Gleichgültig-Weggetretene oder ins Hypnotisiert-Betäubte changiert. Ich höre nicht auf die Psychoratgeber dieser Zeit, die so tun, als wären sie Schamanen, die wüssten, wo das Glück wohnt. Sie predigen Liebe, sind aber häufig selber mehrmals geschieden und in ihren schäbigen Cordanzügen von Gin Tonic zerfressen, weil sie im Innersten wissen, dass sie nur hohle Phrasen dreschen, um uns allen den letzten Cent aus der Tasche zu ziehen. Erschießen sollte man die. Gut gelaunt erschießen.

Das Leben ist doch ein Wunder und manchmal ist es fast perfekt. Manchmal. Ganz selten ergreift mich das Gefühl, dass nichts

schöner wäre, als wenn der gerade erlebte Moment ewig bliebe, wenn zum Beispiel der Verein meiner Nachbarstadt verloren
hat. Das ist herzergreifend, ein kurzer Moment des Glücks. Wie
pocht das Herz vor Freude, wenn man bei einer Polizeikontrolle
mit 1,8 Promille durchgewinkt wurde? Herrlich! Wie schön ist
das Leben, wenn die Darmspiegelung nur eine leichte Reizung
des Ileums ergeben hat?

Wenn man dann noch erfährt, dass das Häschen, das man gerade überfahren hat, sowieso schwer krank war und eingeschläfert
werden müsste, dann könnte man weinen, vor Glück. Heulen wie
ein Schlosshund, aber gut gelaunt. Immer gut gelaunt.

Das Jahr nicht vor dem Abend loben

26. Dezember 2012

Das ist ja der letzte Tagebucheintrag im alten Jahr und ich wollte eigentlich nochmal was Besinnliches schreiben. Aber mir ist
nichts eingefallen. Die meisten Sprichwörter und allgemeinen
Weisheiten, mit denen man so ins neue Jahr geht, sind doch völlig hirnrissig. Der Volksmund sagt zum Beispiel: »Man soll das
Jahr nicht vor dem Abend loben.« Nicht dass der Volksmund
grundsätzlich unrecht hätte, aber oft hat er auch schlechte Zähne,
faulen Atem und keine Ahnung. Und überhaupt darf man ruhig
einen Tag auch schon vor 10:00 Uhr loben, wenn man schon vor
dem Frühstück feststellen durfte, dass man im Lotto gewonnen
hat, der Kläffer der Nachbarin entlaufen ist und die komischen
Pusteln weg sind. Das ist doch schön. Wenn dann noch um 18:00
Uhr Freund Hein vor der Tür steht, um einem mit der Sense
ein Ende zu bereiten, hat man wenigstens noch einen ganzen Ar-
beitstag lang gute Laune gehabt.

Ich lobe den Tag, schon morgens, wenn ich noch schlafe wie
ein Stein, wie ein Baby, eine Leiche oder ein Regierungsrat im

Verkehrsdezernat. Es macht mich glücklich, so vor mich hin zu schlafen.

Eine Weisheit fällt mir noch ein, die völlig blödsinnig ist: »Du sollst das Fell des Bären nicht verteilen, bevor du ihn erlegt hast.« Was soll das denn? Bären kommen fast nur noch im Zoo vor und mit dem Bärentöter wird man gar nicht eingelassen. Mir wurden selbst kleine abgesägte Schrotflinten am Eingang weggenommen. Was will ich damit sagen? Man sollte den Tag annehmen und sich freuen. Ich mache es so: Ein guter Tag beginnt grundsätzlich nicht mit den Worten: »Verdammte Hacke! Sodbrennen, Mundgeruch und ein Furunkel am Arsch, wie scheiße kann das noch werden?« Oft wacht dann auch der Lebenspartner auf und denkt: »Mit diesem Mann gehe ich durchs Leben. Morgen werde ich mir eine weit entfernte Grabstelle suchen. In Ewigkeit halte ich das nicht aus.«

Ich lobe den Tag. Egal wann. Uhrzeitunabhängig. Ich sehe die Chance und nicht das Risiko. Tief hängende Wolken und Graupelschauer im Juni sind vielleicht auch nur versteckte Zeichen für Sonnenschein in 8000 Meter Höhe. Selbstverständlich hat das Wetter in unseren Breiten Spiel nach oben. Man muss aber auch bedenken, wer ständig Sonne hat, freut sich nicht mehr darüber. Da kann man die zahlreichen Leichen in der Sahara fragen, die sind mit Sicherheit mit mir einer Meinung. Auch im nächsten Jahr. Prost.

Positiv ins neue Jahr   2. Januar 2013

Hallo, ich bin's Nuhr. Und ich habe mir vorgenommen, im neuen Jahr alles von der positiven Seite aus zu sehen. Selbst wenn ich mich in der Wüste verlaufe, dann will ich nicht den Mut verlieren. Da sollte man sich seine gute Laune bewahren. Wenigstens ist man gut gebräunt und sieht gesund aus, wenn man dem Tod ins Auge blickt. Oder man freut sich, wenn der Sonnenbrand aufhört zu schmerzen, weil die Lebensgeister verdunsten. Das ist allemal besser als das Schicksal jener, die vielleicht seit 30 Jahren tot sind, aber immer noch regelmäßig zur Arbeit gehen. Das Leben ist schön! Gut, es könnte etwas länger sein. Das Altern ist unangenehm. Und warum verkrumpeln Fußnägel? Aber das Dasein birgt auch wunderbare Seiten: den Schmetterling, der mit seinen bunten Flügeln auf der heißen Herdplatte Platz nimmt, ein letztes Liedchen singt und dann zurückkehrt in den Kreislauf aus Werden und Vergehen. Den wunderbaren Eichelhäher im grauen Gefieder, der sich für seine Mittagsmahlzeit aus den Nestern kleinerer Vögel bedient und fremde Küken verspeist. Will man ihm deshalb Vorwürfe machen? Er ist ein Familienmensch und nicht gewillt, die eigene Brut zu vertilgen. Das ist doch verständlich! Dann nimmt man eben die anderen. Was soll's!

Immer entspannt bleiben! So ist sie eben, unsere fantastische Natur. Ich freue mich, wenn ich einen Golden Retriever in freier Wildbahn beobachten kann! Mit Arthrose in der Hüfte schlurft er durch das Haus, weil er es nicht mehr bis nach draußen schafft und verrichtet sein Geschäft auf dem Flokati-Teppich. Unsere Welt hat so viele bunte Seiten!

Wer positiv ins Leben blickt, hat mehr davon. Es ist eine Frage der Erwartung, ob etwas perfekt ist oder lächerlich. Die Schönheit liegt oft im Auge des Betrachters. Auch mächtig aus dem Leim gegangene Schlauchbootlippen, botoxgelähmte Gesichter, plastinierte Augenlider und gewaltsam aufgepumpte, aber im Laufe der Zeit der Schwerkraft gefolgte Riesenmöpse kann man schön finden, vor allem, wenn man sie bezahlt hat. Was soll das Hadern? Seien wir ehrlich: Vorher sah es auch nicht besser aus. Und wenn man selber eine von zu viel Alkohol aufgeschwemmte Plauze vor sich herträgt, als hätte man einen Medizinball verschluckt, dann sollte man demütig sein, wenn es darum geht, ästhetische Beurteilungen abzugeben. Das habe ich mir für dieses Jahr vorgenommen. Gut so!

Schulden 16. Januar 2013

Ich habe jetzt mit dem Sparen aufgehört, weil viele Ökonomen sagen, dass man gerade in der Krise Geld ausgeben soll. *Deficit Spending* nennt man das. In Guten Zeiten muss man sparen, sonst werden uns unsere Kinder irgendwann mal vorwerfen, dass wir in den guten Zeiten zu viel Geld ausgegeben haben, darauf werden wir unseren Kindern antworten: »Hey, weil wir zu viel Geld ausgegeben haben, waren es gute Zeiten.«

Nun sind schlechte Zeiten, deshalb müssen wir Geld ausgeben, sogar das Geld, was unsere Kinder einmal verdienen werden. Das haben die Saublagen allemal verdient, immerhin waren wir es, die jahrelang ihr Erbrochenes weggemacht haben. Letzte Woche war wieder Party bei uns. Die saufen ja … Schlimm.

Kein Wunder, dass die schon mit Schulden auf die Welt gekommen sind. Alle haben Schulden, kaum vorstellbar wie viele, die kann man gar nicht mehr auf menschliche Verhältnisse runterrechnen. Zillionen! Gustillionen! Griechenland ist da Peanuts. Die USA! Tröteldijöteldiebröltellionen. Genauso wie Deutschland, England, Taka-Tuka-Land, Schlumpfhausen, Zypern … Zilliarden. Fantastilliarden. Früher gab es Bankräuber, wie lächerlich. Geld raubt man nicht, man gibt es einfach aus, obwohl man es nicht hat. Das ist doch viel einfacher. Wer raubt denn heute noch eine Bank aus? Höchstens noch die Mitarbeiter aus der Investmentabteilung.

Die Frage ist, wie ich an Geld komme, wenn ich nicht bei der Bank arbeite. Schwierig. Früher sagte man: »Das Geld liegt auf der Straße«, aber ich musste trotz aufwendiger Recherche feststellen: Nein. Auf der Straße gibt es Kaugummis, Kippen, Hundescheiße, aber Geld nur ganz selten … Man sucht sich da ganz schnell einen Wolf. Wenn man Geld sucht, ist die Straße nicht der richtige Ort. Viele suchen heute auch in den Handtaschen von Seniorinnen und nehmen es dann einfach weg. Das ist nicht schön. Uns hat einer neulich das Klingelschild geklaut. Das war sehr schlau, denn das war mit einer Kamera drin und hat ihn beim Ausbau gefilmt. Dem gebe ich noch eine Woche, um das Ding wieder vor die Tür zu legen, oder der Idiot geht in den Knast. Viele werden auch heute noch kriminell, weil ihr Hirn für normale Tätigkeiten zu klein ist, aber irgendwo muss die Kohle herkommen. Der Normalbürger kann nicht einfach Steuern einziehen wie der Staat. Der Staat klaut kein Geld, er nimmt es einfach weg. Wo der Unterschied ist, habe ich noch nicht herausgefunden.

Ein Traum   23. Januar 2013

Manchmal denke ich, dass das ganze Leben nur ein Traum ist, dass alles nur in meinem Kopf entsteht. »Wir wissen es nicht«, das meinte dieser Typ damals, als er sagte: »Ich denke, also bin ich.« Das Einzige, was wir wissen ist, dass wir denken, dass wir existieren, was insofern gut wäre, weil ich den Bußgeldbescheid wegen Tempo 56 in der 30er-Zone auch nur geträumt hätte.
Wobei unsere Verkehrsbehörden sehr wenig philosophisches Verständnis haben. Ich habe denen gesagt, dass möglicherweise ihre ganze Behörde nur in meinem Kopf existiere, also dass es sie gar nicht gibt, und bis zum Beweis ihrer Existenz würde ich die Zahlung aufschieben, die haben aber sofort zurückgeschrieben, das sei zwar vom metaphysischen Standpunkt aus gesehen ein gutes Argument, im Sinne von Platon und Descartes, aber das Bußgeld sei im Sinne von Martin Heidegger angeordnet wor-

den, der den Menschen als sterblichen Gast auf Erden begriffen habe und somit als strafmündig. Der unterliege zwar metaphysischen Gesichtspunkten, Tempo 56 seien aber physisch ganz ohne »meta« und als solche von der Radarpistole als real erkannt worden ... Und Radar sei Strahlung, also Energie und im Sinne von Einstein und Heisenberg ... Also ich wäre zwar unter Lichtgeschwindigkeit, aber nur knapp ... Es sei deshalb eine saftige Mahngebühr zu zahlen, aber das könne mir egal sein, denn nach meiner Theorie würde das Geld, das ich zahle, nicht existieren und ich könnte mir somit jederzeit neues erträumen. Mein Führerschein wäre ohnehin inexistent, und zwar mindestens einen Monat lang. Es ist nicht schön, wenn sich Metaphysik und Physik in den Dienst der Macht stellen.

Aber ist das Leben eine Art Traum? Einen Traum hält man ja auch für wahr oder umgekehrt. Ich denke auch oft, ich träume, nach dem Motto: Das kann doch nicht wahr sein! Wenn der Nachbar wieder meine Mülltonne vollgemacht hat, die blöde Sau, das gibt's doch nicht.

Man kann ja häufig gar nicht mehr glauben, was man sieht: Fußnägel in der Badewanne, das geht doch nicht. Zehn Prozent für die FDP. Das soll real sein? Oder wenn einer mit 46 durch die Innenstadt schleicht, drücke ich die Hupe durch und überhole. Das ist vielleicht im real existierenden Verkehrsraum unzulässig, aber man wird doch wohl noch träumen dürfen!

Männer und Gesundheit 30. Januar 2013

»Männer sterben früher«, trällerte heute Morgen das Radio und das Erste, was ich dachte, war: »Früher als was?« Hoffentlich nicht früher als Wüstenrennmäuse, die sterben teilweise schon beim Hingucken. Die kriechen in die Sofaritze und einige Tage später fragt man sich: »Wieso riecht das hier so nach Verwesung?« Oft liegt der Geruch an toten Nagetieren, so ein altes Sofa besteht nicht selten zur Hälfte aus Kleintierskeletten.

Männer sterben also früher als Frauen. Man fragt sich dann schon: »Wieso ruft deswegen eigentlich keiner nach der Quote?« Mehr Männer sterben mehr im Beruf und mehr an Herzinfarkt, dabei sollten es wenigstens 40 Prozent Frauen sein, aber nein.

Der Mann ist eine aussterbende Art. Der einzige Ort, wo bei uns keine Frauen sind, ist in der Statistik für Prostatakrebs.

Ansonsten sind es aber immer weniger Männer. Sie sterben früher, weil sie angeblich, so stand es in der Zeitung, weniger zum Arzt gehen. Der Arzt trägt bei uns einen weißen Kittel, damit man nicht sieht, was er drunter trägt, eine Kutte und eine Sense und schon gibt es wieder einen Mann weniger.

Das häufigste Opfer unserer Ärzte ist der Mann, was auch die Frauen bedauern sollten, denn tot nützt ihnen der Mann doch nichts mehr. Gut, viele Frauen sagen: »Tot oder lebendig? Bei meinem war der Übergang fließend, ob er nun lebend oder tot schweigt, ist auch egal.«

Jedenfalls ist der Tod für den Mann heute eine ernsthafte Bedrohung der Gesundheit, und das möchte das Gesundheitsministerium nun ändern. Deshalb gab es zuletzt den ersten Männergesundheitskongress. Sehr lobenswert. Nachdem überall für das Überleben der Rotbauchunke und der Kragentrappe gekämpft wird, ist uns auch der Mann offenbar nicht mehr ganz gleichgültig. Erst verschwand er mitsamt seinem Kamel aus der Zigarettenwerbung, anschließend stellten ihn die Frauen an den Herd. Heutzutage werden wir selbst im Fußballstadion verdrängt, was ich bedrohlich finde, und selbst meine Nachbarin hat mehr Bartwuchs als ich. So kann es nicht weitergehen.

Deswegen kommt der Männergesundheitskongress genau richtig. Die haben jetzt eine Broschüre entwickelt, eine spezielle Männergesundheitsbroschüre, die sich alle Männer zu Herzen nehmen sollten, vor allem die, die noch nicht tot sind. Und weil sich die Gesundheitsbroschüre für Männer in erster Linie an Männer wendet, gibt es in dieser Broschüre, laut der *Süddeutschen Zeitung*, weniger Text und mehr Bilder. Das ist schön, so fühle ich mich als Mann endlich mal ernst genommen.

Weiberfastnacht 7. Februar 2013

Das ganze Land diskutiert gerade über Sexismus, aber wie ist das eigentlich beim Karneval? Wenn man vom Karneval den Sexismus abzieht, bleibt da noch was übrig? Ist ungehemmter Sexismus nicht der eigentliche Sinn der Sache? Okay, es geht natürlich auch ums Saufen und jeden Moment wird es wieder losgehen.

Darf man überhaupt noch Weiberfastnacht sagen oder heißt das inzwischen Kostümfest für Menschen mit doppeltem X-Chromosom? Man muss so aufpassen in diesen Tagen. Plötzlich steht Alice Schwarzer vor der Tür mit Kutte und Sense und dann ist nicht nur der Schlips ab.

Wie bei Herrn Brüderle. Dem hat ja der Stern, also abgeschnitten haben sie ihm nichts ... Im Gegenteil, bei so Leuten wie Herrn Brüderle hatte man gar nicht mehr in Betracht gezogen, dass sie zu Sexismus überhaupt noch in der Lage wären. Was hat er der Reporterin gesagt? Sie könne ein Dirndl ausfüllen. Das war natürlich schlimm! Ein Dirndl. In Hamburg! Es hat sie offenbar so erschüttert in ihrer Damenhaftigkeit, dass sie ein Jahr lang nicht darüber reden konnte. Die Menschen sind recht sensibel geworden. Früher nannte man das auch einfach »spießig« und der Sex galt als schmutzige Sache, also nichts für höhere Töchterchen. Es gibt viele, die sich das heute wieder wünschen.

Aber Alice Schwarzer hat gesagt: »Männer sind auch Menschen«, das ist doch schon mal was. Wir Männer, richtige Menschen. Das ist toll, weil man schon den Eindruck hatte in der letzten Zeit, der

Mann wäre, kraft seiner sexuellen Fehlbildung, eine Art Tier. Ist der Mann nicht an sich eine sexuelle Belästigung? Wegen seiner Fixierung auf die Penetration? Sollte der Penis nicht im Sinne Sigmund Freuds in Zukunft als Hieb- und Stichwaffe angemeldet werden müssen?

Denn der Mann ist nicht therapierbar, er hat einfach einen Fehler im Bauplan. Das Gehirn ist über das Rückenmark mit dem Geschlechtsteil direkt verbunden und von diesem Geschlechtsteil erhält das Hirn offenbar seine Befehle. Über den sogenannten Kachelmann-Kanal, oder heißt der anders, aber ist ja auch wurscht. Die Damen bitte aufgepasst, dieser Kanal hat gerade in den tollen Tagen unglaublich was zu tun. Viele Damen gehen ein paar Tage mit Dekolleté bis zum Nabel aus dem Haus, wedeln zur Stampfmusik mit den Brüsten und beklagen sich am Ende des Tages: »Hilfe, der Wüstling hat mir auf die Brust geschielt.« Für Männer gibt es an Karneval nur eine Lösung: Gehen Sie als Frau. Am besten 365 Tage im Jahr und niemand zweifelt mehr an Ihrer humanen Herkunft. Alaaf und helau!

Nach Karneval 14. Februar 2013

Jetzt ist sie vorbei, die Ekstase des Aschermittwochs. Der ganze Karneval dient doch nur einem Ziel, den Aschermittwoch genießen zu können, diese tiefe Freude, wenn das Pochen in den Schläfen weniger wird und der Geschmack nach Fusel verschwindet.

Es beginnt die Fastenzeit und viele Menschen verzichten ab sofort mehrere Stunden am Tag auf Alkohol, wenigstens vormittags. Es geht darum, sich wieder auf das Wesentliche zu konzentrieren. Statt Saufen, Grölen und dem Absingen zotiger Lieder geht es nun wieder um Normalität, den Körper einzustellen auf feste Nahrung und zur Verdauung Extraräume aufzusuchen und nicht einfach den nächsten Baum anzusteuern, wie es in den tollen Tagen üblich war. Die Extremitäten dienen nicht mehr ausschließlich dem Grapschen und Tatschen, sondern dem Stützen und Gleichgewichthalten. Das Gleichgewichtsorgan ist noch betäubt, die Welt aber dreht sich weiter. Allerdings nicht um ihre Achse, sondern um mich, sehr unangenehm das Ganze.

Es gilt, die Wahrnehmung wieder zu schärfen und zu bündeln, um zu vermeiden, mit dem kleinen Zeh gegen den Couchtisch zu laufen. Schmerz geht jetzt gar nicht, dafür ist die Übelkeit noch zu stark. Bald kommen die ersten wachen Momente seit Weiberfastnacht und die bohrende Frage stellt sich: »Was habe ich getan?«

Etliche Menschen liegen in diesen Tagen abends auf der Couch und freuen sich, dass sie den Tag über im Beruf erfolgreich waren, denn sie haben es geschafft, nicht auf die Tastatur zu erbrechen. Sie haben es geschafft, nicht der Praktikantin zu begegnen, der sie am Karnevalsdienstag noch gratis ihre Liebesdienste angeboten haben, obwohl sie knappe 45 Jahre jünger ist. Respekt! Damit gebührt ihnen eigentlich der goldene Brüderle, ein Preis, der leider nach Aschermittwoch nicht mehr vergeben wird. War es nicht der Oberbrüller, als er ihr sagte: »Ich gehe als FDP-Spitzenkandidat«, und sie antwortete: »Sie sehen doch aus wie immer.« Worauf er erwiderte: »Nein, ich hab die Hose auf!« Das Büro hat getobt. Böse Erinnerungen. Karneval ist ein primitives Fest und der Restrausch ist langwierig. Nachts kommen schlechte Träume wie der, bei dem ich im Traum nackt durch den Rewe laufe. Gott sei Dank bin ich wenigstens kein Schlafwandler. Es sollen schon Menschen aus schlimmen Albträumen erwacht sein, in denen sie ohne Kleidung im Supermarkt standen, nur um nach dem Aufwachen verdutzt festzustellen, dass sie nackt im Supermarkt standen. Sehr unangenehm. Zumindest nach Aschermittwoch, ab dem 11.11. ist es dann wieder kein Problem.

Alaaf und helau!

Auftauen oder nicht?

Vielleicht sind Sie auch ein Außerirdischer, der gerade völlig verständnislos versucht, herauszukriegen, warum ich meine primitiven menschlichen Gedanken nicht einfach telepathisch weitergebe, Gedanken, die, vergleicht man sie mit anderen kosmischen Lebensformen, von einer derart niedrigen Entwicklungsstufe sind, dass ich nicht einmal mehr in der Lage bin, mich zu erinnern, worüber ich eigentlich reden wollte. Was wollte ich eigentlich sagen? Egal!

Ich hatte übrigens mal eine Zeit lang die Idee, ich könnte mich nach meinem Tod einfrieren lassen, in der Hoffnung, irgendwann könnten mich Außerirdische wieder auftauen. Die Frage ist allerdings, warum ich das tun sollte. Wenn mich in 500 Jahren jemand auftaut, der ist doch wahrscheinlich bloß scharf auf meine Leber oder er will mein Hirn umbauen in einen futuristischen Spielautomaten. Das wäre nicht besonders erstrebenswert.

Stellt man sich vor, wir hätten die Fähigkeit, vor 500 Jahren Verstorbene aufzuwecken, also beispielsweise ein Mitglied der Zunft der Gerber aus Bokendorf an der Ritze, gestorben 1513 an einer Eiterbeule in der Achselhöhle, dann würden wir das kaum machen, damit er wieder fröhlich weitergerben kann. Nein, der wäre uns ausgeliefert. Wir würden ihn zum Forschungsobjekt degradieren, ihn vielleicht vor einen Gameboy setzen und uns kaputtlachen über seine Lernredundanz. Er würde in den Schulen den Kindern vorgeführt und von den renitenten Blagen mit angekauten Radierern beworfen werden. Da kann ich drauf verzichten und werde mich mit dem Verwesen beeilen, damit das nicht passieren kann. Wenn mich dann irgendwann trotzdem einer als Hologramm nachbaut, muss ich halt sehen, was passiert. Vielleicht gibt es dann wenigstens ein paar coole neue Spiele für den Gameboy in 5-D-Technik oder ich werde Gerber. Es gibt Schlimmeres.

Wahl und Wähler

Nach so einem Wahlergebnis wie in Italien fragt man sich schon: »Gibt es intelligentes Leben im Allgemeinen und südlich der Alpen ganz speziell?« Dieser Sonderfall der Demokratie in einem Land, in dem man gerne mal wählt, wie es einem hinten aus der Hose fällt.

Ich liebe Italien, vor allem auch die Küche, aber wenn man sieht, wie die wählen, stellt sich die Frage, ob das italienische Essen gesund ist. Es ist zu befürchten, dass sich bei ungefähr der Hälfte der italienischen Wählerschaft Nudelteig in der Hirnrinde eingelagert hat. 50 Prozent der Wähler haben einen Komiker und einen Clown gewählt. Das wäre so, als würde bei uns nach der Bundestagswahl verkündet: »Gesiegt haben Mario Barth und Fips Asmussen!« Was sagt das über die Demokratie aus? Ist Demokratie möglich, wenn der Wähler ganz offenbar nicht alle Ocken an der Brutze hat? Wählen kann man doch nur, wenn man über ein Bewusstsein verfügt, denn der Mensch an sich ist auch nur ein gehobenes Säugetier. Demokratie unter Säugetieren ist schwer, aber noch schlimmer ist es bei Wirbellosen. Bei Berlusconi kann man alles finden, aber kein Rückgrat, das ist schlecht. Katastrophal wird es aber, wenn er dann noch gewählt wird.

Das ist wohl Protest. Der Wähler fühlt sich als Wahlvieh, das ist wie bei uns auch. Wenn man als Vieh mit seinem Bauern unzufrieden ist, wählt man doch nicht den Schlachter, das wäre doch bescheuert.

Ist der Mensch überhaupt in der Lage, zu wählen? Sitzt man in der Innenstadt auf einen Blumenkübel und guckt sich an, was da vorbeigeht, zweifelt man, ob die alle wählen sollen. Es gibt Leute, die tragen zum blauen Anzug braune Schuhe, das geht doch nicht. Die tragen Socken in Sandalen. Wenn die so wählen, wie sie aussehen, nicht auszudenken. Die kaufen Lasagne für 1,25 Euro und wundern sich, dass darin kein Rinderfilet ist, das sagt doch alles.

1,25 Euro und davon geht noch die Mehrwertsteuer ab, 30 Prozent für den Händler, zwei Cent für den grünen Punkt, sechs Cent Logistik, zehn Cent Verpackung, 20 Prozent für den Hersteller, bleiben 50 Cent für die Ware, Nudeln, Soße, Konservierungsstoffe, Geschmacksverstärker, Grind, Gekröse, und der Rest, vielleicht 20 Cent, ist für das Fleisch. Das kaufen die Leute! Super und freuen sich: »Boah, ist das aber billig.« 20 Cent für Superrindfleisch, das ist aber günstig. Nachher beklagen sie sich noch, dass die Viecher auf dem Bauernhof keinen Wellnessbereich zur Verfügung haben. So ist der Konsument, der Wähler, er ist manchmal, man muss es so sagen, doof, gemein, deppert oder einfach nur bekloppt. Nicht alle, dafür einige alles auf einmal.

Was hat sich Gott eigentlich bei dieser Schöpfung gedacht? Ich glaube, er hat dieses Universum einem Praktikanten überlassen und hat zu ihm gesagt: »Bevor du den Menschen machst, mach erst mal einen Berlusconi.« Grazie!

Papstwahl
6. März 2013

Ich würde gerne neuer Papst werden, obwohl meine Frau dagegen ist, aber ich habe zu ihr gesagt, sie könne dann meine Comitata werden, also meine Begleiterin. Wir sprechen schon seit Jahren zu Hause nur noch Latein und deshalb können wir uns weiter gegenseitig benfaciieren. Das heißt »beglücken«. Sich beglücken, benefaciieren klingt aber nicht so ordinär.

Man legt in Kirchenkreisen großen Wert auf guten Ausdruck, deswegen sind die auch gegen Homo-Ehe. Wie klingt das denn? Homo-Ehe! Seinen persönlichen Prälaten zum Erzbischof zu ernennen, das ist wahre Lebenspartnerschaft, das ist christliche Nächstenliebe.

Jedenfalls habe ich mich als Papst beworben. Ich hab ein, wie ich meine, überzeugendes Bewerbungsschreiben geschickt: »Sehr geehrte Kardinälinnen und Kardinäle.« Ich hoffe, das reicht als Anrede, ich kenne mich damit nicht so aus und hoffentlich gibt es keine sonstigen Kardinäle, denn man muss aufpassen, dass man niemanden diskriminiert. Im Berliner Stadtteil Friedrichshain-Kreuzberg soll es in öffentlichen Gebäuden künftig zusätzlich sogenannte Unisex-Toiletten geben, entschied das Bezirksparlament. Wörtlich wiedergegeben sagen die: »Nach Männern und Frauen getrennte Toiletten benachteiligen Menschen, die sich keinem dieser beiden Geschlechter zuordnen können.« Die Piraten haben das durchgesetzt, gemeinsam mit Linken, Grünen und SPD. Männer, Frauen, Sonstige. Gut dass Berlin keine anderen Probleme hat. Der Flughafen soll ja auch unisex werden, dafür haben sie auf die Startbahn verzichtet, aber das kriegen die auch noch hin.

Während es im Konklave in Rom bei den Kardinälen wahrscheinlich nur Herrentoiletten gibt. Das wäre mal eine Aufgabe für deutsche Politiker, da mal für Ordnung zu sorgen. In der Zeitung stand übrigens, dass in Berlin am Freitag ein Altreifenlager gebrannt hat: »Weißer Rauch über Berlin«. Ich dachte erst: »Was ist da los? Üben die Kardinäle schon und ist Berlin nicht evangelisch? Wäre es nicht sowieso mal langsam Zeit für einen evangelischen Kardinal? Das ist doch diskriminierend oder warum nicht mal ein Muslim?« Das Einzige, was meiner Ernennung zum Stellvertreter Gottes ein bisschen im Weg steht, ist, dass ich nicht in der Kirche bin. Das wird im Konklave nicht gern gesehen, ich bin mir aber sicher, dem lieben Gott ist es wursch, denn was hat der schon mit der Kirche zu tun? Angeblich wohnt er in der Kirche, aber wer weiß in diesen Tagen schon noch, was wo drin ist?

Computerbefehle im Alltag   13. März 2013

Ich muss sagen, mir fehlt im wirklichen Leben oft eine Suchfunktion. Wenn der Autoschlüssel wieder unter den Socken von vorgestern liegt, weil die halt noch vor dem Fernseher lagen, wo ich sie gelassen habe, als ich die Schuhe aus Versehen in den Kühlschrank stellte. Manchmal bin ich geistig etwas abwesend und hätte eigentlich gerne an der Haustür so ein Eingabefeld, wo ich eingebe: »Autoschlüssel«, und dann blinkt es: »Unter den Socken!«

Oder auch »bearbeiten-rückgängig«. Wenn man auf der Geburtstagsfeier im Betrieb erzählt, was der Chef für ein Schwachmat ist, während er hinter einem steht, möchte man einen Bearbeiten-rückgängig-Button haben, Steuerung Z, Feierabend. Schon kann man ihm wieder in die Augen schauen, ohne dieses Gefühl der Sehnsucht nach einer Erdspalte oder einem gezielten Blitzschlag zu bekommen.

Ich finde, der Alltag könnte von unseren Computern lernen, allein, dass man ihn ausschalten kann oder am besten gar nicht erst einschalten. Morgens um 6:10 Uhr. ALT-F4 oder beim Mac einfach Command-Q. Programm beenden. Weiterpennen.

Manchmal denke ich ohnehin, das Leben ist ein abgestürztes Computerprogramm. Wie oft merkt man, hier stimmt was nicht. Es hängt was. Das läuft doch nicht richtig. Das hakt. Ein Programmfehler! Wer hat das verbrochen, was für ein durchgeknallter Nerd in irgendeinem Silicon Valley hat sich diesen Programmcode ausgedacht? Tempo 50 auf der zweispurigen Straße, wo man 120 fahren könnte, wer hat das programmiert? 50, wo eigentlich, ach, 180 geht. Wenn man sich dann mit dem eigenen Über-Ich im Kampf zwischen dem Gefühl des Vorankommenwollens und der Angst vor der Verkehrsüberwachung auf 80 einigt. Plang. Blitz. Drei Punkte erhöhen den Spielstand auf ... Flensburg meldet: »Game over«. Das ist doch Käse.

Ich bin kein Computerspieler, aber da wünsche ich mir so eine Ballerkanone, Flammen, Laser, egal, Hauptsache, am Ende stinkt und qualmt es und alles ist vernichtet. Das Leben besteht zu 80 Prozent aus schlechtem Programmcode. Ist man dann alt und grau und liegt am Ende in der Kiste, hat man vielleicht Glück und es blinkt und irgendeine Schrift teilt einem mit, dass man noch drei Leben übrig hat. Mit dem großen Programmierer, der das alles gemacht hat, wäre ich dann wieder versöhnt. Drei weitere Leben wären okay, am besten noch eins mit 10:00 Uhr wecken und Tempo 70 auf der Hauptstraße.

Im Traum 20. März 2013

Der Mensch ist zu vielen großen Taten fähig, was er aber wirklich perfekt beherrscht, ist das Liegen. Es gibt kaum etwas, was ich so gut kann wie als ein nasser Sack daliegen. Regungslos liegen. Ich könnte im Nebenberuf als Straßenbelag arbeiten, wobei ich ungern draußen liege. Schöner ist es auf einer Federkernmatratze. Der Mensch ist als Zweibeiner tagsüber meistens im labilen Gleichgewicht, deshalb muss er einen Teil seiner Kraft immer darauf verwenden, nicht umzufallen oder mit dem kleinen Zeh gegen den Couchtisch zu laufen. Aber nachts gehorcht er der Schwerkraft und bildet eine plump daliegende Masse. Ich mutiere nachts zu einem formlosen Haufen daliegender Materie.
Der Körper baut im Zustand der Bewusstlosigkeit wieder Energiereserven auf, überschüssiger Hirnstrom wird in Träume umgesetzt und man träumt so komische Sachen wie man kann die Augen nicht mehr öffnen. Plötzlich stelle ich fest, ich bin blind, meine Augen total verklebt. Alle Versuche, sie zu öffnen, scheitern, meine Kraft reicht nicht aus. Jemand hat mir offenbar Sekundenkleber als Eyeliner verkauft. Wieso benutze ich Eyeliner? Ich weiß es nicht. Im Traum passieren merkwürdige Dinge. Man fällt, brennt oder erblindet. Nie wieder werde ich einen Sonnenuntergang sehen können, ein lachendes Kind oder den fetten Pekinesen unserer Nachbarin, wie er sich aus lauter Fettleibigkeit auf die eigenen Füße pinkelt. Oh Gott! Panik!

Im Traum ist man ja gerne in Panik. In meiner Angst bemerke ich, dass ich an einem Abgrund stehe. Zu spät, ich stürze. Im Traum wird gerne gestürzt, oft tiefe Klippen hinab. Unten brandet das Wasser bedrohlich gegen die Felsen. Ich schlage auf. Vom Aufprall geschockt bekomme ich unter Wasser keine Luft mehr, ich ersticke, zeitgleich nagen große Tiere mit scharfen Zähnen an mir rum, eine Lose-lose-lose-Situation. Schön, wenn man dann wieder aufwacht, und manchmal stehe ich dann sogar auf.

Menschen, Wissen, Tintenfische   27. März 2013

Der Mensch hält ja große Stücke auf sein Bewusstsein, aber am Ende sind es doch die Triebe, die ihn steuern, die in ihm ihre Gewaltherrschaft verrichten. Dann fängt der Mensch an zu rauchen, Schokolade zu fressen und an Automaten zu spielen. Weil er unvernünftig ist, ein Sklave seiner Gier und damit ist er nicht anders als ein Tier. Tiere sind zum Teil sogar besser drauf. Spielsucht ist zum Beispiel unter Weichtieren ganz wenig verbreitet. Sind sie deshalb schlauer? Nein, aber besser organisiert. Tintenfische beispielsweise sind Nichtraucher, obwohl ihnen selbst tiefes Inhalieren kaum schaden würde. Die haben keine Lunge, die geschädigt werden könnte, aber drei Herzen. Die würden also selbst nach zwei Herzinfarkten noch über eine gesunde Ersatzpumpe verfügen.

Und so viel intelligenter ist der Homo sapiens jetzt auch nicht. Er beschäftigt sich vielfach mit komischen Sachen. Jedes Jahr treffen sich zahlreiche Menschen, um den hässlichsten Hund der Welt zu wählen. Weshalb? Gibt es in der eigenen Art nicht genügend abstoßende Exemplare?

Wir wissen in Wirklichkeit gar nicht so viel und was wir wissen, ist oft überflüssig. Im Internet steht, in China sprechen mehr Leute Englisch als in den USA. Tolle Nachricht, echt.

Es muss stimmen, denn im Internet kann man alles gleich über-
prüfen. Alle sind online. Kaum sagt man was, schon brüllt einer:
»Stimmt nicht! Naaa na na naaa na.« Dann wird man noch in
der Kneipe vor versammelter Mannschaft bloßgestellt und einer
ruft: »In Peru sprechen mehr Leute Spanisch als am Ochotski-
schen Meer.« Und ein anderer schreit: »Wo ist denn das Ochotskische Meer?« Und alle rufen: »Ey, hast du kein Smartphone, du
Penner? Das Ochotskische Meer liegt westlich der Kamtschak-
ta Halbinsel.« Zum Schluss ruft einer noch hinterher: »Deren
höchste Erhebung ist mit 4750 Metern der Vulkan Kljutschews-
kaja Sopka.« Klasse, wer hätte das gedacht.
Der Abend in der Kneipe nimmt daraufhin den üblichen Verlauf:
App-Vergleich, downloaden, ausprobieren und alle Anwesenden
starren auf ihre Displays. Was wäre das Leben ohne Wasserwaa-
ge im Telefon? Das Leben muss so leer gewesen sein, damals in
der guten alten Zeit. Kein Wunder, dass man früher freiwillig in
den Krieg zog. Wahrscheinlich sagten sich die Menschen: »Es
gibt noch kein iPhone, lasst uns Osteuropa überfallen.« Auf so
eine Idee würden Tintenfische niemals kommen. Respekt.

Geschlechtsneutral 3. April 2013

Ab dem 1. April nehmen die Damen offiziell am Straßenverkehr
teil, denn ab dann gilt die neue StVO, und die ist genderneut-
ral. Das ist kein Aprilscherz, sondern wahr und deshalb gibt es
im Straßenverkehr keine Männer und keine Frauen mehr, keine
Fußgäng-ER und keine Fußgäng-SIE. Keine Radfahr-ER und
keine Radfahr-SIE ... Das sind jetzt Zufußgehende und Radfah-
rende und es ist gut so. Frauen fahren nämlich ebenso Fahrräder
und Fahrräd-SIE natürlich auch.
In der nächsten Fassung sollten dann auch politisch korrekt Ausländer erwähnt werden, was bisher versäumt wurde. Die Straßen-

verkehrsordnung ist minderheitenfeindlich. Ich schlage deshalb folgenden Passus vor: »§ 1: Jede Verkehrsteilnehmerin und jeder Verkehrsteilnehmer, unabhängig von Herkunft, Religion, Geschlecht, sowie Geschlechtslose, sozial Benachteiligte, Sinti, Roma, Juden, Muslime, politische Flüchtlinge, Ein-, Zwei- und Mehrbeinige haben sich so zu verhalten, dass kein anderer geschädigt wird«, usw. Außerdem gilt nicht mehr nur rechts vor links, sondern auch links vor rechts und keiner fährt mehr voraus. Deswegen sagt unsere Ministerpräsidentin immer: »Wir lassen kein Kind zurück«, heute fährt man nebeneinander. Wenn doch einer vorausfährt, dann heißt er oder sie ab sofort der oder die »Weiter-vorn-neben-her-Fahrende«.

Das klingt jetzt vielleicht alles ein bisschen sperrig, aber da kann man nichts machen. Eigentlich kann das noch gar nicht alles sein, denn selbst diese neue Straßenverkehrsordnung wird wieder alle Verkehrsteilnehmer diskriminieren, die nicht genannt wurden, beispielsweise Polynesier, Pekinesen, Politessen und Pandabären. Schwierig, schwierig.

Lebensbedrohlich   12. April 2013

Gerade hat mich meine Mutter angerufen, sie hat irgendwo gelesen, dass Handytelefonierer früher sterben, darum hat sie mich gleich auf dem Handy angerufen, um mir zu erklären, dass ich nicht so viel mit dem Handy telefonieren soll. Es geht nichts über mütterliche Fürsorge, wobei die Telefonate mit meiner Mutter immer so lang sind, dass ich danach in der Tat oft das Gefühl habe, ich hätte mein Ohr ein halbes Stündchen in der Mikrowelle gegart.

Offenbar kann man vom Telefonieren Ohrenkrebs bekommen. Wenn man nicht telefoniert, übrigens auch. Aber egal. Das Schöne dabei ist, wer ein Handy besitzt, von dem er Ohrenkrebs bekommen hat, kann wenigstens von überall aus den Arzt anrufen. Das ist doch ein Trost. Früher musste man sich erst eine Telefonzelle suchen. Von der Telefonzelle bekam man zwar keinen Ohrenkrebs, aber man musste erst mal eine finden, und zwar eine mit Hörer. Sehr schwierig! Deshalb war man so schlecht erreichbar früher, selbst für die eigene Mutter, die einem deshalb nicht mitteilen konnte, dass das Telefonieren in einer Zelle keinen Ohrenkrebs verursacht. Eine gute Nachricht, auf die man damals leider verzichten musste.

Was kann man heute als Handytelefonierer tun, wenn man dem sicheren Tod durch Ohrenkrebs entgehen will? Am sichersten ist es, vorher auf dem Motorrad zu sterben, aber ich hab gar keinen Motorradführerschein, deshalb werde ich wahrscheinlich von meinem Handy umgebracht. Der Intensivtelefonierer stirbt durch die Strahlung möglicherweise nun mal früher, man weiß es nicht. Vielleicht liegt es auch daran, dass Leute, die stundenlang Handytelefonate führen müssen, beruflich immer erreichbar sein müssen und einfach nur stärker unter Stress stehen als Menschen, die den ganzen Tag in der Nähe ihres kaum genutzten Festnetzanschlusses Blockflöte spielen.

Gott sei Dank ist Handytelefonieren wenigstens im Auto verboten. Sich einen heißen Kaffee während der Fahrt über den Unterleib zu gießen, bleibt allerdings erlaubt. Leider gibt es keine Statistik, die uns erklären könnte, wie viele Autofahrer an zu heißem Kaffee sterben, schon allein deswegen, weil sie, wenn sie einen Brückenpfeiler streifen, den Kaffee aus der Hand legen. Oder werfen.

Ich werde jetzt gleich meine Mutter anrufen, um sie über die lebensbedrohlichen Aspekte des Kaffeekonsums zu informieren. Das Leben ist so ungesund und unheilbar und letztendlich stirbt man daran. Schade.

Hoeneß und die Schulden

Uli Hoeneß war als Fußballmanager top, das muss man mal sagen dürfen, als Geldanlageberater wäre er allerdings nie so weit gekommen, sein Steuersparmodell war irgendwie nicht komplett ausgereift ...

Wobei Uli Hoeneß wahrscheinlich so viel Steuern in seinem Leben bezahlt hat, dass sich so mancher eine Scheibe davon abschneiden könnte. Leider hat er dann wohl an der falschen Stelle etwas weggelassen, das gehört sich nicht. Nein, so was tut man nicht. Steuern hinterziehen ist kein Kavaliersdelikt, deshalb hat auch jeder seine Putzhilfe angemeldet und wenn der Klempner fragt, ob man eine Rechnung braucht, sagt man sofort: »Selbstverständlich, ich zahle gerne noch die Mehrwertsteuer obendrauf, schließlich werden davon unsere Kindergärten gebaut.« Alles Charakterhelden erster Güte, das ist der Uli leider nicht. Es kann nicht jeder so vollkommen und so schuldlos sein wie du und ich.

»Das hat doch mit Uli Hoeneß nichts zu tun!«, sagen viele. »Der hat Millionen beiseitegeschafft!«, was prozentual ungefähr dasselbe bedeutet wie für den Durchschnittsbürger eine Klempnerrechnung, deshalb heißt es schon in der Bibel: »Wer nie einen Handwerker schwarz beschäftigt hat, der werfe den ersten Steuerbescheid.«

Klar rufen dann die Leute: »Verdienen die hohen Herren denn nicht genug, um auch dem Fiskus was zu gönnen?« Nur heißt das ja nicht, dass der Herr Hoeneß dem Fiskus nichts gegönnt hätte, der hat Abermillionen an ihm verdient. Es kommt dann aber oft beim Steuerzahler dieser Schalk im Nacken hoch, der gerne ein bisschen mehr behalten würde, als ihm zusteht, und viele fragen sich: »Muss man denn immer gleich was behalten?!« Ja, das sollte schon erlaubt sein, aber eben nicht zu viel.

Wenn man das, wie der Hoeneß, in die eigene Hand nimmt, muss man natürlich damit rechnen, dass es Ärger geben könnte. Man kann eben auch nicht im Supermarkt sagen: »Das ist mir alles zu teuer, ich hab das Shampoo noch so mitgenommen.« Das gibt auch Ärger, obwohl man vielleicht sogar recht hatte.

»Rübe runter!«, grölen alle, wobei ich das ehrlich gesagt lieber der Justiz überlassen würde. Der Volkszorn ist eben kein guter Richter und wenn der Deutsche Genugtuung fordert, stellen sich mir immer die Nackenhaare hoch und ich frage mich, ob es vor der eigenen Türe nichts zu fegen gibt. Wenn ich die Stimmung richtig lese, würden jetzt die meisten gerne mal einen Reichen im Morgengrauen vor dem Stadttor baumeln sehen. Vielleicht irre ich mich auch, aber wenn der Volkszorn mittelalterlich wird oder, noch schlimmer, den Stand von 1938 erreicht, dann wird mir persönlich ganz mulmig.

Fußball   1. Mai 2013

Fußball ist momentan einfach das wichtigste Thema unserer Zeit. Krieg und Währungskrise sind auch nicht unwichtig, aber wenn 22 leicht bekleidete Jungs gegen einen Ball treten, gerät alles in den Hintergrund. Ich bin mit Fußball aufgewachsen und kann das nachvollziehen.

Als die Bundesliga in ihre erste Saison ging, war ich zwei Jahre alt, was irgendwie besorgniserregend ist, denn ich bin offenbar alt. Ich habe 602 Bundesligaspiele von Karl-Heinz Körbel für Eintracht Frankfurt überlebt und kann mich an die Mitgliedschaft von Kickers Offenbach in der Bundesliga bewusst erinnern! Offenbar wurde ich kurz nach Aussterben der Saurier geboren oder nach der Erfindung des aufrechten Ganges, ohne den der Fußball gar keinen rechten Sinn machen würde, weil ein Handspiel nicht als Handspiel gewertet werden könnte, wenn die Hand ein Fuß wäre.

Ich erinnere mich sogar noch an den Bundesligaskandal, als man erstklassige Kicker noch mit fünfstelligen Summen beeindrucken konnte. Es wurden Spiele verschoben für Beträge, die heute für den Privatflieger hingelegt werden, mit denen die Ersatzspieler zur Massage gebracht werden.

Der Bundesligaskandal! Uli Hoeneß war nicht beteiligt, oder? Schwarzgeldanlagen in der Schweiz galten damals noch als Ehrensache. Wer so etwas nicht besaß, hatte entweder keinen Erfolg oder keinen Reisepass. Damals wurden einem Langhaarigen bei der Einreise in die Schweiz noch die Reifen abmontiert, weil man bei solchen Gammlern die Drogenpakete vermutete. Heute gibt es nicht mal mehr Grenzkontrollen und die Bankiers helfen den Anlegern bei der Resozialisierung, während die richtigen Gelder längst nach Singapur gewandert sind. Die Zeiten ändern sich.

Und am Ende gewinnen die Bayern. Was sie dieses Jahr nicht gewinnen, das gewinnen sie nächstes Jahr. Wie ungerecht, denn entgegen der allgemeinen Meinung haben die Münchner dieses Geld nicht gedruckt oder geklaut oder vom Scheich bekommen, sondern durch ihren Erfolg erwirtschaftet. Wir werden sie vermissen, wenn sie bald wegen ihrer Steuergeschäfte in die vierte Liga zurückgestuft werden.

Fortuna und die Bundesliga   11. Mai 2013

Nun ist die Bundesligasaison schon wieder vorbei, Samstag noch ein Spieltag, dann ist Feierabend. Ein paar Pokalwettbewerbe stehen noch an und dann beginnt die sinnlose Zeit ... Schrecklich. In den ungeraden Jahren, in denen keine EM oder WM stattfindet, ist der Sommer eine Zeit der Depression. Sommer, Sonne, Reisen, alles schön und gut, aber was bringt das alles, wenn der Ball nicht rollt? Ich bin mit Fortuna Düsseldorf aufgewachsen. Man kann also sagen, für mich war das ganze Unternehmen Bundesliga über weite Strecken eine Leidensgeschichte. Mein allererster Besuch beim Fußball war mit meiner Mutter, Pokalspiel gegen Eintracht Frankfurt, mit dem späteren Weltmeister Klaus Hölzenbein, gegen den spielte unser Egon Köhnen, Zweikampf gleich vor unserer Nase an der Eckfahne, da kam zwischen meiner Mutter und mir so ein runder, vollgesoffener Kopp durch und brüllt meiner Mutter direkt ins Ohr: »Egon! Lott disch von dat Holzbein nitt verarsche!« Für meine Mutter war das recht grenzwertig. Leichter Tinnitus, fünf Minuten später wieder Zweikampf Köhnen gegen Hölzenbein direkt vor uns, plötzlich ist wieder der Kopp zwischen uns und brüllt meiner Mutter genau in die Ohrmuschel: »Egon, beiß ihm die Eier ab!« Kein Scherz, so war es und seitdem durfte ich allein zum Fußball. Man muss als Fortunafan zugeben, die Bayern waren erfolgreicher.

Es geht rauf, es geht runter, das macht den Reiz der Liga aus, obwohl Fußball im Grunde vollständig sinnlos ist. Es sind ausschließlich die Emotionen, die das Ganze interessant machen. Und das Geld. Aber Geld ist ebenfalls emotional, deshalb ist Fußball unser aller einziger wirklicher Lebensinhalt. Die Familie, der Beruf, der Weltfrieden, alles auch nicht ganz unwichtig, aber erst wenn der Ball rollt, explodiert der Adrenalinpegel. Die Erde ist eine Kugel. Treten wir dagegen! Hurra!

Klone und Wissenschaft 22. Mai 2013

Ich bin noch nicht geklont, das habe ich bisher auch nicht vermisst, aber auf der anderen Seite, wenn's passiert, hätte ich mich noch mal in Reserve. Wobei so ein Klon nicht identisch ist, dem fehlen meine Erfahrungen, wie ich zum Beispiel damals mit 14 bei der Gaby, ohne auch nur einen Funken Ahnung zu haben ...
Praktisch wäre eine genetisch identische Kopie von einem selbst auf jeden Fall, beispielsweise beim Autofahren. Wenn man am Steuer einen Herzinfarkt bekommt, könnte man in der Mittel-

konsole eine Klappe öffnen und man hätte denselben Fahrer nochmal. Oder wenn man mal wieder den Führerschein abgenommen bekommt, könnte man den von dem Klon nehmen. Grundsätzlich ist Klonen also gar nicht so schlecht, wobei ich Leute kenne, allein der Gedanke, die gäbe es nochmal, ich weiß nicht. Unser Nachbar zwei Etagen drunter, der ist einmal schon zu viel. Was sag ich, der ist einmal schon zweimal zu viel. Der Mann ist ein lebendes Minus. Es gibt aber bisher keine Technologie, die überflüssige Leute so lange durch sich selbst teilt, bis sie quasi gleich null sind, also weg. Also keine legale Technologie. Es ist möglich ... klar ... mit einem richtig guten japanischen Messer, aber das ist nicht erlaubt.

In Amerika gibt es Hobbygenforscher, das stand in der Zeitung, die stellen leuchtende Pflanzen her. Aus Spaß. Da sind Umweltschützer gegen, obwohl es doch Strom spart, wenn man nachts im Bett liest im grünlichen Lichtschein der Yuccapalme.

Was wahrscheinlich viele daran stört, ist, dass solche Sachen ein bisschen pervers sind. Ob das überhaupt sinnvoll ist und sich durchsetzt, weiß man nicht, vielleicht an der Landstraße als Straßenrandbeleuchtung oder wenn der Blumenkohl so stark leuchtet, dass man von außen in den Magen gucken kann. Diese Forscher wollen auch Moos zum Leuchten bringen, wobei man fragt sich, warum eigentlich? Weil es geht? Warum lecken sich Löwen an den eigenen Geschlechtsorganen? Weil es geht. Man möchte sich nicht vorstellen, wie es bei uns im öffentlichen Nahverkehr aussähe, wenn auch Menschen dazu in der Lage wären. Das wäre widerlich.

Stellt man sich dazu vor, dass die dabei noch leuchten würden ... Bestimmt arbeiten schon irgendwelche Genforscher daran. In Amerika, wo alles technisch machbar ist, aber ob es auch wünschenswert wäre? Nee, danke.

Was ist Spießertum?

Wer ist heute eigentlich Spießer? Wenn man diese Frage beantworten möchte, ist es gut, wenn man bei den Grünen ist, die wissen genau, wo der Feind steht. Cem Özdemir hat sich bei Facebook aufgeregt, dass der ehemalige Bundespräsident Wulff, zur Erinnerung: CDU-Mitglied, mit seiner ehemaligen Ehefrau zum Bruce-Springsteen-Konzert gegangen ist. Die Wulffs bei Springsteen! Das ging Cem Özdemir zu weit. Er meinte, die Konservativen sollten den Rock 'n' Roll in Ruhe lassen. Was geht das eigentlich Cem Özdemir an? Ist es nicht eher konservativ, wenn Politiker darüber entscheiden wollen, wer welche Musik hören darf? Vor allem, wenn man selber rumläuft wie eine Kleiderstange beim Herrenausstatter.

Cem Özdemir ist Grüner und damit per Parteibuch vom Verdacht des Spießertums befreit. Rock 'n' Roll ist grün. Rock 'n' Roll ist Gegenkultur, das ist Freiheit und Ekstase und ... Rauchverbot. Ja, gut, das ist jetzt nicht wirklich Rock 'n' Roll, aber egal ...

Easy Rider, das war Rock 'n' Roll, bei den Grünen allerdings temporeduziert. Freiheit und Ekstase ja, aber bitte bei Tempo 30.

Ein grüner Rock 'n' Roller zeigt auch schon mal jemanden bei der Polizei an, weil er auf dem Radweg geparkt hat! Ein grüner Rock 'n' Roller ist passionierter Mülltrennungsblockwart und Zigarettenautomatenverbieter. Der richtige Rock 'n' Roller dagegen steht für Freiheit und nun sind die Grünen teilweise schon Großeltern ...

Rock 'n' Roll steht für eine Politik, die den Wähler nicht als Pflegefall versteht, den man erziehen muss.

Der Grüne heute hat eine pädagogische Vorstellung von Politik und sieht das Wahlvolk als Auszubildende an. Als die Grünen in Berlin die Wahlen verloren hatten, sagten sie sinngemäß, dass die Ankündigung von Tempo 30 in ganz Berlin ein Fehler gewesen wäre, man hätte das nicht sagen, sondern nach der Wahl einfach durchziehen sollen. So betrachtet der Grüne den Wähler. Als Idioten, dem man sein Glück notfalls aufzwingen muss. Die Grünen wissen doch besser, was gut für den Wähler ist, als er selbst. Wie Mutter früher. Die Grünen sehen den Staat als Mutter des Wählers, wobei Eltern im Rock 'n' Roll doch immer die Feindbilder waren. Rock 'n' Roll war Revolte, Sex and Drugs und nicht das Verbot von Zigarettenautomaten. Gut, der grüne Rock 'n' Roller raucht dann eben Rucola, der ist grün und bitter, Rucola ist der neue Rock 'n' Roll.

Frau Merkel soll angeblich das neue Biedermeier verkörpern, da wären die Grünen der ideale Koalitionspartner. Die Grünen versöhnen das Naturgefühl der Romantik mit dem Obrigkeitsstaat. Biederer geht's nimmer ...

Der Rock 'n' Roll sagte: »Lebe schnell und gefährlich.« Die Grünen sagen: »Lebe langsam und immer unter staatlicher Aufsicht.« Das ist jetzt nicht unbedingt dasselbe, aber immerhin ein klarer Befehl. Cem Özdemir: Wir folgen!

Problemlösungsstrategien   10. Juni 2013

Gerade hoppelt ein Kaninchen durch unseren Garten. Kaninchen gelten ja als Sinnbilder ungehemmter Sexualität. Die Rammler, dabei sind Bonoboäffchen viel schlimmer. Eigentlich müssten Bonoboäffchen Rammler heißen, weil die den ganzen Tag ... so rammeln halt. Die lösen sogar ihre sozialen Konflikte in der Gruppe, indem sie sich gegenseitig die Geschlechtsorgane schubbern, reiben, knödeln und ineinanderstecken. Wie die Tiere. Deswegen heißen Tiere auch »Tiere«, weil sie sich wie solche benehmen. Gut so, denn jeder sollte tun, was er am besten kann.

Bonoboäffchen sind übrigens unsere nächsten Verwandten. Sie sind zu 99 Prozent mit uns genetisch identisch, leider hat sich deren Kulturtechnik bei uns nicht durchgesetzt. Ich könnte mir schon vorstellen, dass das im Alltag funktioniert.

Eine junge, schöne Frau wandelt auf hohen Schuhen vor mir her, der kurze Rock schwingt bei jedem Schritt im Wind. Das ebenmäßige, wohlgeformte Gesicht leicht gebräunt, wird umspielt von blonden, langen Haaren, die immer wieder keck um ihre Augen wehen. Da! Aus Versehen! Ein kleiner Rempler, sie stolpert. Ich entschuldige mich! Wie konnte das passieren! Sorry! Als Entschuldigung wird ein kurzer Geschlechtsverkehr ausgeübt. Die Sache ist wieder im Reinen, wie bei den Bonobos ... Wir Menschen haben zu meinem in diesem speziellen Fall größten Bedauern andere Strategien gemeinschaftlicher Problembewältigung. Wir gehen zum Psychologen und zahlen viel Geld dafür, dass man von einem gut ausgebildeten Seeleningenieur zu Rollenspielen aufgefordert wird, eine Art Kindergartenspiel auf Krankenkasse. Man soll sich in die Rolle der ehemaligen Lebenspartnerin versetzen, ekelt sich, bekommt einen veritablen Herpes und geht ein paar Hundert Euro ärmer und schlecht gelaunt nach Hause.

Und in der Gruppe sind die Problemlösungsstrategien des Menschen noch primitiver. Man schaut bei andersartigen Kulturen im Streitfall mit dem Panzer vorbei oder sprengt sich auf dem Marktplatz in die Luft, weil man es den Ungläubigen zeigen will. Wie schaffen es die Bonobos, mit 99 Prozent unserer Gene so viel intelligenter zu leben als wir? Da sind uns sogar noch die Kaninchen weit voraus. Respekt!

Mundgeruch   20. Juni 2013

Es gibt Dinge auf der Welt, bei denen man sich fragt: »Wie hat sich das eigentlich evolutionär entwickelt und wo war im Kampf um das Überleben der Vorteil?« Mundgeruch zum Beispiel. War das früher attraktiv? Wahrscheinlich in besonders harten Fällen, wie in der Eiszeit, in der es nicht viele Geschlechtspartner gab und es bestimmt vorteilhaft war, sich schon weit vor dem Nachbartal riechen zu können.

Aber schön ist es nicht. Vielleicht hat es in der Urzeit wirklich Vorteile gehabt. Das Brüllen des Löwen im Rudel, das alle anderen paralysiert hat. Wenn einer wie ein alter Turnschuh stinkt, hält man sich in so mancher Diskussion lieber mit Gegenargumenten zurück und versucht seine Energie darauf zu lenken, dem Luftstrom auszuweichen.

Wer weiß, was Mundgeruch bisher in der Geschichte der Menschheit angerichtet hat. Vielleicht ist Mundgeruch am Zweiten Weltkrieg schuld. Hitler, mit seinem stinkenden Odem, wird von den Frauen zurückgewiesen, eine narzisstische Verletzung der Männlichkeit, die am Ende zu Weltvernichtungsfantasien führt. Besser wäre es gewesen, hätte er statt der großen kriegsentscheidenden Waffe eine elektrische Zahnbürste entwickelt.

Damals gab es wahrscheinlich noch keine Halimeter. Das sind elektrische Mundgeruchsmesser. Die gibt es im Internet für 39,90 Euro und die sehen aus wie ein Alkoholmesser von der Polizei. Man bläst da rein und der zeigt an: »Duftet nach Lilien oder stinkt wie ein Werwolf.« Ich glaube, der zeigt das Vorhandensein von flüchtigen Schwefelverbindungen und Kohlenwasserstoffen an. Das Ding ist also total verlässlich, wenn man mal wieder Schwefel mit Kohlesoße gegessen hat oder Kohle im Schwefelsud.

Ansonsten habe ich auch keine besseren Ratschläge. Erschießen hilft natürlich auch, würde ich aber wegen der Nebenwirkungen nicht empfehlen. Dafür sollte man besser den Arzt oder Apotheker seines Vertrauens fragen.

Enttäuscht von Menschen

Manchmal ist man vom Menschen an sich enttäuscht, dabei muss man das gar nicht. Nur weil sich der Mensch seit Jahrtausenden massakriert, übervorteilt und betrügt, weil er unfähig ist, mit seinesgleichen in Frieden zu leben, weil er ein Drecksack und Gauner ist, ein Kriegstreiber, ein Mörder, ein Dieb und Folterknecht, muss man den Menschen doch nicht niedrig schätzen, sondern ebenso das Positive sehen. Immerhin erfand der Homo sapiens die Teflonpfanne, das künstliche Kniegelenk und den Birnengeist.

Außerdem gibt es auch liebenswürdige Zeitgenossen, die haben zwar meist vier Beine und sind deshalb der Gattung Mensch nicht zu 100 Prozent zugehörig, aber immerhin. Viele Menschen sind anständig und verzichten darauf, alten Mütterchen das Ersparte zu rauben oder ins Becken zu pinkeln, behaupten sie jedenfalls, obwohl hinter ihnen eine zartgelbe Wolke schwimmt. Habe ich vergessen zu erwähnen, dass der Mensch auch lügt?

Dabei ist gerade das Unvollkommene am Menschen manchmal auch sympathisch, ein kleiner Sprachfehler, ein Haken als Ersatz für eine irgendwo in der Hektik des Tages verlorene Hand oder einfach geistige Umnachtung. Es gibt Leute, die glauben, dass draußen zu 100 Prozent Idioten rumlaufen. Ich glaube, es sind noch mehr. Bei vielen fällt es nur nicht auf, weil sie gerade nichts sagen. Der schlaue Idiot schweigt!

Man sollte am Menschen nicht verzweifeln. Gut, Ameisen sind fleißiger, Wellensittiche bunter und das Fell der Otter hat bis zu 100.000 Haare pro Quadratzentimeter. Dafür kann der Mensch popeln oder falsch parken. Jeder kann irgendetwas. Die einen scharren mit den Hufen, die anderen käuen wieder, der Mensch aber ruft: »Scheiß die Wand an, bin ich besoffen!«, zieht sich die Westernstiefel aus und legt sich in Klamotten schlafen. Das ist ja auch eine Leistung!

Deshalb bin ich Humanist, das heißt, ich betrachte den Mensch als Krone der Schöpfung. Denn wie sagt man so schön? »Unter den Blinden ist der Einäugige ...« Stopp, das kann man heute so nicht mehr formulieren. Man sagt inzwischen: »Unter den Sehbehinderten ist der Einbeinige taub.« Im Grunde ist der Mensch ein Tier, aber ein Tier selten ein Mensch. Das ist eben der Unterschied ...

Gott und Wissen 26. Juni 2013

Wenn ich mal wieder so in meinem Observatorium auf dem Berg in meinem Garten durch mein Spiegelteleskop blicke, stelle ich oft fest, das Universum ist ein undurchschaubarer Moloch. Und das Erstaunliche ist dabei, es beginnt gleich vor der Haustür. Trilliarden von Sternen beleuchten das große Nichts und all das existiert ausschließlich, weil nach dem Urknall mehr Materie als Antimaterie übrig geblieben ist, das ist eine völlig unerklärbare Asymmetrie. Wahnsinn! Da muss irgendwas durcheinandergekommen sein. Wahrscheinlich ist Gott auf dem Weg zur Schöpfung die Einkaufstüte gerissen und dann ist alles planlos rausgekullert.

Wobei die Grundfrage von allem ist: »Warum ist überhaupt etwas und warum ist nicht einfach nichts?« Weil dann niemand so doof fragen könnte, das muss man wohl einsehen. Aber wenn etwas ist, warum sagt mir nie einer Bescheid? Das ist der Grund, warum ich glaube, dass Gott ein Mann ist, weil er sonst zu uns sprechen würde. Ansonsten würde sie sich irgendwann melden und sagen: »Kinder, habe ich jetzt so lange geschwiegen, ich muss auf der Chaiselongue eingeschlafen sein.«

Es wäre schön, wenn Gott uns alles verraten würde. Wir könnten so viel von ihm lernen, denn im Prinzip weiß der Mensch nicht viel. Was wissen wir? Günter Netzer hat Schuhgröße 48. Das stimmt, aber was sagt mir das? Dass ich offenbar Dinge weiß, die ich auch löschen könnte, wenn ich bloß wüsste, wie. Während ich

Dinge nicht weiß, die ich gerne wüsste, zum Beispiel die Telefonnummer von Scarlett Johansson.

Gott könnte eine große Hilfe sein. Mit Gottes Hilfe wäre vielleicht sogar wirklicher Fortschritt möglich, zum Beispiel die Züchtung einer Melone ohne Kerne.

Neulich erklärte mir jemand, ein Didgeridoo für Anfänger sollte eine saftige, erdige Tonlage haben, leicht zu spielende Huptöne ermöglichen, ungefähr 1,40 lang sein und klare Obertöne aufweisen. Und dass ich das behalten habe, beweist: Unser kümmerlicher Geist benötigt Gottes Hilfe mehr denn je zuvor.

Geheimdienst 17. Juli 2013

Ich glaube, dass die Geheimdienste uns längst im Griff haben, durch das Internet wissen die alles. Ich habe neulich den amerikanischen Geheimdienst gegoogelt und wo bin ich gelandet? Bei Zalando. Da läuft doch was schief. Amazon, die waren mal Buchhändler und heute verkaufen die Katzenkratzbäume. Und Stilleinlagen. Und sammeln Daten. Wahrscheinlich sind in den Stilleinlagen Mikrofone drin und die Katzen sind Agenten.

Die wissen alles von uns, die Drecksäcke. Die wissen wahrscheinlich sogar, was ich zum Frühstück hatte, das lesen die aus Verhaltensprofilen und wissen dadurch: »Aha, dieser Deutsche da, der hatte wieder zwei weiße Brötchen und einen Cappuccino.« Gut, das ist im Grunde wurscht, so kann man wenigstens Arbeitsplätze schaffen. Früher wussten so etwas Leute, die mit dem Kissen im Fenster hingen, im Hausfrauenkittel, und genau hörten, was in der Nachbarschaft geredet wurde. Ehrenamtlich. Heute wird so etwas bezahlt … von den USA.

Ich trinke übrigens nicht nur Cappuccino, sondern auch gerne mal einen arabischen Mokka beim Libanesen, aber das trau ich mich schon gar nicht mehr zu schreiben, ansonsten stehen die nachher noch vor der Tür und fragen, was ich damit bezwecke und ob ich Beziehungen nach Arabien hätte. Dann sage ich einfach, das sei mein Beitrag zum Krieg gegen den Terror und ich will der Hisbollah den Kaffee wegsaufen. Vielleicht stehe ich damit schon bald bei denen auf der Gehaltsliste.

Ich gebe inzwischen unter jeder Mail einfache die Worte Bombe, New York, Islam und Dschihad als Grußwort ein, in der Hoffnung, dass irgendwann ein Agent klingelt und ich dem anbiete, für viel Geld die Seite zu wechseln. So einfach kommt man nie wieder an Kohle ...

Royal Baby 24. Juli 2013

Was bin ich froh, dass die Schwangerschaft vorbei ist. Ich hatte schon so ein Ziehen im Unterleib, vom bloßen Mitfiebern. Wenn im Königshaus ein neuer Wurf kommt, denke ich immer, warum wir keine Königin haben, so wie die Engländer, bei denen die Queen seit gefühlten 500 Jahren residiert, und dafür sieht sie noch gut aus.

Jetzt ist der nächste Thronfolger da. Natürlich ist so ein König in einer Demokratie im Grunde völlig nutzlos. Kritiker der Monarchie sagen, dass die neun Monate, die er jetzt gebraucht hat, im Grunde ebenfalls nutzlos waren. Die richtigen Feinde der Monarchie wollen ihn gleich wieder einschläfern oder köpfen lassen. Das sind alte monarchistische Rituale. In der Monarchie haben es die Könige zwar gut, aber sie werden auch immer mal wieder geköpft oder vergiftet, weil ein Bruder auch mal König sein möchte. Oder ein drittgeborener Sohn. Oder irgendein Schwippschwager.

Die Rübe kommt dann runter und der Nächste ist dran. Berufsrisiko, so wie bei Fußballern. Ein schöner Beruf, gutes Einkommen, aber wenn was schiefgeht, steht man komplett hilflos da.

Für den neuen König sieht es aber gut aus. Es kann im Grunde nichts passieren, denn er ist Krebs. Wer auf Königshäuser steht, für den ist auch das Sternzeichen sehr wichtig. Das gleiche Sternzeichen wie Mireille Mathieu und Otto Waalkes. Aber egal, denn er ist von edlem Geblüt, derer von Windsor. Der Begriff »blaues Blut« kommt übrigens von der vornehmen Blässe, weil die Könige nicht im Straßenbau arbeiten oder überhaupt auf die Straße mussten. Man blieb vornehm blass und konnte die blauen Adern durch die weiße Haut sehen. Der Engländer ist übrigens, wenn er nicht adlig ist, eher rot, weil er oft acht Stunden und mehr am Strand liegt. Der neue König jedenfalls ist angeblich auch noch nicht tätowiert und wurde mit 103 Kanonenschüssen begrüßt und worüber sich William und Kate am meisten gefreut haben, dass keiner davon getroffen hat. Herzlichen Glückwunsch!

Herbst   4. September 2013

Der Wald stirbt, also zumindest fallen schon die ersten Blätter, wobei man auch als Öko zugeben muss, dass das jedes Jahr so ist. Und im Frühjahr zu Ostern kommt die Auferstehung und die Blätter sprießen wieder. Der Herbst kommt unaufhaltsam, das ist normal und der Wald ist auch okay. Nur bald eben wieder kahl, wie Onkel Herbert und der lebt ja auch noch, man sieht es nur nicht.
Das Waldsterben war von Anfang an ein Missverständnis. Deshalb möchte ich den ganzen Jammerlappen da draußen zurufen, den ständigen Untergangspredigern: »Wir haben heute so viel Wald wie noch nie! Wir haben sogar wieder Biber und Lachse im Rhein, ja sogar Wölfe.« »Aber Löwen! Wir haben keine Löwen mehr! Und die Saurier sind auch ausgestorben, das liegt alles an der Globalisierung irgendwie«, schreien die Prediger. Oh Gott.
Der Wald lebt und wächst weltweit. Die Wüsten gehen zurück wegen des CO_2, trotzdem klagen alle: »Es ist alles so ungesund,

durch die ganze Chemie und so ...« Das stimmt und seit wir diese furchtbare Chemie haben, werden die Menschen 105. »Aber ich will nicht 105 werden.« Ja, das versteh ich. Ich will auch nicht, dass die Jammerlappen hierzulande 105 werden. Ich kenne viele Menschen, die wollen gar nicht alt werden. Wir haben bei uns in der Nachbarschaft Frauen, die werden seit zehn Jahren 39.

Ich will mir nicht, bis ich 105 bin, die Ohren vollheulen lassen, dann sterbe ich und die Ururenkel sagen: »Siehste! Jetzt ist er tot und alles nur wegen der Chemie!«

Das Klima ist ja angeblich auch am Ende, allerdings hat die Klimaerwärmung in den letzten 15 Jahren eine unerklärliche Pause eingelegt. Keiner weiß warum, aber kein Grund, mal fünfe gerade sein zu lassen. Bei uns sind notfalls auch kalte Winter ein Zeichen für Klimaerwärmung. Weil Kälte auch nur eine Art Minuswärme ist.

Gedankenlesen beim Verbraucher
11. September 2013

Ich kenne zwar niemanden mit einem Elektroauto, obwohl es den Markt revolutionieren sollte. Das Elektroauto wäre auch eine gute Idee gewesen, wenn man es als Bewohner einer Mietwohnung mit nach oben nehmen könnte. Das sind die Kleinigkeiten, die unsere Ingenieure schon mal übersehen.

Welche Idioten entscheiden eigentlich über Milliardenentwicklungen und am Ende stellen sie fest: »Oh, es gibt ja gar keine Steckdosen auf der Straße«?

Die Firmen müssten doch heutzutage eigentlich wissen, was der Verbraucher will. Die werden doch ständig mit Informationen versorgt. Über Google, über Facebook, man kann doch heute die Gedanken der Kundschaft kaufen.

Es wird doch jeder Klick ausgewertet. Man kauft Schuhe im Internet und dann wissen die, dass man rosa Pumps gekauft hat. Eigentlich total uninteressant, aber rosa Pumps bestellen kann auch peinlich sein, wenn man Horst Müller heißt und Größe 48 bestellt.

Die wissen alles. Google, Facebook, Amazon wissen, was ich lese und was in meinem Kopf ist, und schlagen mir Bücherkäufe vor. Und immer Bücher, die mich interessieren! Es ist doch schlimm, dass ich nicht nur nervige Werbung bekomme, sondern auch noch welche, die mich interessiert! Ich kaufe inzwischen nicht mehr nur ein Buch, sondern gleich zehn Stück, damit die nicht wissen, was ich lese.

Man ist nirgendwo mehr unerkannt. Ich habe den Kindern von nebenan ein paar Lieder runtergeladen, für 'ne Party. Ballermann-Hits, die ganze Palette. Seitdem muss ich ständig lesen: »Sie kauften: Micki Krause *Finger in Po, Mexiko*. Sie brauchen: Jürgen Drews.« Mir wird immer Jürgen Drews angeboten und wie komme ich da wieder raus? Wahrscheinlich werde ich mir eine neue Identität zulegen müssen …

Oder fliehen. Aber nicht mit einem Elektroauto. Auf der Flucht ist es nämlich wie auf dem Weg zur Arbeit. Man hat meistens keine Zeit, mal eben vier Stunden zu tanken.

Philosophie des Schlagers   12. September 2013

Es ist schon komisch, man kommt zur Welt, irgendwann wird man krank und dann stirbt man, das ist unerfreulich. Aber man kann das Ganze erträglich machen, indem man an die Dinge positiv rangeht. Mein Leben ist deshalb inspiriert von positiven Denkern wie Micki Krause, der singt: *Zehn nackte Friseusen*. Unterschätzte Lyrik, wie ich meine: »Es gibt 50.000 Weiber, die haben einwandfreie Leiber, doch ich sag no, nananano … Ich will zehn nackte Friseusen ...« Das ist die neue Bescheidenheit. Der Islam verspricht immerhin 72 Jungfrauen, was 620 Prozent mehr ist. Was soll die Prasserei ...

Aber auch andere große Philosophen haben dieses Programm inspiriert. Andrea Berg trällert: »Ich bin mit dir so hochgeflogen, doch der Himmel war besetzt.« Wie das Klo im ICE, bei dem auch oft die Erlösung versagt bleibt.

Oder der große Visionär, Semino Rossi, der uns eine große Zukunft prophezeit, wenn er sagt: »Und noch in 100 Jahren halt ich dich fest in meinen Armen.« Die sind dann wahrscheinlich schon ein bisschen steif und kalt, aber egal. Mit ein paar Geigen drunter klingt doch alles positiv.

Wobei ich meine Lebensphilosophie etwas diffiziler gestalten würde, also auch für nicht Hirntote nachvollziehbar, denn ich finde die Idee grundsätzlich gut, zuerst das Positive zu sehen. Im Sinne von Willy Millowitsch, der damals feststellen musste: »Wir sind alle kleine Sünderlein ... 's war immer so. 's war immer so ...« Und demgegenüber stellt er den Gedanken der Erlösung: »Schnaps, das war sein letztes Wort, dann trugen ihn die Englein fort.« Im Grunde geht es stets um den Einzug in das Paradies.

Was aber bei uns im christlichen Abendland ja viel einfacher zu erreichen ist als beispielsweise im radikalen Islam, da sprengen sich die Leute in die Luft, um da hinzukommen, wir pflegen den sakralen Ritus des Saufens, das ist viel angenehmer und man kann es immer wieder machen. Prost!

Ethos, Pathos, Logos 8. Oktober 2013

Letztes Wochenende erklärte mir jemand, dass meine Vorträge total von Aristoteles inspiriert sind. Ich wusste das gar nicht, aber sie entsprechen exakt den drei Dimensionen der Rhetorik: Ethos, Pathos und Logos.

Ethos ist klar, das ist die *Street Credibility*, die sich aus der Tugendhaftigkeit des Redners ergibt. Tugendhaft bin ich auf jeden Fall. Ich pinkle nicht im Stehen und auch immer in die Schüssel und nicht großzügig kreisförmig drum herum. Ich bin ein tugendhafter Mensch. Ich wasche mir auch nachher die Hände. Vor dem Essen, nicht umgekehrt. Es gibt Leute, die das ihr Leben lang verwechseln. Vor dem Pinkeln, nach dem Essen Hände waschen nicht vergessen. Das hat keinen Sinn, das ist so wie: »Blinde können gehen, Lahme können sehen.« Wenn Lahme sehen, ist das kein Wunder! Ein Wunder wäre, wenn ein blinder Lahmer zu Fuß ins Kino geht und von den Bildern ganz begeistert ist. Das wäre allerdings auch kein Wunder, sondern meistens Betrug. Meist wegen des ermäßigten Eintritts …

Wichtig bei einem Redner ist ebenso das Pathos. Also ob man sein Publikum mitreißt. Leidenschaft, am besten ohne dabei ins Publikum zu spucken. Das ist dann wieder abstoßend. Viele spucken beim Reden, sodass man eigentlich an die ersten Reihen Regenschirme verteilen müsste. Und dann gehen die Zuschauer in der Pause nach Hause, zum Trocknen. Das ist kein Pathos. Das ist eine Sauerei.

Logos meint den Sinn einer Rede. Ich kann noch so mitreißend vortragen, es bringt nix, wenn die These meines Vortrages lautet: »Palim, palam. Scheißdreck. 42. Der Fisch ist schlecht.« Das ist dann wie bei moderner Lyrik, bei der man sich fragt, was das soll. Man guckt lieber auf YouTube, wie eine Katze vom Schreibtisch in den Papierkorb fällt. Das ist jetzt auch nicht der Bringer, aber aristoteleskompatibel! Die Katze handelt ethisch, denn sie belustigt uns. Sie zeigt Pathos, denn sie schreit im Fall, und logisch ist die Geschichte auch, denn sie entspricht den physikalischen Naturgesetzen. Leider hat Aristoteles YouTube nicht mehr kennengelernt. Er ist inzwischen verstorben. Der hat Glück gehabt.

Koalitionsverhandlungen

Wie steht es eigentlich bei den Koalitionsverhandlungen? Wir haben momentan im Grunde keine richtige Regierung und ich finde, das merkt man gar nicht. Im Gegenteil, es ist eigentlich angenehm, das könnte man mal vier Jahre durchziehen.

Ich bin gespannt, was wir nun kriegen. Schwarz-rot, schwarz-grün. Hauptsache, der Limburger Bischof wird nicht Finanzminister.

Die SPD bleibt Favorit, wenn ich alles richtig verstanden habe, sollte es mit der Mitgliederbefragung klappen. Das Volk als Ganzes ist eigentlich relativ eindeutig für eine Große Koalition, wobei das Problem ist, dass man in der SPD nicht das Volk fragt, sondern die Mitglieder. Verständlich. Wahrscheinlich wäre die ganze Wahl anders ausgegangen, wenn man nur SPD-Mitglieder befragt hätte.

Eine Mitgliederbefragung wäre auch was für die FDP gewesen. Bei der FDP hätte die Mitgliederbefragung in einer Telefonzelle stattfinden können und wäre möglicherweise 5 : 3 ausgegangen. Das ist übersichtlich, das ist transparent.

Daran sieht man aber auch, der Liberalismus ist tot. Irgendwie schade, weil die Idee der Freiheit an sich nicht schlecht ist. Vielleicht kann es auch keine richtige Freiheit geben, wenn Freiheit bedeutet, dass ein Philipp Rösler Wirtschaftsminister werden konnte. Ist das nicht sogar der Beweis dafür, dass wir in einer Demokratie leben, wenn jeder so was werden kann?

Im Grunde könnte es auch ein Schimpanse machen. Oder ein Schäferhund, falls es einer von der CSU wird.

Philipp Rösler wird es nicht mehr, seine Tage sind gezählt. Im Bundestag kann man schon die Durchsagen hören: »Der kleine Philipp möchte aus dem Kabinett abgeholt werden ...« Die suchen nun alle krampfhaft nach, wie sagte man immer in der FDP ... »Anschlussverwendung«. So hieß das bei den

Schleckerfrauen damals: »Anschlussverwendung«. Schleckerfrauen können unsere FDPler nicht mehr werden, aber ich
habe gehört, in Limburg wird ein Arbeitsplatz als Bischof frei.
Limburg ist zwar nicht Berlin, aber eine Dienstwohnung ist
dabei. Immerhin.

Glück 6. November 2013

Der Schornsteinfeger kommt heute, das soll Glück bringen, obwohl, damit ist es so eine Sache. Man erkennt es oft auch gar
nicht, wenn man nicht auch das Unglück kennt. Das Leben wäre
kein Glück ohne den Tod. Gesundheit kein Glück ohne Krankheit. Die Einsamkeit wäre kein Glück ohne die Ehe.
Unglück und Glück. Ich habe mal im Preisausschreiben gewonnen und ich habe mich so gefreut und was habe ich gewonnen?
Eine Eintrittskarte für das Spiel 1860 München gegen den SV
Sandhausen. Das ist Unglück.
Man empfindet das Unglück auch nur, wenn man dem Glück
entgegenstrebt. Ich merke das immer, wenn ich mir eine Badewanne einlasse, draußen ist es kalt, es regnet und bei mir im Ba-
dezimmer dampft es, das ist schön. Noch ein bisschen Schaum,
aber sobald ich mit zwei Füßen und dem Hintern in der Wanne
bin, zack, klingelt das Telefon. Und natürlich habe ich vergessen,
es mitzunehmen. Es liegt in der Küche, dem am weitesten ent-
fernten Ort in der ganzen Bude. Also raus aus der Wanne, Par-
kett versaut, Füße eisig, Lungenentzündung, tot, so ist es immer.
Das ist ein Naturgesetz.
Mit diesen Naturgesetzen müssen wir uns abfinden, wenn wir
glücklich werden wollen. Regeln wie »Es regnet immer am Wochenende« oder »In die größte Scheiße tritt man immer mit dem
tiefsten Profil« sind Naturgesetze, unveränderlich, gottgegeben,
so wie die Erde um die Sonne kreist. Die Sonne kreist um das

Zentrum unserer Galaxie, aber nach neun Caipirinhas kreist wieder alles um mich.

Das ist das Glück, leider ist es nie von Dauer. Am nächsten Tag kommt genauso sicher der Kater.

Trotzdem können wir zufrieden sein, wenn wir erkennen, dass Enttäuschung im Grunde unvermeidlich ist. Das Leben ist das Beste, was wir haben, aber es ist auch nur Essen, Trinken, und wenig später sitzt man auf der Schüssel, um das Ganze der Natur zurückzugeben.

Das Leben ist eigentlich banal. Sicher, wir können die Welt und fremde Kulturen kennenlernen. Wir können mit dem großen Dampfer auf Kreuzfahrt einschiffen, auf der Suche nach dem Neuen, dem Exotischen, und dann finden wir uns wieder, nach dem Captain's Dinner, Auge in Auge mit einer 52-jährigen Sachbearbeiterin aus Herne-Eickel. Ihr Atem streift mich, eine Mischung aus Tequila Sunrise und Zaziki. Wir suchen das Glück und was kriegen wir? Happy Hour! Als der große lateinische Philosoph Seneca sagte: »Das größte aller Übel ist, aus der Zahl der Lebenden zu scheiden, ehe man stirbt«, fuhr er anscheinend gerade auf der AIDA.

Parteiendemokratie   20. November 2013

Viele Menschen verfolgen momentan gespannt die Koalitionsverhandlungen der SPD mit ihrer Basis. Möglicherweise sollen CDU und CSU auch noch beteiligt werden, aber warum? Man kann es nicht allen recht machen, auch wenn die SPD inhaltlich argumentiert: »Wir sind doch für die Menschen«, während die Union eher, ich weiß nicht, für die Tiere, die Pflanzen und alles andere ist?! Ich glaube, auch die Wähler der CDU sind indessen ein bisschen ratlos.

Jede Menge Wähler beklagen sich in der Parteiendemokratie, dass ihre Stimme nichts zählt. Es ist doch schön, dass wenigstens die Stimmen der SPD zählen. Es sind ja nicht viele.

Die SPD-Basis, das oberste Verfassungsorgan dieser Republik, sind rund 400.000 Menschen, also 0,5 Prozent der Bevölkerung. Übrigens nennt man so etwas Oligarchie, also die Herrschaft einiger. Und wenn sich das bewährt, dann bestimmen in Zukunft diese 0,5 Prozent SPD-Basis auch über den Bundestrainer, den Benzinpreis und das Fernsehprogramm. Als SPD-Wähler hat man dadurch ein ganz anderes demokratisches Grundgefühl. Verdientermaßen, vor allem, weil die Partei bei der Wahl mit mehr als 20 Prozent klar über der FDP geblieben ist.

Hat man der CDU/CSU seine Stimme gegeben, war das natürlich ... hahaha ... verschenkt. Man hat vielleicht die Wahl gewonnen, aber halt sonst nix.

Wie hieß sie noch, die Wahlgewinnerin, die jetzt verschwunden ist? Ach ja: Angela Merkel. Die hat sich so über den Wahlsieg gefreut, dass sie beschlossen hat, am politischen Prozess nicht weiter teilzunehmen. Sie versteht sich inzwischen, glaube ich, auch gar nicht mehr als Kanzlerin, sondern mehr als Christkind, sie bringt die Geschenke. Ich schätze am 24. Dezember wird sie kurz auftauchen und dann ist sie wieder weg. Es kann schließlich nicht jeden Tag Weihnachten sein.

Fotos gucken   26. November 2013

Eben habe ich Kinderfotos geguckt. Von mir. Wahnsinn. Ich entstamme anscheinend dem letzten Jahrtausend und so sehen die Bilder auch aus.

Karnevalszeit, gefühlt kurz nach dem Krieg. Ich als Koch, graue Hose, zwei Herzen auf den Knien aufgenäht, wahrscheinlich ging ich als Innereienkoch, ich weiß es nicht. Jedenfalls zwei Herzchen auf den Knien, ein Zeichen meiner sonnigen Gesinnung. Ich glaube, ich fand das schön, dass der Krieg vorbei war. Karneval ist ja lustig und überall Luftschlangen, die ich begierig aß, wir hatten damals nix anderes.

Die Feier fand offenbar im Kindergarten statt, in dem meine frühkindliche Bildung gefördert wurde. Auf dem Foto sind ein Indianer, ein Pirat, ein Funkemariechen, ein Clown, ein Japaner, der allerdings als Japaner ging, weil er Japaner war. Er hatte keine Verkleidung. Dazwischen Schwester Agnes, ebenfalls unverkleidet, als Nonne. Im Kindergarten gab es keine Erzieherinnen, sondern Nonnen. Schwester Agnes, der Blick hart wie Kruppstahl unter dem pelzbesetzten Stirnbein, der Schädel wulstig, stark behaart, auch zwischen Nase und Oberlippe. Schwarzes Tuch über dem Kopf, das Gesicht guckte raus, was für sie nicht vorteilhaft aussah. An der Nonnentracht konnte man jedenfalls erkennen, dass sie eine Frau war. Soweit man das sagen konnte …

Ich weiß noch, wenn sie sich näherte, verdunkelte sich die Sonne. Mein Eintritt in die Ausbildung hätte freudvoller verlaufen können. Ich spielte damals mit allem, gerne auch mit Puppen, ein früher Hinweis auf meine lesbische Orientierung? Vielleicht war es auch Schwester Agnes, die mich den, wie man damals sagte, »weibischen« Spielzeugen zuführte, da sie alles Männliche verachtete, wahrscheinlich weil sie hasste, was sie im Spiegel sah? Verständlich …

Bei uns zu Hause wurde viel geraucht. Deshalb nutzte ich den Kindergarten in erster Linie zur Sauerstoffaufnahme. Erst im Kindergarten habe ich erfahren, dass es Innenräume gab, die Luft enthielten, und dass sich im Zimmer bei Schließung der Türe nicht automatisch Nebel bildete. Schwester Agnes musste nicht rauchen. Ihr Atem war auch ohne Zigarette faulig.

Puh, sind das wirklich meine kindlichen Erinnerungen? Diese Session geh ich vielleicht als Schwester Agnes. Das toppt alles …

Das Jahr 2013 I

12. Dezember 2013

Ende Dezember blicke ich immer gerne zurück auf das Jahr. Zum Beispiel auf die Boulevardthemen, die waren teilweise wirklich erschreckend. Wie bei diesem armen Kapuzineräffchen, als sie ihm bei der Einreise nach Deutschland Justin Bieber weggenommen haben.

Das Äffchen muss wahnsinnig traurig gewesen sein. Es ist so schön, wenn man jemanden gefunden hat, mit dem man sich auf Augenhöhe unterhalten kann. So wie Sigmar Gabriel und Angela Merkel, die auch auf Augenhöhe verhandelt haben. 25 gegen 41 Prozent. Aber bei der SPD legte man höchsten Wert auf Augenhöhe. Man muss sich die Koalitionsverhandlungen bildlich ungefähr so vorstellen: Die SPD, 1,49 Meter, diskutiert mit Mutti, 2,13 Meter, auf Augenhöhe beziehungsweise Sigmar Gabriel denkt, das, was er sieht, wären die Augen. Ich will mir das gar nicht vorstellen, das sind Bilder, die kriegt man nicht mehr aus dem Kopf.

Lieber schreibe ich über schönere Dinge. Paralympics-Superstar Oscar Pistorius hat seine Freundin erschossen. »Aus Versehen«, wie er sagte. Durch die geschlossene Badezimmertür. Das kann passieren. Ich weiß doch zu Hause auch nicht, wenn ich auf meine Badezimmertüre schieße, wer dahinter steht.

Gut, das war jetzt auch nicht so erfreulich. Neulich habe ich aber folgende Meldung in der *Berliner Zeitung* gelesen: »Feuerwehr muss Penis aus Toaster befreien«. So sind die Kerle, wenn sie keinen Sex kriegen, drehen sie durch und tauschen ihre Frau gegen einen Toaster ein.

Außerdem hat Joachim Löw bis 2016 verlängert. Der Vertrag wurde unterschrieben, kurz nachdem man ihn aus dem Toaster befreit hatte.

Die Auslosung für Brasilien war so weit ebenfalls okay. Portugal, Ghana, USA. Gegen solche Kandidaten haben wir uns früher gar nicht umgezogen. Die haben wir in Adiletten aus dem Stadion ge-

pustet. Mit verbundenen Augen. Blau wie tausend Russen! Zu fünft.
Na ja, Ich will nicht übertreiben ...

Zum Thema Fußball fällt mir noch ein, dass Sylvie nicht mehr
van der Vaart heißt, und Gerard Depardieu ist neuerdings Russe.
Lance Armstrong hat gedopt, das hat er zugegeben. Wer hätte das
gedacht!? Ein Radfahrer, der dopt ... absurd. Wie ein Alkoholiker,
der trinkt. Wahnsinn!

Das Jahr 2013 II · 18. Dezember 2013

Im Fernsehen kommen schon die ersten Jahresrückblicke. Irgendwann im Februar fangen die damit an. Was haben wir in diesem
Jahr eigentlich alles gelernt? Amerika hört mit, beispielsweise. Wir
haben wirklich gute Freunde, die alles von uns wissen und sich auch
für alles interessieren. Anstatt sich zu freuen, regen sich die Leute
auf: »Ich will Privatheit!« Was ist das denn? Was soll denn Privatheit sein, in einer Zeit, in der die Menschen jede Darmtätigkeit bei
Facebook reinstellen?

Wer morgens sein Spiegelei freiwillig bei Facebook postet, kann
sich nicht beschweren, wenn man ihm am Handy zuhört. Die meisten Leute muss man gar nicht abhören, die stehen neben einem im
Bus und brüllen derartig laut in den Hörer und erzählen dabei alles.
Die führen Gespräche mit dem Urologen, dass der ganze Bus weiß,
da hat er sich aber was Unangenehmes eingefangen.

So etwas müssen die sich vom amerikanischen Geheimdienst den
ganzen Tag anhören und wer hat dann eigentlich Mitleid mit diesen Spionen? Also mir tun die leid.

Das Jahr 2013 III · 25. Dezember 2013

Das Stichwort des Jahres ist für mich: »verzeihen«. Man muss
verzeihen können. Ich bin katholisch erzogen worden, das ist gut,

denn man kann im Grunde jede Scheiße dieser Welt bauen, man muss nachher nur dem Pfarrer Bescheid sagen und alles ist prima. Während die Protestanten immer gleich in der Hölle schmoren. Die Hölle ist insofern wahrscheinlich fest in evangelischer Hand. Der Limburger Bischof, zum Beispiel, sagt: »Mensch, Zölibat hin und her, da habe ich mir eine Doppelbadewanne in meine 40-Millionen-Hütte eingebaut, mit Zehn-Rosenkränze-Beten sollte das erledigt sein.« Und schon ist er wieder ein Anwärter auf das Paradies. Das ist praktisch, denn was hat man von einem Luxusbadezimmer, wenn man in der Ewigkeit im Höllenfeuer sitzt? Da wird das Wasser doch viel zu heiß.

Nein, es wird gebeichtet, fertig, verziehen. Klar, die Hütte war viel zu teuer, aber so was kommt vor. Ich habe bei mir ein Gartenhäuschen bauen lassen. Der Kostenvoranschlag kam und bei den Handwerkern kostet die Stunde heute teilweise 50 Euro ... ohne Anfahrt. Dann fehlen da noch Schrauben, zack, sind 40 Millionen weg ...

Was wurde dieser Mann angefeindet, anstatt mal das Positive zu sehen, immerhin hat er kein Kinderzimmer in den Keller gebaut.

Jetzt wird überlegt, was man daraus machen kann. Das Domkapitel wollte aus der Hütte ein Obdachlosenheim machen oder eine Suppenküche. Wenn man das Geld wirklich wieder reinkriegen will, wird man wohl einen Puff daraus machen müssen. Der Wellnessbereich passt. Beichten. Verzeihen. Fertig.

Es gab viele moralische Debatten dieses Jahr. Wir hatten auch eine Sexismusdebatte. Der bekannte Weinkönig Rainer Brüderle hatte einer Journalistin mitgeteilt, dass sie Brüste hätte. Was für ein Ferkel!

Die Dame vom *Stern* war bekannterweise sogar so schockiert, dass sie erst ein Jahr später darüber schreiben konnte ... Das war schlimm, aber es gab ja auch gute Sachen.

Wir haben wieder eine Regierung. Nach vier Jahren ohne! Aber auch das muss man verzeihen. Es war halt gerade keine da. Und

ist doch großartig, dass jetzt Sigmar Gabriel und Angela Merkel ...
Was ich gut finde, ist ja: Ursula von der Leyen wird Kriegsminis-
terin. Endlich mal ein richtiger Kerl ... Und den Rest des Jahres:
einfach verzeihen und vergessen. Frohes Fest!

Das Jahr 2013 IV

30. Dezember 2013

Jetzt haben wir schon fast 2014! Wahnsinn. Unsere Lebenszeit verrinnt, ich hoffe, dass wenigstens einige von Ihnen überhaupt noch leben ...
Es haben ja viele das letzte Jahr überlebt. Sogar unser Papst
Benedikt. Er war ja der Erste seit dem Mittelalter, der am Ende
nicht in den Himmel kam! Er hat sich zurückgezogen, das ist
natürlich auch sehr katholisch. Zurückziehen ist ja bis heute
für die Kirche die einzige zulässige Verhütungsmethode. Wir
hatten also ein Pontifikat interruptus, kann man sagen. Das ist
Latein und bedeutet: »Er hat sich rausgezogen.«
Die sprechen ja viel Latein da. Auch seinen Rücktritt verkün-
dete er auf Latein. Ich hab das erst gar nicht verstanden ... Ich
hab zwar das große Latinum, aber ... Der einzige Satz, den ich
noch übersetzen kann, ist: »Agricola quaerit feminam«, was so
viel heißt wie: »*Bauer sucht Frau*« ...
Das war ja übrigens meine Lieblingssendung in diesem Jahr.
Ich rate da immer so gerne mit. Wer ist Bauer, wer ist Frau?
Und wer sind die Tiere ... Und nach dem dritten Bauern habe
ich meist schon alle Joker weg.
Ich habe das Gefühl, das ganze Jahr ging es nur um Männer
und Frauen, Fortpflanzung ... In England kam das Royal Baby.
So was haben wir bei uns nicht. Die Merkel macht aber auch
nichts ...
War das spannend in England. Alle fragten sich: »Was ist es?«
Bis Prince William wörtlich sagte: »Er hat bereits mehr Haare

als ich.« Da wussten es alle: Es ist entweder ein Hobbit oder ein Schimpanse.

Und wo wir gerade beim Thema hässliche Tiere sind. Der Blobfisch wurde dieses Jahr zum hässlichsten Tier der Welt gewählt, unglaublich! So ein weißlicher, aufgedunsener, völlig formloser Haufen … Als ich das Foto gesehen habe, dachte ich erst: »Was ist aus unserem Boris geworden?«

Für ihn war es auch kein leichtes Jahr. Immerhin, er hat seine zweite Biografie vorgelegt. Und er hat schonungslos gebeichtet, diese Geschichte damals, als er die Hotelangestellte in der Besenkammer – das wäre aus einer Sehnsucht entstanden nach Liebe und Zuneigung, hat Boris geschrieben. Das kennen wir alle. Das habe ich mir jetzt auch für 2014 vorgenommen. Wenn ich dieses Verlangen habe nach Liebe und Zuneigung, dann geh ich sofort in die Besenkammer … Dann wird es wirklich ein frohes neues Jahr!

Jahresrückblick 2014   12. Januar 2014

Das neue Jahr ist auch schon wieder fast rum. Jetzt noch Sommer, dann kommt der Nikolaus und dann ist auch fast schon 2015. Und wissen Sie, wer sich darüber freuen wird? Unsere Bundeskanzlerin. Dann wird sie gar nicht mehr daran denken, dass sie sich am Anfang des Jahres den Hintern gebrochen hat. Ausgerechnet den Hintern. Den braucht sie in ihrem Beruf mit am dringendsten!

Die Älteren erinnern sich vielleicht noch an *Was bin ich?*, *das heitere Beruferaten* mit Robert Lembke. Da musste man Berufe raten und die Person, deren Beruf man erraten musste, durfte nichts sagen. Nur am Anfang eine typische Bewegung machen. Und als Kanzlerin macht man da einfach nix. Man sitzt ja ständig … Akten lesen, dann muss man irgendwelche Gestalten treffen und schon sitzt man wieder mit denen am runden Tisch oder am Kamin. Da kann man sich auch schon mal den Hintern brechen, da machste nix dran. Außer dass man sagt, es wäre beim Skilanglauf passiert. Das klingt sportlicher, als wenn man sagt: »Ich habe von den ganzen Sitzungen einen Steißkrampf« oder einen »Ermüdungsbruch im Becken«.

Sie müsste auch mal ein bisschen abnehmen, aber das Essen ist ja das Einzige, was Spaß macht, wenn man da sitzt mit dem Ministerpräsidenten von Transgrunzien und seinen 14 Mätressen oder dem Großwesir von Belauschistan, also Obama, oder Erdogan oder Rumpelstilzchen, mit wem auch immer. Und dann immer dieser Ärger, wenn in der Küche wieder einer nicht aufgepasst hat und der Emir von Islamistan da ist und es gibt Bier und Schweinebraten und nachher noch einen Kräuterschnaps. Ist ja lecker, aber das kriegen Sie nicht kommuniziert.

Das ist ja nicht leicht für so eine Bundeskanzlerin, dass man alles kommuniziert kriegen muss, denn der Wähler will ja immer alles, und das geht nicht. Er will den Strom nicht aus Atom, aber auch nicht aus Kohle, und die Windräder will er auch nicht vor der Tür, die Überlandleitung schon gar nicht. Aber kosten darf der Strom auch nichts. Und am besten soll er nur aus Sonne sein, die scheint aber nicht. Und dann sagt der Wähler: »Die tun aber auch nix in Berlin! Warum scheint die Sonne nicht?«

Und die Steuern müssen hoch, aber nur für die anderen. Und sie müssen runter, aber nur für mich. Und die Rentenbeiträge müssen ebenfalls runter. Aber die Renten müssen rauf. Und wenn die Kanzlerin dann sagt: »Das geht nicht«, dann ist der Wähler sauer und deshalb sagt Frau Merkel ja nie was. Das hat sich bewährt. Die sitzt. Und bricht sich dabei den Hintern. Da kann man nichts machen. Das ist Physik! In der Physik geht es auch nicht gleichzeitig nach rechts und nach links und nach hinten und nach vorn. Und wenn doch, dann bricht es in der Mitte auseinander. Am Beckenringknochen. Machste nix dran. Ist halt so.

Aus Wissenschaft und Forschung

Mit Ultraschall können Sie Ihre Hirnleistung verbessern. Sie müssen einfach ein fokussiertes Ultraschallsignal auf das Hirnareal ausrichten, mit dem Sie gerade arbeiten. Machen Sie das ruhig mal. Vielleicht benutzen Sie ja ab und zu Ihr Gehirn bei der Arbeit und dann hilft das. Aber eins ist klar: Am Ende steigert es nur die Ansprüche, am Ende kommen da unverhohlene Ansprüche von Arbeitgeberseite, das Gehirn mehrfach in der Woche zu benutzen. Und wer zahlt die Abnutzung? Wir alle. Das muss nicht sein!

Es ist ja jetzt Forschern gelungen, ein menschliches Hirn aus Stammzellen zu züchten. Kein Scherz! Auch Lebern und Nieren. Das machen die, weil: Auf Dauer wollen sie Ersatzorgane züchten. Und wer mit offenen Augen mal durch die Fußgängerzone geht, weiß: So ein Ersatzhirn, das wird dringendst gebraucht. Und teilweise würde ich da gleich den ganzen Kopf auswechseln lassen. Auch wegen der ästhetischen Gesichtspunkte. Es gibt ja Zeitgenossen, die man möglicherweise komplett durch neue ersetzen könnte. Was soll man da flickschustern und nur einzelne Organe ... Da könnte man ganzheitlich amputieren. Das ist wie bei Reifen: Runderneuern ist billiger, aber besser ist neu.

Der Mensch ist sowieso ersetzbar. Im Grunde ist er ja nur ein Wirt für Bakterien. Es gibt ja Forscher, die sagen, der Mensch wird gesteuert von Bakterien. Milliarden von Bakterien, die uns bewohnen, im Darm, auf der Haut. Und wenn das Gleichgewicht gestört ist, wenn beispielsweise die Hautbakterien plötzlich im

Darm auftauchen und sich die Darmbakterien auf der Haut verlaufen, dann sagen sich die Bakterien: »Was ist das denn?« Und dann reparieren die alles und machen und tun und deshalb fühlen wir uns unwohl. Weil da gearbeitet wird. Das ist so. Wahnsinn. Wir sind für die Bakterien im Grunde so was wie Zuchtschweine.

Und nachts, wenn wir schlafen, dann machen die sauber, das haben Forscher jetzt rausbekommen, dann öffnen sich im Hirn die Abwasserkanäle, da werden die molekularen Abfallstoffe abgelassen, da wird quasi feucht durchgewischt, das ist kein Scherz! Der Mensch ist im Grunde ein intelligentes Wohnhaus. Das wirbellose Tier des Jahres war übrigens die Käferzikade *Issus coleoptratus*. Die wurde von einer Jury ausgewählt. Aus Menschen übrigens, nicht aus Bakterien. Aber diese Menschen, die da in der Jury saßen, die wurden ja auch wieder von Bakterien bewohnt – und gesteuert. Wer kommt sonst auf so was? Mein Tier des Jahres war übrigens der Boris. Nicht, der, den Sie meinen, der aufgeschwemmte Dingsbums, sondern Boris, der Dobermann-Rüde aus der Waldseestraße. Der ist gestorben. Und jetzt kackt uns keiner mehr vor die Haustür. Da sieht man: Die Menschheit macht immer wieder Fortschritte! Großartig!

Agenten des Systems 29. Januar 2014

Ich bin ja viel im Internet unterwegs, und da habe ich jetzt gelesen, beim öffentlich-rechtlichen Rundfunk, das sind alles Agenten des Systems, die da arbeiten. Nicht nur Markus Lanz, alle! Da gibt es richtige Verschwörungstheorien. Hier wird die öffentliche Meinung gesteuert ... Was ich persönlich nicht wirklich bestätigen kann ... Leute, die so was glauben, überschätzen die Effektivität des Apparates. Hier weiß eigentlich nie jemand, was der andere tut.

Wie kann man glauben, dass es einen funktionierenden öffentlichen Überwachungsapparat gäbe, wenn man schon mal beim Verkehrsamt war? Es wird Sie vielleicht überraschen, aber hier kräht kein Hahn danach, was wir hier erzählen. Es ist nämlich auch wurscht. Das ist die große Effizienz der Freiheit. Opposition wird ja erst dadurch wichtig, dass sich jemand über sie aufregt. Und da sich in Deutschland alle über alles aufregen, ist es wurscht ...

Das ist diese enorme Freiheit bei uns. Hier kann ja auch jeder Idiot eine Petition starten. Warum oder wofür, ist völlig wurscht. Da kann es sogar um eine Samstagabend-Unterhaltungsshow gehen. Das ist ja, wie wir alle wissen, das Wichtigste auf dieser Welt. Da kann man sich zu Hause am Computer als Widerstandskämpfer fühlen, weil man es geschafft hat, die Returntaste zu treffen. Diese ganze Diskussion um Markus Lanz ist ja losgegangen, als Markus Lanz Sahra Wagenknecht zu Gast hatte, und die soll er unhöflich behandelt haben. Und da sagen viele jetzt im Internet: »Ey, Lanz! Du warst unhöflich, du Arschgesicht, verreck, du Sau!« Gut, dass es noch Menschen gibt, die Benehmen haben und deshalb fordern: »Mehr Höflichkeit, ihr Fernseharschlöcher!«

Ich bin natürlich auch für Höflichkeit, aber mich hätte ja interessiert, ob es auch eine Onlinepetition gegeben hätte, wenn beispielsweise Sigmar Gabriel ständig unterbrochen worden wäre oder gar Horst Seehofer. Oder wahrscheinlich hätte man dann gesagt: »Endlich, der Lanz hakt mal richtig nach!«

Aber eine Sozialistin so anzugehen, pfui! Frau Wagenknecht einfach nicht zu Wort kommen zu lassen ... Der Sozialismus wird unterdrückt, weshalb Frau Wagenknecht im letzten Jahr übrigens auch der meistgebuchte Talkshowgast überhaupt war. Laut meedia.de 27-mal. Das ist erster Platz. So ist der öffentlich-rechtliche Rundfunk. Er unterdrückt den Sozialismus. Es gab in der Tat Talkshows ohne Sozialisten – wenige, weil, in fast allen, in denen Frau Wagenknecht fehlte, saß Gregor Gysi. Einer von beiden saß eigentlich in fast jeder Sendung, außer in *Verbotene Liebe* und in der *Sportschau* ...

Was mich ein bisschen enttäuscht, ist dieser Wille in der Öffentlichkeit zur Vernichtung. Dass die Markus Lanz nicht im Morgengrauen vor dem Stadttor aufknüpfen, liegt nur daran, dass das im Internet technisch noch nicht möglich ist ... In meiner Jugendzeit war man als Linker noch tolerant und die Konservativen regten sich ständig auf. Über lange Haare, Jeanshosen und linkes Gesindel, das hat sich offenbar vollständig gedreht. Den Konservativen ist eigentlich meist wurscht, was da einer plärrt. Und die Linke ruft: »Rübe runter!« Komisch alles ...

Baustelle   5. Februar 2014

Es wird überall gebaut. Und warum baut man? Damit es besser wird. Aber Tatsache ist: Erst steht man mal zehn Jahre knietief in der Scheiße: Die Kölner haben es gut gemacht, die haben ihre Baustellen wenigstens dazu genutzt, das Stadtarchiv zu versenken. Und vielleicht schaffen sie es auch noch, dass der Kölner Dom umfällt. Dann gibt es wenigstens wieder ein bisschen Raum zum Neubauen. Das dauert dann wieder zehn Jahre und währenddessen versinkt dann wahrscheinlich der Bahnhof in einem riesigen Krater.

In Berlin bauen sie ja gerade an einem Flughafen beziehungsweise es ist ja noch nicht sicher. Vielleicht wird es auch ein Spaßbad. Ich glaube, solche Projekte dienen nur dazu, der Menschheit zu zeigen, dass alle Planung eitel ist. Und nur Gott baut auf und zerstört. Beziehungsweise in Berlin Klaus Wowereit. Aber das ist für ihn kein Unterschied.

Es gibt Autobahnen, die waren noch nie fertig. Und die werden auch nie fertig sein. Ich glaube, wir haben in diesem Land ein Gesetz, dass man diese rot-weißen Baken, dass die immer irgendwo stehen müssen. Und wenn gerade keine Baustelle da ist, stellt man sie halt auf die Autobahn.

Denn das Ziel der Baustelle ist ja nicht der Neubau, sondern die Behinderung. Die meisten Baustellen dienen ja heute ohnehin dazu, eine Straße so schmal zu machen, dass keiner mehr durchpasst. Da stellt man einen Blumenkübel auf die Straße, macht einen weißen Strich darum und schon ist Stau. Und das ist ja der Sinn der Sache, dass der Mensch aus seinem gehetzten Alltag rauskommt, in diesen Zustand transzendenter Fassungslosigkeit. Und wenn der Blumenkübel nicht ausreicht, dann wird noch eine Ampel hingestellt. Gerne auch eine Ampel, bei der immer nur eine Richtung durchfahren kann. Das ist bei der Stauerzeugung am effektivsten. Da wird die Straße aufgemacht, dann bleibt sie ein paar Jahre offen, dann legt einer ein Rohr rein, dann liegt das Rohr da und wenige Monate später wird wieder zugemacht. Und die Ampel ist wieder weg. Für drei Tage. Dann ist die Ampel wieder da, die Straße wird geöffnet und die Telekom verlegt ein paar Jahre lang neue Kabel.

Und wenn dann alles fertig ist, dann kommt die Straße ganz weg und dafür kommt ein Kreisverkehr. Und dahinter wird verkehrsberuhigt. Denn die Anwohner haben sich nach Jahren der Baustelle ohnehin daran gewöhnt, dass man nicht mehr vorwärtskommt.

So ist das Leben, wir bauen und bauen und bauen. Und nie sind wir fertig. Und am Ende liegen wir in der Kiste und die Erde wird zugemacht. Und wenn die Baustelle fertig ist, können wir es irgendwie nicht mehr richtig genießen. Schade.

Schöpfung I 12. Februar 2014

Wenn ich Gott wäre, ich bin es ja nicht, soweit ich weiß, sicher ist man ja nie … Aber wenn ich Gott wäre, dann hätte ich mit der

Bibel ganz anders angefangen. Der erste Satz meiner Bibel wäre gewesen: Die Erde ist eine Scheibe!

Und natürlich hätte ich gewusst, dass das nicht stimmt. Ich hätte das einfach geschrieben, um die Menschen mal ein bisschen zum Selberdenken anzuregen. Diese hirnverbrannten pelzlosen Affen. Dann hätte ich irgendwann meinen Sohn auf die Erde geschickt, um die Menschheit von ihrer Blödheit zu erlösen, aber natürlich hätte ich ihn wieder hochgebeamt, bevor sie ihn massakrieren. Meine Güte, das muss doch nicht sein.

Dann hätte ich alle Nichtgläubigen im Tiefkühlbeutel eingefroren, denn als Schöpfergott muss man auch mal streng sein, sonst geht alles drunter und drüber. Und menschliches Leben ist sowieso überschätzt, vor allem von Menschen, wir Götter wissen ja Bescheid.

Homo sapiens! Der wissende Mensch! Was weiß denn der Mensch? Selbst Wissenschaft ist nichts als Spekulation! Alle Physik beispielsweise geht von Kontinuität aus, Schwerkraft, Kernkraft, Magnetismus: immer gleich, seit dem Urknall. Aber warum? Das ist doch eine völlig willkürliche Annahme! Gravitation könnte sich genauso gut ändern. Dann wären 100 Kilogramm plötzlich nur noch 60, später dann wieder 140. Ich kenne viele Menschen, die das bestätigen könnten. Das nennt man den Jo-Jo-Effekt.

Meine Schöpfung wäre ganz anders geordnet als das, was wir als Weltraum kennen. Es gäbe ein Zimmer für Sterne und Planeten und ein weiteres für dreckige Wäsche, in dem die Socken so lange um ein schwarzes Loch kreisen, bis der Fußschweiß von der Gravitation hinter den Ereignishorizont gesaugt würde. In einem solchen Universum bräuchte man nicht mal mehr Waschmittel.

Wenn ich Gott wäre, hätte ich vieles verhindert. Ich hätte Adolf Hitler einen Vollbart mitgegeben, der ihm bis zu den Füßen gegangen wäre. Dazu eine Pickelhaube, ein Bikinioberteil und einen offenen Hosenstall. Und eine psychotische Zwangsstörung, die ihn dazu gezwungen hätte, ständig einen Senfrostbraten auf dem Kopf zu balancieren. In diesem Zustand hätte er keine größeren Schäden anrichten können. Im Gegenteil: Alle hätten etwas zu lachen gehabt. Na ja, es kam anders. Weil ich die Stelle als Gott ja damals nicht gekriegt habe. Schade eigentlich!

Schöpfung II — 15. Februar 2014

Eine Frage, die ich mir immer wieder stelle, ist ja: »Ist der Mensch wirklich das schlaueste Wesen im Universum?« Oder sagen wir mal: Wenigstens in Nordrhein-Westfalen? Ich bin ja bekanntermaßen Humanist, ich halte den Menschen für die Krone der Schöpfung, außer vielleicht den Typen, der mir eben die Vorfahrt genommen hat, das war eine ganz blöde Sau. Überhaupt, es ist der Straßenverkehr, der uns an der Überlegenheit des Menschen zweifeln lässt. Ich glaube, die Planung unserer Autobahnbaustellen hätte man besser einem Schimpansen überlassen.

Vielleicht kann es der Mensch einfach nicht besser. Menschen gibt es ja auch erst seit fünf Millionen Jahren. Der Mensch übt ja praktisch noch. Die Saurier regierten 200 Millionen Jahre. Und es musste erst ein riesiger Meteorit auf die Erde fallen, um sie zu vernichten. Da sehen Sie: Zum Weltenherrscher braucht es keinen großen Intellekt. Im Grunde braucht es nur Ausdauer. Die Saurier waren blöd wie Tante Renate, und Sie können mir glauben, das bedeutet wirklich: unfassbar blöd!

Was musste man können, um Saurier zu sein? Man musste schuppig sein, wie Tante Renate übrigens. Fressen und riesige Haufen legen, mehr konnten die doch nicht. Das war alles. Das schaffen wir Menschen auch, nicht ganz so große Haufen vielleicht wie ein Brontosaurus, aber etwa so groß wie ein Velociraptor, das haut schon hin, vor allem sonntags morgens mit Zeitung, wenn man richtig Zeit hat. Und niemand, der, wie auf der Arbeit, direkt vor der Kabine am Pissoir steht und sich unterhält. Das geht ja gar nicht. Verdauung braucht Einsamkeit! Und vielleicht ist es genau das, was uns von den Sauriern unterscheidet.

Deshalb gibt es auf unseren Autobahnbaustellen auch keine Klos. Weil man da nie allein ist. Da steht man stundenlang mit Tausenden anderen im Stau und kann nicht raus. Wenn ich wiedergeboren werde, erfinde ich ein Auto mit Brille und Spülung. Das erspart einem würdelose Stunden am Steuer, die man mit Jammern verbringt: »Lass es weitergehen! Oder ich muss es laufen lassen« – schrecklich!

Der Mensch ist ja ein völlig unflexibles System. Aber immerhin schlauer als ein Huhn oder eine Beutelratte. Das ist doch schon was.

Fastenzeit 5. März 2014

Ich faste, das machen ja jetzt alle. Ganz viele sagen: »Kein Alkohol bis Ostern. Nur Bier. Vielleicht. Und vielleicht ein bisschen Wein.«

Und auch essenstechnisch, da haben wir ja dieses Problem, dass unsere Bevölkerung wächst. Allerdings nicht in der Zahl, sondern im Umfang. Und deswegen gibt es ja die Fastenzeit. Dass man das, was man sich an Karneval auf die Plauze gehauen hat, dass man das jetzt vier Wochen lang – gut, jetzt nicht gleich vier Wochen, viele halten gar nicht so lange durch. Die sagen sich: »Fastenzeit schön und gut. Aber am Aschermittwoch ist alles vorbei, also auch die Fastenzeit. Hoch die Tassen!«

Man soll die Ernährungsumstellung auch gar nicht so radikal durchziehen, das ist nicht gut. Viele haben sich ja im Karneval ausschließlich durch Red Bull ernährt und als Beilage Wodka, Gin, mal ein Schnäpschen, Bier, Wein, Fernet Branca. Bei vielen

Sachen wusste man ja auch gar nicht: Was ist das? Egal! Hauptsache, es macht die Rübe dicht, wenn man der Tanzpartnerin die
Zunge in den Hals steckt und denkt: »Was kratzt da so, das ist
doch ein Vollbart ...«

Gerade aus geschlechterspezifischer Perspektive ist ja an Karneval oft auch ein so tiefer Ekel in uns, wenn man aufwacht und
denkt: »Was ist das denn!?!« Das ist ja mit dem Begriff Mensch
oft gar nicht mehr zu fassen beziehungsweise man kann es oft
gar nicht fassen. Bah! Ist ja kein Wunder, dass man dann gleich
morgens weitersäuft. Das ist der Schock!

Da sollte man jetzt den Körper nicht durch vier Wochen Fastenzeit schockentwöhnen. Nach ein paar Wochen ausschließlich
flüssiger Ernährung ist ein Magen mit Salat oder Gemüse oft
auch völlig überfordert. Deshalb ist vielen dann ja auch schlecht
bis Ostern. Die Leber ist von der gesunden Ernährung völlig
verwirrt. Und da sagen viele: »Fastenzeit nehme ich sehr ernst«,
aber man soll doch auch essen, was der Körper verlangt. Und
wenn ich nach Karneval in den Spiegel sehe, dann denke ich in
erster Linie an Hackfleisch. Nach Karneval sieht ein großer Teil
unserer Bevölkerung einfach nach Hackfleisch aus. Und dazu
dann aber Obst: saure Kirsche, grüner Apfel, kleiner Feigling.
Und ein Birnengeist. Helau und alaaf!

Riechen im Wald 11. März 2014

Ich bin ein Naturfreund, deshalb liebe ich unser Land auch so
sehr. Weil, in unserem Land gibt es die »Natur- und Umweltschutzakademie«, ein Bildungsprogramm des Landes Nordrhein-Westfalen. Und diese »Natur- und Umweltschutzakademie«, die sitzt direkt in der Natur. Also in Recklinghausen, im
Norden des Ruhrgebietes, da gibt es noch Kröten und Mücken
und sogar Humanoiden, also Menschen.

Und deshalb gibt es da die »Natur- und Umweltschutzakademie«. Das wird vom Land bezahlt. Die bieten über 200 Veranstaltungen an zum Thema Umweltschutz, zum Beispiel zum Thema Radioaktivität. Weil wir bei uns diese wahnsinnigen Probleme haben mit radioaktiver Strahlung. Nicht dass die da unnütze Panik schüren würden, aber da wird gefragt: Wie viele Todesfälle sind zu erwarten? Und ich kann Ihnen sagen: Mit Sicherheit keine, aber das ist doch kein Grund, keine Steuergelder rauszuschmeißen.

Die bieten auch Kurse an: »Bienen halten in der Stadt«. Wobei ich empfehlen würde: Nicht im Schlafzimmer! Es gibt auch einen Planktonkurs. Wenn Ihnen mal Plankton zugelaufen ist, das kommt offenbar vor in Recklinghausen. Und Sie können auch eine Ausbildung machen als Luchsberaterin. Denn irgendwann gibt es vielleicht auch in Nordrhein-Westfalen wieder Luchse und der kennt sich ja nicht mehr aus hier bei uns, dann braucht der sicher Beratung.

Es gibt auch einen »Erfahrungsaustausch Streuobst«. Es ist schon schön, was die so mit unseren Steuergeldern machen. Man kann auch einen Sensenkurs belegen. Wobei die »Natur- und Umweltschutzakademie« darauf hinweist: »Das Mitbringen einer Sense ist wünschenswert.«

Sie können auch riechen lernen! Da gibt es einen Kursus: »Riechen – Im Wald geht es immer der Nase nach«. Ich habe bisher immer eine Wanderkarte benutzt, aber egal, jetzt gehe ich zur »Natur- und Umweltschutzakademie« und dann lerne ich riechen und den »Wildnisbasiskurs« belege ich gleich mit. Das ist wichtig. Denn irgendwann ist unser Staat pleite. Wenn er weiter unser Geld zum Fenster rausschmeißt. Aber unser Staat hat uns dann im »Wildnisbasiskurs« beigebracht, wie man da draußen überlebt! Und wo wäre das wichtiger als in Recklinghausen? Danke!

Putin, Quatar und der Urknall   18. März 2014

Der Erste Weltkrieg ist jetzt auch schon 100 Jahre her. Ich erinnere mich gar nicht mehr richtig daran. Dabei sollte man das tun. Es geht ja gerade in der Welt wieder ein bisschen zu wie damals. Die Mächte stehen sich feindlich gegenüber, der eine annektiert was, der andere guckt doof und ich fände es jetzt ganz schön, wenn nicht bald wieder irgendjemand Polen überfallen würde!

Die Welt ist in keinem guten Zustand. Bei der Vergabe der Fußballweltmeisterschaft, das stand in der Zeitung, in der *FAZ*, bei der Vergabe der Fußballweltmeisterschaft in Katar soll es zu Bestechung gekommen sein! Wer hätte das gedacht! Bei der FIFA Bestechung! Das ist so desillusionierend! Am Ende erzählen sie uns noch, dass es bei der Mafia Waffen gibt! Das gibt's doch gar nicht!

Deshalb ist die WM in Katar. Ich habe gedacht, das wäre, weil Fußball in Arabien so ein Traditionssport ist. Wie oft war Katar schon Weltmeister! Okay, nicht so oft, aber zugucken wollen sie auch mal. Ich dachte, dann kommt vielleicht mal die Weltmeisterschaft im Kamelrennen nach Deutschland. Oder Falkenjagd. Für die ist ja, was bei uns Fußball ist, das ist bei denen die Falkenjagd. Auch schön. Da gibt's auch kein Abseits. Da könnten wir mal die WM ausrichten. Dann bauen wir ein paar schöne Stadien und schauen den Falken beim Jagen zu. Warum denn nicht? Das ist eine Frage des Geldes. Aber da haben die in Katar eben ein bisschen mehr von.

Das ist doch auch gar nicht so wichtig. Aber wichtig ist: ein Teleskop am Südpol. Haben Sie das mitbekommen? Das hat genau die Verzerrungen der Raumzeit gemessen, die Albert Einstein einst vorhergesagt hat. Die stammen vom Urknall! Das ist das Echo des Urknalls! »Haaaaalllooooo!«, hat der Urknall gerufen. Und jetzt, 13,8 Milliarden Jahre später, hört es endlich jemand! Und die Forscher haben damit endgültig die Bestätigung: Der

Urknall war so laut, dass man in einer Mietwohnung glatt die Kündigung bekommen hätte. Wobei ich als Jugendlicher auch oft recht laut war, aber nicht so laut, dass ich mir ernsthafte Hoffnungen machen würde, dass das in 13,8 Milliarden Jahren noch jemand hört.

13,8 Milliarden Jahre sind so lang. Dagegen sind die 100 Jahre bis zum Ersten Weltkrieg ein Augenblick. Da gab es sogar schon Galaxien und Sonnensysteme, 1914. Und es war die Plattentektonik der Erde, die Afrika und Asien von Amerika trennte, also auch Katar von Brasilien. Katar war mal Brasilien. Man muss nur lang genug zurückblicken. Und davor war der Kosmos noch eine undurchdringliche heiße Ursuppe aus Protonen, Elektronen und Photonen. Und wenn der Putin so weitermacht, wird er das vielleicht auch wieder werden. Das ist der Gang der Dinge. Möge er sich Zeit lassen ...

Steuerverschwendung 26. März 2014

Steuerhinterziehung, das geht ja gar nicht. Allerdings, was ich nicht verstehe, ist, dass die, die unsere Steuern sinnlos verpulvern, dass die meist völlig straffrei davonkommen, weil, der Schaden ist doch derselbe. Aber Steuerverschwendung ist natürlich viel lustiger.

Ich hatte insofern wieder viel Freude am Bericht des Steuerzahlerbundes. Ganz oben, der Flughafen Berlin, das ist ja Slapstick! 60.000 Baumängel, kann passieren, ich frage mich nur, bei 60.000 Baumängeln, gibt es da irgendwas, was die richtig gemacht haben? Und der Wowereit läuft frei rum, das kostet vier, vielleicht sechs Milliarden. Auf der nach oben offenen Geldverbrennungsskala sind das 130 bis 200 Hoeneß. Und der Hoeneß hat 3 1/2 Jahre bekommen, das heißt, der Wowereit bekäme jetzt, kurz rechnen ... circa 500 Jahre Knast. Die könnte er sich mit dem Platzek teilen, ergibt, nochmal halbiert wegen guter Führung ... och, da käme er nach 125 Jahren raus. Aber lustiger ist der alltägliche Steuerwahnsinn. Auf dem Autobahn-Rastplatz Vellern Süd an der A2 zum Beispiel steht eine Spannbetonbrücke. Aus der Frühzeit des deutschen Autobahnbaus. Deshalb unter Denkmalschutz. Das kann man jetzt nicht sehen, weil, das ist eine stinknormale Betonbrücke. Und weil man die jetzt nicht wegreißen durfte, hat man die auf den Rastplatz gestellt. Und weil die Brücke da ohne Auffahrt sinnlos wäre, hat man noch an beiden Seiten Treppen drangebaut. Damit man vom Rastplatz aus draufkann. Und wieder runter. Das ist vollständig sinnlos. Aber Denkmal ist Denkmal. Und außerdem, es kostet ja nix. Beziehungsweise, das Geld ist ja da. Das sind ja Steuergelder. Man hätte die Brücke auch wie jede andere alte Betonbrücke wegreißen können und das Geld stattdessen verbrennen können, aber das Geld direkt zu verbrennen, ist gar nicht erlaubt, wahrscheinlich wegen der Feinstaubbelastung.

Oder in Hiddenhausen, da regnete es in eine Sporthalle rein. Da ließ die Stadt ein Gutachten machen für die Versicherung und die Versicherung ließ ein Gegengutachten machen, woraufhin die Stadt wiederum ein Gutachten machen ließ, was am Ende gar nicht mehr nötig gewesen wäre, weil es in der Zwischenzeit natürlich immer weiter in die Sporthalle regnete. Und so kam es, dass die Sporthalle wieder benutzt wurde, allerdings nicht von Sportlern, sondern von Schimmelpilzen. Und weil die Schimmelpilze und die Sportler die Halle nicht gleichzeitig benutzen können, wird jetzt abgerissen und neu gebaut. Aber es kostet ja nix. Also die Stadt. Weil, die kriegt das Geld ja von uns. Den Steuerzahlern.

In Halle gibt es ein Existenzgründerzentrum für 35 Millionen. Da hat man aus Kostengründen auf den Hochwasserschutz verzichtet. Und dann kam Hochwasser. Blubb, blubb. Man muss

Geld nicht verbrennen, man kann es auch absaufen lassen. Oder man kann es in Projekte stecken, die vor sich hin verrecken. In Hamburg wohnt das »Weichtier des Jahres 2011«, die »Zierliche Tellerschnecke« und deshalb wurde die Entwicklung eines Logistikparks gestoppt. Und die Entwicklungskosten, blubb, blubb, blubb ...

Und in Düsseldorf gibt es einen Infopavillon zum U-Bahn-Bau. Und der stand, das konnte niemand ahnen, mitten auf der Baustelle, der musste umgebettet werden. 705.000 Euro, blubb, blubb, blubb ...

Und deshalb braucht der Staat dringend mehr Einnahmen und ist ganz streng mit Leuten wie dem Hoeneß. Ich fände ja schön, wenn die alle am Ende in der gleichen Zelle säßen. Da könnten die diskutieren. Was ist besser: hinterziehen oder rausschmeißen? Und auf das Ergebnis wäre ich sehr gespannt!

Hypochonder   6. April 2014

Alle Menschen sollen gleiche Rechte haben. Allerdings: Gegen die größte und schlimmste Ungleichheit und Ungerechtigkeit, der wir ausgesetzt sind, kann man ja gar nichts machen. Denn das ist die Krankheit. Die trifft rein zufällig, und das ist so ungerecht. Ich bin ja Gott sei Dank gesund, momentan. Ich bilde mir nicht mal ein, krank zu sein. Ich bin kein Hypochonder. Obwohl ich ein Mann bin. Ja, da grinsen Sie, das sehe ich doch ...

Dabei ist das Quatsch! Frauen sind nachgewiesenermaßen genauso hypochondrisch wie Männer. Etwa 15 Prozent der Bevölkerung bilden sich ein, sie wären krank, sind also Hypochonder, und zwar exakt so viele Frauen wie Männer. So ist das: Wenn es einem gut geht, muss man sich Krankheiten eben einbilden. Da wird ein Pickel zum Tumor und ein Krampf im Unterleib ist äh, was weiß ich!? Unter Krebs geht da gar nichts! Wenn nicht sogar irgendein Außerirdischer was eingepflanzt hat, wie in diesem Film da, *Alien*: Irgendwann macht es braatsch, dann bricht das Kleine durch die Bauchdecke nach außen und der ganze Teppich ist versaut. Wenn Sie so was öfter haben, vermeiden Sie Hülsenfrüchte.

Das Wichtigste übrigens, wenn man gesund bleiben will, ist ja Hygiene. Nur ein Drittel der Männer wäscht sich nach dem Toilettenbesuch die Hände! Und zwei Drittel der Damen. Haben Wissenschaftler untersucht. Die haben »die Waschgewohnheiten von 200.000 Menschen auf Raststätten« untersucht. Auf deutschen Autobahn-Raststätten wäscht man sich die Hände ohnehin besser nach dem Essen.

Die Klos sind ja besser geworden. Aber die Seifenspender, was da rauskommt, sieht aus wie Bullensperma und es riecht auch so. Und damit will ich jetzt wirklich nicht unsere Verkehrspolizisten beleidigen!

Am schlimmsten ist die Türklinke. Zwei Drittel der Männer, die an dieser Klinke klinken, haben sich vorher nicht die Hände gewaschen! Und der Rest sind Personen, die eine Klinke berührt haben, die jemand berührt hat, der sich zu zwei Dritteln nicht gewaschen hat. Seitdem ich das alles weiß, pinkele ich immer an die Zapfsäule. Sieht auch nicht gut aus, ist aber gesünder.

Wissen Sie, was mich endgültig fertiggemacht hat? Das war so ein Gedanke: Obwohl sich nur ein Drittel der Männer auf der Toilette die Hände wäscht, kommen fast alle mit nassen Fingern wieder heraus. Wie kommt das? Das will ich gar nicht wissen ...

Warum? 15. April 2014

Wir alle tragen das Böse in uns. Auch das Gute und das Wahre. Aber auch das Böse. Kinderliebe zum Beispiel ist etwas Gutes. Aber da ist auch dieses Böse in uns, das uns sagt: »Die Brut nervt!« Vor allem, wenn man einmal Kinder hat, die bleiben ja über Nacht. Wochenlang, monatelang! Da denken die meisten Leute bei der Anschaffung gar nicht drüber nach. Und gebraucht sind sie auch schwer wieder loszukriegen. Verstehen Sie mich nicht falsch: Ich liebe Kinder. Aber sie sind immer so: anwesend. Und dann stellen sie immer Fragen. »Warum?« Ich weiß doch auch nicht, warum! Warum leben wir? Und Sie können einem Kind ja nicht erklären, dass an der Frage »Warum?« jahrtausendelang die Philosophen gescheitert sind. Denn wenn Sie das einem Kind erklären, dann fragt es: »Warum?«

Und dann sagen Sie: »Mein Kind, Sokrates hat gesagt: ›Ich weiß, dass ich nichts weiß.‹ Das war ein philosophischer Meilenstein.« »Warum?« »Weil Sokrates die Grenzen der Erkenntnis erkannt hat!« »Warum?« »Weil er der Erste war, der erkannt hat, dass die Frage ›Warum?‹ nicht umfassend zu beantworten ist.« »Warum?« »Weil ich dich erschießen werde.‹ »Warum?« »Warum nicht?«

Das ist überhaupt die beste Antwort. Wenn Ihr Kind fragt: »Warum?«, sagen Sie einfach: »Warum nicht?«, und wenn Ihr Kind dann sagt: »Das ist doch keine Antwort!«, dann sagen Sie einfach: »Warum?«

Natürlich ist das schön, wenn Kinder fragen. Sie fragen bloß zum falschen Zeitpunkt. Also wenn man da ist. Oder wenn man wach ist. Oder einfach immer. »Warum sind wir auf der Erde?« Und irgendwann kann man nicht mehr und dann sagt man: »Mein Sohn! Das Leben hat dreifachen Sinn: fressen, saufen und Weiber flachlegen!!!« Und schon ist wieder Ärger mit der Mutter. Das ist das Böse im Leben, dass das Wahre niemals gut ist und das Gute niemals wahr. Aber schön ist es doch. Gleich dreifach!

Rechnende Kinder

Generation um Generation entwickelt sich die Menschheit weiter, die nächste Generation wird immer dümmer – glaubt die ältere Generation. Das haben schon unsere Großeltern von unseren Eltern gedacht. Und es stimmte! Und unsere Eltern dachten es von uns. Und es stimmte natürlich nicht! Aber die nächste Generation ist wieder dumm wie die Bodendielen, glauben die Älteren. Nur die eigenen Kinder, die sind schlau. Ja, sicher! Obwohl man zwischendurch schon Zweifel bekommt. Wenn sie beim Mensch-ärgere-dich-nicht die Felder zählen: »Eins, zweeieihhh-hhhhh, dreieiei ...« Und man muss sich so beherrschen, um nicht zu sagen: »Da ist fünf!!! Daa ist die Fünf!!! Das sieht man doch!!!«

Das ist nicht gut, denn man weiß ja als Elternteil, die Kinder müssen selbstständig zählen lernen, aber das dauert, das dauert lang! Und ich weiß noch, ich habe immer »Da ist die Fünf!« gesagt, weil ich einfach wollte, dass dieses Spiel endet, bevor die Kinder ausziehen. Ich hatte Angst, zu sterben, bevor der mit der Fünf fertig ist. Und wenn das Kind blöd wird, ich will leben!

Später spielt man Monopoly, und das war eine Freude, wenn das eigene Kind auf mein Hotel gekommen ist und man konnte Miete verlangen, so viel man wollte, vom eigenen Kind! Und das tat so gut, denn den Rest des Jahres wohnten die umsonst. Die nisten sich ein wie die Zecken. Und denen ist auch egal, ob sie in der Badstraße wohnen oder in der Schlossallee. Hauptsache, Essen steht pünktlich auf dem Tisch. Und wehe, der kleine Bruder hat mehr Fritten auf dem Teller. Das zählen die in einer Geschwindigkeit! Nicht eins, zweeieihhh-hhhhh, dreieiei. Das berechnen die mit der Wahrscheinlichkeitsverteilung, mit irgendeiner Gauß'schen Formel, die die Normalverteilung von Fritten auf einem konkaven Teller auf drei Kommastellen genau ... Die sind blöd wie die Brote. Aber wenn es ums Essen geht, werden sie zu Nobelpreisträgern. Und wahrscheinlich kommt man so im Leben am weitesten.

Professorx 7. Mai 2014

Laut der Berliner Professorin für Gender-Studien Lann Hornscheidt sollte Sprache in erster Linie gerecht sein. Wer möchte da nicht zustimmen!?

Deshalb soll man jetzt nicht mehr Professorin oder Professor sagen, sondern geschrieben Professx, gesprochen Profess-ix, das X am Ende soll nämlich die Genderzuordnung, also die Geschlechtszuordnung, verdecken.

Professorix Hornscheidt glaubt nämlich nicht an biologische Unterschiede zwischen Mann und Frau. Und kommen Sie jetzt nicht mit primitiven Argumenten wie: »Ich habe aber einen Penis.« Habe ich auch. Aber das ist Erziehungssache.

Denn Biologie und Psychologie lügen. Das sind Hirngespinste. Biologie gibt es gar nicht. Und deshalb fragt uns Professorix Hornscheidt im Spiegel-Interview, ich zitiere: »Bei welcher körperlichen Ausprägung fängt eine Frau denn an? Wo ein Mann?« Gut, da hatte ich bisher eine ganz naive Vorstellung. Ich habe immer gedacht: »Da gucke ich mal untenrum nach.« Aber man kann auch mit Penis eine Frau sein. Denn: Professorix Hornscheidt glaubt: Das Geschlecht ist vom Geschlecht unabhängig. Zitat: »Das sind immer soziale Konstrukte.« Eigentlich müsste man also auch Penix sagen. Für den weiblichen: Penia... o... u... ix...

Jedenfalls, als Penixeigentümer weiß ich: Es ist nicht leicht mit der neuen Sprache. Es geht ja auch um das dritte Geschlecht. Männer, Frauen, Sonstige. Stichwort Transsexualität, Intersexualität. Also Herr, Frau und – ja, da gibt's eben kein Wort. Das ist diskriminierend! Nicht jeder Transsexuelle beziehungsweise jede Transsexuelle oder jedes Transsexuellix wird ja Professorix.

Der Mitarbeiter des Professorix soll dann auch nicht mehr Mitarbeiter heißen, sondern Mitarbeita. Das ist kein Witz, der Vorschlag, sondern Ernst, Mitarbeita – mit »a« am Ende. Was eher weiblich klingt, also möglicherweise sexistisch für Transsexuelle, die ins Männliche tendieren. Es ist schwierig! Statt Herr oder Frau könnte man sagen Frerr oder Hau. Oder Ey! Oder Hallo! Oder am besten gar nicht mehr ansprechen. Ansprechen ist ja im Grunde auch nur ein soziales Konstrukt.

Und kommen Sie jetzt nicht mit so Sachen wie: »Sprache ist doch historisch gewachsen« und so. Wenn Sie das alles nicht korrekt finden, dann sind Sie vielleicht einfach zu blöd, es zu begreifen, oder ein Biologist beziehungsweise eine Biologistin oder besser noch ein Biologistix. Macht nix, ich versteh das alles auch nicht. Für mich sind das Sprachvergewaltiger beziehungsweise Sprachvergewaltixe. Wenn man es schon nicht begreift, will man es ja wenigstens anständig ausdrückix ... drücken ... drück ...

Korrekte Sprache 14. Mai 2014

Mit Sprache arbeiten wird auch nicht leichter. Man muss heute so aufpassen, dass man niemanden diskriminiert. Die deutschen Sozialverbände wollen deshalb diskriminierende Worte ganz abschaffen. Arbeitslos zum Beispiel. Stattdessen sollte es arbeitsuchend heißen. Weil, Suche ist ja auch Arbeit.

Ausländer soll es nicht mehr geben, es soll auch nicht mehr Personen mit Migrationshintergrund heißen, wegen der Ausgrenzung. Bloß wie dann? Mein Vorschlag: Einheimische, die nicht von hier sind. Oder Fremde von nebenan. Oder noch besser:

Personen, die nicht von hier sind, aber hier sind. Das klingt auch komisch.

Andrew Linzey, Professor für Tierethik in Oxford, stört sich an der Diskriminierung von Tieren durch die Bezeichnung »Tierbesitzer« oder »Hundehalter«, stattdessen sollte es »Begleittier« heißen. Das macht in diesem Fall Sinn, denn wer so was vorschlägt, lebt mit seinem Tier auch geistig auf Augenhöhe.

Das fing ja alles damals an, als Zigeuner nicht mehr Zigeuner heißen durften, sondern plötzlich Sinti und Roma waren, obwohl dadurch andere Zigeunergruppen quasi sprachlich gelöscht wurden.

Es gibt ja auch keine Dicken mehr oder Fettsäcke oder Rollmöpse oder Fettwänste, sondern Gewichtsbenachteiligte, dann ist man mollig. Das klingt wie drollig, und das soll es ja auch sein. Schließlich kann ein molliger Mensch nichts dafür, dass er einen Sechspersonenaufzug ganz allein wegen seines Übergewichts zum Pfeifen bringen kann.

Das klingt gestört. Aber das sagt man auch nicht mehr. Ein Mensch ist nicht mehr gestört. Verhaltensgestörte sind neuerdings, das ist ein Begriff aus der schulischen Pädagogik, verhaltensoriginell. So nennt man die jetzt.

Wahrscheinlich darf man auch bald nicht mehr sagen: »Mein Auto ist kaputt«, weil, so ein Auto hat ja auch eine Seele, da muss man sagen: »Mein Auto ist verhaltensoriginell.« Ein Auto, das nicht mehr fährt, ist nämlich nicht gestört. Es fährt anders. Extrem langsam. Es ist energetisch kinetisch benachteiligt. Nicht sichtbar funktionierend. Kryptofunktional ...

Man sagt auch nicht mehr »blöd wie eine Bodendiele«, sondern bildungsfern. Der Bildungsferne hat es einfach ein bisschen weiter bis zur Erkenntnis. Bei manchen liegt sogar ein tiefer Graben dazwischen. Zwischen ihm und der Erkenntnis, altgriechisch *Epistéme*. Fern heißt tele – Bildungsferne sind also Teleepistemiker. Das klingt gut. Das klingt nach Astronaut statt nach Idiot. Teleepistemiker! Im Gegensatz zu Telepathikern. Das sind Gedankenleser. Und wenn Sie keine Gedanken lesen können, sind Sie wahrscheinlich Telelegastheniker. Dann haben Sie eine Gedankenleseschwäche. Machen Sie sich nichts draus. Das kann jedem passieren!

Bildung 28. Mai 2014

Was muss ein gebildeter Mensch heute wissen? Die Pharaonen des Mittleren Reiches? Oder doch mehr die Hauptstadt von Athen? Oder wer war Heinz Gängel? Ja, das wissen Sie nicht? Der ist tot, der wohnte in Hausnummer 43 und war Klempner. Die Frage hatte ich auch noch nie! Klar, woher sollen die Quizfragenschreiber auch Heinz Gängel kennen? Aber sollte bei Ihnen im Quizduell mal die Frage kommen: »Wer war Heinz Gängel?«, dann nehmen Sie »C, ein völlig unbekannter Klempner«.
Die Frage kommt nie, weil die eh nie was fragen, was ich weiß. Okay, im Finn-Dinghy, das ist so ein kleines Segelboot, da sitzt nur einer drin, das weiß ich, schön und gut, aber deshalb fragt mich das auch keiner. Und gut, aus dem weltweit ersten Münzautomaten kam Weihwasser. Kein Scherz. Das hat mich übrigens überrascht. Obwohl, wahrscheinlich gab es bei den Katholiken auch Automaten für die Absolution. Da warf man oben zehn Taler rein und unten kam ein Zettel raus, auf dem stand: »Deine Sünden sind dir vergeben.« Eine gute Geschäftsidee, den würde ich auch gerne aufstellen, aber am Ende kriegt man für gute Ideen nie eine Genehmigung.
Beim Themenbereich »Zeiten und Menschen« weiß ich immer mehr als mein Neffe, der bei der Frage »Wer war Rosa Luxemburg?« »Eine Kugelstoßerin« angekreuzt hat. Der Schwachmat! Ich weiß gar nicht so wenig, ich weiß sogar, wer Egon Schiele war. Schiele war nicht der Erfinder eines südamerikanischen Andenstaates. Egon Schiele war auch kein Augenarzt, er war

Maler. Jugendstil. Also zwischen Kinderstil und Erwachsenenstil. Alles besser als gar kein Stil. Den haben auch viele. Eis hat Stiel. Manchmal zumindest. Und zwar seit exakt 91 Jahren, seit Mai 1923, da ist das Eis am Stiel patentiert worden. Von Harry B. Burt. Wenn Sie danach mal gefragt werden, haben Sie es sich jetzt hoffentlich gemerkt. Wer hätte das gedacht. Harry B. Burt. Da hätte ich im Quiz eher Heinz Langnese angekreuzt. Oder gleich Leonardo da Vinci, der hat doch alles erfunden, den Hubschrauber, den Büstenhalter und die Mona Lisa für Linkshänder. Es ist ein Wahnsinn!

Es gibt Fragen, da weiß ich einfach nicht weiter. »Wie heißt der Schäferhund in *Shaun das Schaf?*« Antwort: »Bizter. Oder Bister.« Keine Ahnung, wie man den Köter ausspricht. Jedenfalls hat mich die kackende Bratze eine komplette Runde gekostet. Gegen einen Bekannten von mir, der ist blöd wie ein Brot, aber im Quizduell weiß er, wer Donkey Kong erfunden hat. Das ist abendländische Bildung heute.

Wie hieß die Frau von Friedrich Schiller? Kleiner Tipp: Es war weder Eva Braun noch Shaun das Schaf, sondern Charlotte von Lengefeld, die übrigens weder von Goya gemalt noch von Vincent van Gogh gezeugt wurde, sondern in Rudolstadt zur Welt kam. Und zwar weder 1648 noch 1871, sondern 1766. Das sollte man schon wissen, vor allem wenn man von Computerspielen keine Ahnung hat und nicht weiß, dass Toad im Pilz-Königreich wohnt und da ein Freund der Monarchin ist, die übrigens Peach heißt, also Pfirsich, lateinisch *Malum Persicum*, also Persischer Apfel. Absurd, gehört doch der Pfirsich zur Familie der Rosengewächse, während der Apfel hinten aus dem Pferd fällt.

Ich prügel mir das jetzt alles in den Schädel. Ich will Quizmeister werden. Der Erfinder von Donkey Kong heißt übrigens Shigeru Miyamoto. Das stimmt! Wahrscheinlich bin ich bald völlig bekloppt, aber dann weiß ich alles! Großartig!

Chlorhuhn und Freihandel

Sind Sie auch gegen das Freihandelsabkommen mit den USA? Ja, selbstverständlich! Freier Handel, wie das schon klingt! Nach Geschäft und ein Geschäft, da sind wir dagegen. Beziehungsweise eigentlich leben wir ja vom Geschäft und wir Deutsche besser als fast alle anderen. Ein Geschäft ist ja eigentlich gar nichts Schlechtes. Aber doch nicht mit den USA! Da droht der Untergang der Zivilisation, das ist wie neuer Bahnhof in Stuttgart oder Gentechnik, da sind wir immer erst mal dagegen, gerne auch, schon bevor wir überhaupt wissen, worum es geht. Das ist ein Reflex.

Und gegen Freihandel mit Amerika sind wir sowieso! Dann müssen wir hier am Ende alle Chlorhühnchen essen. Das Chlorhühnchen ist ja das Wappentier des Freihandelsabkommens mit den USA. Fragen Sie irgendeinen zum Thema Freihandelsabkommen, schon sagt er: »Chlorhühnchen!« Weil sich das so schön furchtbar anhört. Chlorhühnchen. Dass das völlig ungefährlich ist, ist dabei im Grunde wurscht. Die haben in den USA so harte Verbraucherschutzgesetze und es gibt irrsinnige Schadenersatzsummen, wenn jemand was Schädliches herstellt. Aber das ist ja auch egal. Chlorhühnchen, das hört sich an wie Asbestwurst. Oder Quecksilberbanane.

Oder Genmais. Es gibt ja in den USA Mais, da sind Gene drin. Was ist das denn für eine Sauerei? Es gibt übrigens weltweit keinen Mais, wo keine Gene drin wären. Das ist so bei Dingen, die lebendig sind, die enthalten Gene. Sogar Sie! Auch Sie da, der Sie da gerade lesen, Sie enthalten Gene. Ist nicht schlimm, Gene sind normal. Aber wenn Sie bei uns jemanden fragen, ob im Gemüse Gene drin sein sollten, da werden die allerallermeisten Leute sagen: »Niemals. Wir wollen genfreies Gemüse.« Was ungefähr so natürlich ist wie flüssigkeitsfreie Getränke. Blödsinn!

»Wir wollen natürliches Essen!«, sagen die Leute. »Wo die Gene unverändert sind.« Das Problem ist: Das gibt es nicht. Gene verändern sich grundsätzlich immer, das hat mit Vererbung zu tun. Und alles, was wir essen, ist gentechnisch verändert, durch Züchtung! Seit der Sesshaftwerdung des Menschen leben wir ausschließlich von Pflanzen und Tieren, die es vorher nicht gab. Aus Büffeln haben wir Kühe gezüchtet, aus Gräsern haben wir Getreide gemacht und aus Mohrhühnern wurde die WC-Ente.

Und als das Essen noch natürlich war, da lebten wir auch noch natürlich. In der Höhle oder auf dem Baum. Und waren selbst noch Teil der Nahrungskette, da waren wir natürliche Nahrung für den Säbelzahntiger. Chlorfrei übrigens. Heute leben wir nicht mehr in der Natur und werden 95 Jahre alt. Ob mit oder ohne Freihandelsabkommen. Wir werden selbst das Chlorhuhn überleben. Wunderbar!

Fußball und Drohnen   2. Juli 2014

Es gibt im Moment nur ein Thema: Fußball! Hab ich das richtig verstanden? Ursula von der Leyen möchte gerne spätestens zum Halbfinale Kampfdrohnen einsetzen? In Brasilien! Ist das erlaubt? Gut, wo sonst? Zu Hause will man das ja auch nicht. Zu Hause sollen ja die Drohnen Pakete bringen. Da denken die bei Amazon ja ernsthaft drüber nach, statt dem Paketbriefträger kommt dann eine Drohne angeflogen. Da ist man als Verbraucher irgendwie skeptisch, wenn man die Erfahrungen mit Drohnen in Pakistan oder Afghanistan mit einbezieht ...

Wobei man das ja auch koppeln könnte, wenn das Verteidigungsministerium gemeinsam mit Amazon, also wenn da irgendein Terrorscheich neue Latschen bestellt oder ein Buch wie *Selbstmordattentate leicht gemacht* oder *Dschihad für Dummies*, dann könnte die Paketdrohne ja gleichzeitig als bewaffneten Drohne ...

Weil ja auch Amazon im Zweifel viel mehr über seine Kunden weiß als der Geheimdienst. Und wenn der Bombenleger die Tür aufmacht, weil die Paketdrohne geklingelt hat, und unser Dschihadist schreit vor Glück – ach nee, das war ja Zalando! Aber ich glaube, da gibt es ohnehin noch verfassungsrechtliche Bedenken. Es ist alles so kompliziert ...

Der Deutsche ist ja grundsätzlich gegen Waffen, weil Waffen böse sind. Und das stimmt ja auch. Das Problem sind bei Waffen immer die anderen, die schon welche haben. Ich komme ja aus dieser Pazifistengeneration. Wir mussten ja bei der Kriegsdienstverweigerung damals immer diese Frage beantworten: »Was machen Sie, wenn der Russe Ihre Freundin im Park mit einer Atombombe bedroht?« Damals stand bei der Gewissensprüfung, so hieß das wirklich, da stand immer irgendwo ein Russe und drohte mit schweren Waffen. Da war der Islamist noch gar nicht erfunden. Heute steht ja überall der Dschihadist. Kurz vor Bagdad, aber eben auch ab und zu im Sauerland. Wobei das ja im Moment bei uns irgendwie nicht mehr so richtig Thema ist. Klar! Wir können Weltmeister werden, da denkt man bei Bomber immer noch an Gerd Müller, der ja heute bei Bayern die Bälle aufpumpt. Muss auch jemand machen.

Und die Dschihadisten treffen sich ja jetzt wieder mehr zu Hause, im Nahen Osten, Irak, Syrien und massakrieren sich gegenseitig. Das entspannt bei uns die Lage. Wo man sich auch immer wieder fragt: »Wo haben die eigentlich die ganzen Waffen her, dass die sich jahrelang da unten gegenseitig über den Haufen bomben können?« Wahrscheinlich bestellen die das Zeug bei Amazon. Ganze Bomben gibt es da nicht, nur die Einzelteile, die muss man dann selbst zusammenbauen. Und dann sprengen die sich gegenseitig in die Luft. Und die lernen offenbar auch nicht, dass das nicht gut für die Lebensqualität ist.

Dass sich die Völker auf dem Fußballplatz bekämpfen statt auf dem Schlachtfeld, das ist das große Verdienst so einer Fußballweltmeisterschaft. Das find ich prima.

Wichtig 8. Juli 2014

Heute sage ich mal nichts über Fußball. Es gibt Wichtigeres. Obwohl, eigentlich nicht, aber egal. Warum ist Fußball so wichtig? Beziehungsweise, was heißt schon wichtig? Ich meine, was ist wichtig im Leben? Wir kommen zur Welt, dann besteht das Leben erst mal hauptsächlich aus Essen und Aufs-Klo-Gehen. Obwohl, man geht nicht mal aufs Klo, dafür hat man Dienstleister, die das, was man in der Windel hinterlässt, fachmännisch entsorgen. Das Leben wird dann ungemütlicher, wenn einen die Eltern aufs Klo schicken. Irgendwann muss man sogar selber seinen Lebensunterhalt verdienen. Und dann geht es auch schon abwärts.

Die Leistungsfähigkeit nimmt ab. Ab dem 25. Lebensjahr geht das Testosteron beim Mann zurück. Die Hormone bei den Frauen sowieso. Der 40. Geburtstag ähnelt oft schon ein wenig einer Beerdigung. Falten, Besenreiser, Cellulite, Gedächtnislücken und irgendwann wird dann das, was man früher auf dem Klo machte, schon wieder von fachmännischen Dienstleistern abgearbeitet.

Und dann im letzten Lebensmoment fragt man sich: »Was hat mein Leben geprägt?« Und da sagen viele Männer eben: »Fußball!« Mehr war auch nicht. Und da sagen intellektuell anspruchsvolle Menschen natürlich gerne mal: »Das ist doch oberflächlich.« Das stimmt. Aber unter der Oberfläche ist es auch nicht erfreulicher, im Gegenteil. Wie viele Intellektuelle haben sich umgebracht, weil Denken grundsätzlich schlechte Laune macht!? Vollidioten sind oft viel besser drauf. Weil, so eine gediegene Doofheit, so ein: »Öhöhöhö, scheißegal ...«, so eine

Wurschtigkeit, ich gebe zu, ist nicht einfach zu erreichen. Mit ein bisschen Hirn muss man da schon sehr viel Alkohol für trinken, ich schaff das oft gar nicht vor dem Frühstück. Aber so dieses Lebensgefühl »Scheiß drauf« ... Das ist Buddhismus. Wir sind Teil des Ganzen, ein Sandkorn im Getriebe des Kosmos, vielleicht auch in der Lichtmaschine oder in der Kupplung, ich kenn mich da nicht aus. Gelassenheit, das ist das Stichwort. Gelassenheit. Denn das Leben ist ja wie eine Weltmeisterschaft. Am Ende gibt es viele frustrierte Verlierer und die Gewinner, die wachen am nächsten Morgen auf und denken: »Das war's? Zwei Wochen Urlaub? Und dann geht die Saison von vorne los? Was ist das denn für eine Scheiße, ein Hamsterrad.« Das Leben ist ein Hamsterrad. Und wenn man das Glück hat, so doof zu sein wie ein Hamster, dann ist es eigentlich super. Prost!

Gerechtigkeit, Schönheit und Alkohol 11. Juli 2014

Es geht mir gut. Ich weiß, das sagt man nicht. Zufriedenheit gilt ja in Deutschland ohnehin als oberflächlich. Leiden hat Tiefe, Fröhlichkeit ist doch Ballermann! Kennen Sie dieses Lied von Micki Krause: »Geh mal Bier holen, du wirst schon wieder hässlich, ein, zwei Bier, dann wirst du wieder schön ...«? Das ist doch platt. Gut gelaunter Quatsch eben. Das ist der Zeitgeist, zu meiner Zeit, da sang man noch: »Marmor, Stein und Eisen bricht.« Das hatte existenzielle Tiefe. Aber heute gilt Zufriedenheit als Zeichen der Ungerechtigkeit gegenüber den Unzufriedenen. Alle Menschen sollten gleich zufrieden oder unzufrieden sein, denn alle Menschen sind gleich. Natürlich gibt es auch Schlaue und Doofe – aber die sind gleich, oder man sollte wenigstens so tun. Auch ein Vollidiot hat das Recht, als Geistesgröße zu gelten.

Und deshalb wird Vollidiot jetzt gestrichen aus dem Vokabular. Ein Vollidiot kann ja nichts dafür, dass er ein Trottel ist. Kein Mensch kann was für das, was er ist. Denn was man ist, kommt immer von anderen, durch Vererbung oder die Gesellschaft. Deshalb kann auch ein charakterloser Drecksack nichts dafür, dass er ein charakterloser Drecksack ist. So ein Bankmanager zum Beispiel, diese Finanzarschgeigen, diese Geldsäcke sind auch irgendwie nur Opfer.

Denn im Grunde liegt alles an mangelnder Liebe. Jeder hat ein Recht auf Liebe. Da müsste der Staat mal eingreifen. Wir brauchen Liebesbeamte, die alle lieb haben, dann ist Gerechtigkeit. Und es sollen auch alle schön sein. Denn was ist ungerechter auf dieser Welt verteilt als die Schönheit? Jeder sollte schön sein. Auch die Hässlichen. Und wenn man die Hässlichen nicht schön kriegt, weil sie zu hässlich sind, dann muss der Staat eben Alkohol verschenken, damit sich alle alle schönsaufen können.

»Geh mal Bier holen, du wirst schon wieder hässlich.« Und alle brechen gemeinsam in die Vorgärten. Das wäre eine schöne Welt. Ich fang schon mal an. Prost!

Triumph 16. Juli 2014

Ich bin Weltmeister. Deutschland ist Weltmeister. Also ich auch. Aber irgendwie hat sich mein Leben gar nicht verändert. Ich hätte erwartet, dass jetzt jeden Morgen ein paar Argentinier oder Brasilianer vor der Türe stehen, die mich in einer Sänfte zum Supermarkt tragen, aber nein ... Das Leben geht ganz normal weiter, selbst für die, die verloren haben.

Und das sind ja die meisten. 32 Mannschaften starten, davon rechnen sich zehn erst mal gar nichts aus und von den restlichen 22 sind 21 am Ende sauer, weil sie raus sind und nur einer siegt. Und für den ändert sich am Ende auch nix. Gut, das ist immer noch besser als das normale Leben, da sind am Ende alle tot.

Da ist es gut, wenn man nicht alles auf Sieg setzt, sondern in erster Linie mal versucht, Spaß am Spielen zu haben. Verlieren ist egal, das kommt sowieso irgendwann, aber Spaß haben dabei, das ist die Kunst.

Jammerlappen gehen einem auf den Sack: »Oh, wo spiele ich den Ball hin, nach links oder nach rechts, oje, oje, was ist, wenn ich jetzt was falsch mache ...« Scheißegal! Meine Fresse, spiel einfach! Ständig dieses Grübeln: »Was soll ich tun ...?« Egal! Über die wichtigen Dinge entscheiden wir sowieso niemals selbst: Sind wir jung oder alt, schön oder hässlich, schlau oder doof ... kein Mensch entscheidet über das Wesentliche. Deswegen ist Demokratie teilweise auch eine verlogene Veranstaltung – prima, aber eben auch ein bisschen verlogen, weil sie uns das Gefühl gibt, wir würden über unser Schicksal selbst entscheiden, aber das ist doch auch gut: Wenn ich schon über nichts Wichtiges entscheiden kann, dann wenigstens über die Regierung. Deswegen schimpfen wir auch so gerne über Politiker. Denn: Okay, wir sind vielleicht alt oder hässlich oder doof, aber wir haben eine Regierung, die wir dafür verantwortlich machen können. Die Drecksäcke ...

Und alle 20 Jahre werden wir Weltmeister. Und dann steht die Bundeskanzlerin in der Männergarderobe und feiert. Als Helene Fischer der Politik. Gott sei Dank hat sie nicht auch noch gesungen. Aber wenn sie jetzt mal den amerikanischen Präsidenten trifft, kann sie ihm sagen: »Da könnt ihr spionieren, wie ihr wollt, im Fußball bleibt ihr scheiße!« Und dann ist da dieses wunderbare Gefühl eines kurzen Triumphes, das ist schön ...

Reich   22. Juli 2014

Sind Sie eigentlich reich? Ich frage nur, weil, das ist ja heute auch relativ. Ich bin hier gerade in Urlaub auf einer sehr angesagten Mittelmeerinsel und hier gibt es ein paar Russen, die zahlen dann für einen guten Tisch im örtlichen VIP-Club auch schon mal 8000 Euro Reservierungsgebühr, da ist der Aperitif noch nicht mit drin. Nachher 20.000 Euro Trinkgeld, das kommt vor. Wirklich! Kein Scherz! Und wenn Sie dann als Tourist mal nach dem Kaffee drei Euro liegen lassen, spuckt Ihnen der Kellner ins Portemonnaie.

Gegen die Russen hier auf der Insel wirken die Geissens wie alter Landadel, da fühlen sich die Millionäre mal wieder richtig arm. Millionär ist heute eher popelig, da geht es zehnstellig los. Gucken Sie mal, so eine Jacht kostet im Jahr schon mal drei oder vier Millionen, und das ist Mittelklasse! Da sind Sie mit zehn Millionen auf dem Konto ganz schnell pleite. Mit achtstelligen Vermögensbeträgen ist man hier kurz vor Hartz IV. Vielleicht Hartz V, maximal VI. So arme Schlucker müssen hier nebenher mit Drogen handeln. Und da kennt man sich ja auch nicht mehr aus heute. Die rauchen ja nichts mehr vom Balkon, das kommt aus dem Chemiebaukasten. Es ist alles ein bisschen künstlich heute.

Eine Luxusvilla kostet hier 120.000 Euro. Allerdings nicht gekauft, sondern gemietet. Die Woche! Da sind allerdings auch frische Handtücher mit drin. Und die Damen auch.

Die Damen sind sowieso voll saniert. Die kommen gerade vom Raumausstatter, die sind frisch gepolstert. Neu beledert, ein bisschen getackert. Und dann wippen sie über die Tanzfläche, da wippt aber nix mit. Ich glaube, das ist gar kein Silikon, das ist Propylen mit ein bisschen Acetat. Frisch geölt und es ist auch nicht schlimm, wenn es nicht ewig hält, dann kauft man halt ein neues Modell.

Da können wir Deutsche mal lernen, dass wir statustechnisch nicht mehr wirklich erste Wahl sind. Dafür kotzen wir nicht in den Champagnerkübel. Wir können uns benehmen! Wir trinken die Sangria noch nach alter Sitte aus dem Eimer. Und das unterscheidet uns eben von dem neureichen Gesocks. Das war in der

Geschichte immer so: Wenn neue Schichten hochkamen, damals im alten Griechenland, bei den Römern oder später der Geldadel in Florenz um 1400, dann mussten sich die alten Herrschaften mit dem Status »alten« Adels über Wasser halten. Das machen wir hier auch. Bitte, wer will denn so eine Plastik-Alte?!? Das haben wir nicht nötig! Auch wenn es von Weitem wirklich nicht schlecht aussieht, pfui, bah, Ende!

Freud und das Unterbewusste   26. Juli 2014

Siegmund Freud, der Erfinder der Psychoanalyse, also der Gehirnklempnerei, der meinte ja, dass im Grund unser ganzes Handeln ferkelige Ursachen hätte, also untenrum. Man sieht beispielsweise als Mann eine junge Frau und dann denkt man: »Mensch! Hab ich die Kaffeemaschine ausgemacht?« Dann ist man möglicherweise bekloppt. Oder vielleicht auch sehbehindert. Oder vielleicht war das auch ein schlechtes Beispiel.

Jedenfalls stellen Sie sich mal vor, als Mann kommt Ihnen mitten auf der Straße eine attraktive nackte Frau entgegen. Da denken Sie doch auch: »Äh. Oh! Wo bin ich denn hier gelandet?« Und dann ist man oft in Oberhausen. Und dann denkt man: »Das ist ja ein Zufall!« Ist es ja oft auch. Normalerweise tragen die Leute in Oberhausen Kleidung. Glaube ich. Ich bin ja nicht oft in Oberhausen. Vielleicht geht man da auch nackt. Und wenn man als Oberhausener nach Paderborn kommt, denkt man: »Mensch, sind die verklemmt hier, die haben ja alle was an.« Aber das hat doch mit Verklemmung nix zu tun. Die Winter sind kalt in Paderborn.

Und das hat Siegmund Freud entdeckt. Und er hat geglaubt, das liegt an unterdrückten Trieben. Oft kommt einem auf der Straße ja auch eine nackte Frau entgegen und dann stellt man fest: »Die ist ja gar nicht nackt!« Es ist nur sehr heiß draußen und gerade junge Mädchen laufen ja heute in Klamotten rum, die den Begriff Kleidung im Grunde gar nicht mehr rechtfertigen. Und da sagt Siegmund Freud: »Das, was uns da durch den Kopf geht, das ist unser Unterbewusstes.« Und das ist natürlich oft ganz ferkelig veranlagt.

Um es mal wissenschaftlich auszudrücken: Neulich erschien mir im Traum ein Rabe und der Rabe sagte: »Schnee in Detmold riecht nach Fisch!« Und dann bin ich aufgewacht. Und das Erste, was ich dachte, war: »Der Rabe war wahrscheinlich noch nie in Detmold.« Ich glaube, der Traum hatte im Grunde gar nichts zu bedeuten. Vielleicht drückte der Traum aber auch aus, dass man immer in Betracht ziehen sollte, dass Raben gar nicht so schlau sind, wie man immer sagt. Es wäre interessant, zu wissen, ob ein Rabe auch über ein Unterbewusstsein verfügt. Und ob ein Rabe auch ständig an schweinische Sachen denkt.

Aber wie soll man das rauskriegen? Ein Rabe legt sich ja nicht auf die Couch und spricht über seine Kindheit. Aber ein Rabe würde auch niemals nackt durch Oberhausen laufen. Er trägt immer ein gepflegtes Federkleid. Übrigens auch in Detmold und in Paderborn. Ich glaube, dass Siegmund Freud die Psychoanalyse erfand und feststellte, dass alles menschliche Handeln unterbewusste Ursachen hat, dass alles irgendwie mit Sex zu tun hat, das sagte mehr über ihn selbst aus als über den Menschen an sich. Wahrscheinlich hatte er eine junge Frau gesehen, eine attraktive junge Frau, und dabei gedacht: »Mensch! Habe ich die Kaffeemaschine ausgemacht?« Und als sie um die Ecke verschwunden war, hat er gedacht: »Ich glaube, ich bin bekloppt.« Und da hat er wahrscheinlich recht gehabt.

Gas und Risiko   3. August 2014

Ich bin so erleichtert: Das Umweltbundesamt will die Förderung von Schiefergas, also das Fracking, verbieten. Wegen Risiko. Da beziehen wir unser Gas lieber aus Russland. Das ist risikolos, weil ja der Russe ... Gut, er ist manchmal ein bisschen seltsam, aber Schiefergas fördert er nicht! Das macht der Amerikaner. Deshalb spart der Amerikaner gegenüber uns Deutschen im Jahr 100 Milliarden Dollar Energiekosten. Die wir lieber dem Russen geben. Das ist risikofrei ...

100 Milliarden! Gespart! Durch Fracking. Aber das wollen wir nicht. Es ist zwar noch nie was passiert dabei. Aber trotzdem! Das Bundesumweltamt will Fracking trotzdem verbieten. Begründung: weil sich die »Risiken dieser Technologie noch nicht sicher vorhersagen lassen«. Also nicht weil es ein Risiko gäbe, sondern weil es eins geben könnte. Deshalb sollte man es gar nicht versuchen, auch nicht im Kleinen, wegen Risiko ...

Das ist ein gutes Argument. Denn Fracking ist eine relativ neue Erfindung. Und jede Erfindung birgt irgendein Risiko. Oder könnte eins bergen und insofern sollten Erfindungen an sich verboten werden. Das hätte man viel früher machen sollen. Die ganze Menschheitsgeschichte besteht im Grunde aus versäumten Verboten. Elektrizität zum Beispiel. Sehr gefährlich! Elektrizität hätte unser Umweltministerium sofort verboten. Denn Elektrizität könnte ein Risiko mit sich bringen, wenn jemand beispielsweise mit der Zunge in eine Hochspannungsleitung gerät. Oder wenn der Hund Pipi in die Steckdose macht.

Wobei, schlimmer noch ist Feuer. Das Feuer hätte unser Umweltbundesamt sofort verboten.

Das Rad! Eine der risikoreichsten Erfindungen der Menschheit, Stichwort Autoverkehr. Das Rad würde heute sofort verboten, weil sich das Risiko einer solchen Technologie nicht sicher vorhersagen lässt ...

Es ist ja die Frage, ob nicht sogar das Leben selbst ein gewisses Sterberisiko mit sich bringt. Und ob nicht erst durch die Bildung des ersten Lebens, also Einzeller und so weiter, erst durch das Leben selbst also das Todesrisiko entstanden ist.

Das Leben selbst ist im Grunde eine Erfindung der Natur, die tödliche Risiken mit sich bringt. Herr Schmidt! Da müssen Sie eingreifen. Und wenn Sie nicht das Leben verbieten, dann sollten Sie ihm wenigstens die Sterbegenehmigung entziehen, wegen Risiko. Nur wer nicht lebt, kann auch nicht sterben. Da könnte man im Bundesumweltamt mal mit gutem Beispiel vorangehen. Aber wenn das Umweltbundesamt mal nicht mehr lebt, wer verbietet dann das Fracking?

Irgendwie bleibt immer ein Risiko. Schade ...

Lärm   13. August 2014

Ich wollte nur schöne Grüße bestellen aus dem Urlaub! Im Urlaub sollte man sich ja eigentlich erholen vom Lärm der Welt. Aber der Lärm geht ja hier ungebrochen weiter. Ich bin ja gerade am Mittelmeer, die haben hier Jetskis. Hrrrrrrrr... Der Jetski ist der Laubsauger des Südens, hrrrrrrrr...

Aber immer noch ein angenehmeres Geräusch, als was so im Rest der Welt momentan zu hören ist, hier ein paar Raketen im Nahen Osten, da rollt eine Panzerkette durch die Ukraine ... Es grollt überall. Das ist unerfreulich. Margot Käßmann hat ja jetzt wieder im *Spiegel* gesagt, Gewalt sei grundsätzlich ein Fehler, das stimmt. Leider können die Kämpfer im Irak und Syrien das nicht lesen, weil sie alle Zeitungskioske niedergebombt haben, schade ... Es wäre schön, wenn Frau Käßmann mal mit denen über Pazifismus reden könnte, sie wollte ja schon mit den Taliban reden, aber eine christliche Frau wird da leider schon vor dem Reden enthauptet ...

Man spricht ja momentan vom allgemeinen Säbelrasseln, obwohl Säbel, glaube ich, gar nicht mehr verwendet werden, außer im

Irak vielleicht. Der gemeine Isis-Kämpfer macht ja gerne auf Mittelalter, wobei man da dem Mittelalter unrecht tut. So finster war es gar nicht überall.

Aber wer erinnert sich schon noch daran? Die meisten Menschen erinnern sich ja gerade noch an das 20. Jahrhundert. Weil wir gerade 100 Jahre Ersten Weltkrieg feiern. Da sind ja auch bei uns alle begeistert in den Krieg gezogen und haben sich gewundert, dass die anderen zurückschießen. Dann kam man, ein paar Extremitäten ärmer, nach Hause und dachte sich: »Mensch, irgendwie fehlt mir was ...« Und bereitete den nächsten Weltkrieg vor.

Der Mensch lernt offenbar nicht richtig dazu. Da fahren ernsthaft Tag für Tag Europäer in den Bürgerkrieg nach Syrien, um sich da in die Luft zu sprengen. Wo ich gar nichts gegen hätte, wenn die das Sprengen unter sich erledigen würden. Vielleicht könnte man denen einen alten Truppenübungsplatz in Brandenburg zur Verfügung stellen, da könnten die sich in die Luft blasen, ganz ohne Schaden anzurichten, aber das wollen die nicht. Die wollen ja in den Himmel und da kommt man offenbar nur hin, wenn man noch ein paar mitnimmt, nicht ganz leicht nachzuvollziehen für einen geistig Gesunden ...

Da sind mir selbst hier die Jetskifahrer lieber. Viel lieber, geradezu sympathisch. Von mir aus können sie sogar den Strand mit dem Laubsauger sandfrei pusten. Hauptsache, sie verzichten darauf, dabei zu detonieren. Man ist ja heute schon für wenig dankbar.

Steinzeitdiät 20. August 2014

Es gibt eine neue Diät, davon hat mir ein Bekannter erzählt, die Steinzeitdiät. Der wollte wegen der Gesundheit irgendwie natürliche Ernährung und sich deshalb ernähren wie in der Steinzeit, das war ja eine sehr gesunde Zeit. Es gab auch kaum Verkehrstote.

Ab und zu wurde man von einem aus dem Nachbardorf erschlagen, mit der Steinaxt, also umweltfreundlich ... Damals wurde man noch nicht von Dschihadisten geköpft oder Separatisten zerbombt, sondern ökologisch erschlagen.

Und man aß nur Nüsse, Beeren und ganz viel Fleisch. Kein Getreide, Gluten, Weizen, das gab es damals ja alles noch nicht, und auch nicht, was sonst für viele heute zur Ernährung dazugehört: Döner, Spaghettieis und Aspirin. Und auf all das zu verzichten, empfiehlt jetzt die evolutionäre Ernährungswissenschaft und nennt das »Paleodiät«, also Steinzeitdiät. Gute Idee. Allerdings noch nicht konsequent umgesetzt. Weil man sein Essen immer noch einfach kaufen geht. Gesünder wäre, selbst jagen zu gehen, wegen der Bewegung und so. Aber das ist gar nicht erlaubt, vor allem in der Innenstadt. Geht ja auch gar nicht, versuchen Sie mal, in der Fußgängerzone einen Büffel zu finden oder einen Hirsch. Das ist selten. Und einen Rauhaardackel zu schießen, das gibt meist Ärger und schmeckt nicht.

Zumal: Gerade seit die Steinzeit vorbei ist, ist der Mensch irgendwie erfolgreicher als vorher. Unsere Fitness hat sich enorm gesteigert, wir haben uns über die ganze Erde verbreitet, unsere Lebenserwartung hat sich vervierfacht. Unser Hirn hat sich vergrößert. Auch wenn man das bei vielen nicht denkt. Bei meinem Bekannten zum Beispiel ...

Der will jetzt die Paleodiät durchziehen. Und ich ermutige ihn. Aber ich habe ihm auch gesagt: »Mit der Ernährung allein ist es nicht getan! Was ist mit Medizin?« Viele stehen ja auch auf ursprüngliche Medizin. Paleomedizin! Viel natürlicher. Man nimmt einen aus dem Dorf, haut ihm einen Stein auf den Kopf, bis ein großes Loch drin ist, und dann lässt man den bösen Geist raus. Dann lassen auch die Schmerzen nach.

Allerdings gehen dann auch die Lebensgeister anderweitig ... Man hatte damals ja auch nur eine Steinzeitlebenserwartung von

23 Jahren. Aber man starb gesund! Bloß wegen des doofen Weisheitszahns, der vereiterte, dann bohrte sich der Abszess ins Gehirn, und schon war der Geist beim großen Wumbatumba.

Aber das ist ja auch gut. Älterwerden ist ja auch nicht schön. Und deshalb empfiehlt mein Bekannter, ich solle auch Steinzeitdiät machen. Wobei man einschränkend sagen muss: »Wer den frühen Tod vermeiden möchte, sollte ab und zu auch mal über die Steinzeit hinausdenken.« Für die anderen gilt: Tot oder nicht, Hauptsache, glutenfrei.

Außerirdische 27. August 2014

In den nächsten 20 Jahren will die NASA mit Außerirdischen sprechen! Wobei die Frage im Raum steht: »Wollen die Außerirdischen auch mit der NASA sprechen?«

1977 haben die Forscher das bisher erste und letzte Signal aus dem All empfangen, von dem sie glauben, es sei von Außerirdischen, und jetzt glauben sie, sei es an der Zeit, zu antworten, na ja, ein bisschen spät, wenn der Außerirdische da mal nicht sauer ist ...

Das war natürlich vor der Zeit der SMS, denn wenn man heute nicht innerhalb von Sekunden antwortet, gilt man als unhöflicher Drecksack. Da kann man sich mit Herzinfarkt über den Boden wälzen, da sagen die Leute: »Eine What'sApp hättest du aber schicken können.«

Egal. Jedenfalls wird diskutiert bei der NASA: »Wie soll man mit außerirdischen Intelligenzen kommunizieren?« Sogar ein Vertreter des Vatikans diskutiert mit, ein gewisser Herr Guy Consolmagno, der darüber nachdenkt, ob man die Außerirdischen taufen sollte. Gute Frage. Vielleicht haben wir Glück und unser Außerirdischer ist Gott. Dann könnten wir ihn selber fragen.

Vielleicht sollten wir ihn aber auch gar nicht ansprechen. Wenn der sieht, wer hier auf der Erde alles in seinem Namen spricht, die Herren vom islamischen Kalifat, die gerade in seinem Namen morden und brandschatzen. Die würden sich wundern, wenn sie Gott kennenlernen würden. Das ist überhaupt meine Lieblingsvision: Gott trifft auf die selbst ernannten Herrscher des Nordirak. Er trägt eine lockere Badehose und Cowboystiefel und sagt: »Leute! Ich erkläre den Bikini zum heiligen Kleiderstück. Darauf heben wir einen! Caipirinha für alle!«

Wahrscheinlich würden ihn die Dschihadisten töten ...

Egal, jedenfalls glaube ich nicht, dass die NASA wirklich Gott findet. Und dass die Islamisten Gott finden, ist auch unwahrscheinlich, für die ist ja schon ein Fernrohr ein Werkzeug des Teufels. Die Buddhisten suchen ihn gar nicht. Die Hinduisten haben Millionen Götter, wenn die einen finden würden, das fällt gar nicht auf, und wen gibt's noch alles.

Egal, jedenfalls: Ich glaube, das wird nichts. Das Signal damals, von 1977, das lautete übrigens wörtlich: 6EQUJ5. Viele Menschen dachten damals, das wären die kommenden Lottozahlen, und wurden verrückt, weil sie auf den Tippzetteln das Q und das J nicht finden konnten. Andere glaubten, das sei die so lange gesuchte chemische Formel für Popel. Ich glaube, es war die Typenbezeichnung eines Fernsehers. Vielleicht suchten die Aliens einfach eine Bedienungsanleitung. Und hingen bei der Hotline in der Warteschleife fest. Und die Zeichenfolge wurde dann durch Zentrifugalkraft ins All geschleudert. Klingt nicht sehr wahrscheinlich. Aber immer noch wahrscheinlicher, als dass es mal getaufte Außerirdische geben wird. Aber wer weiß ...

Bildung und Bilder   3. September 2014

Was hab ich da in einer großen Zeitschrift gelesen? Deutschland wird angeblich dümmer! Das kann doch nicht sein! Ich selbst kenne persönlich zahlreiche Menschen, die nicht nur lesen, sondern teilweise sogar schreiben können. Teilweise wurden sogar Rechenaufgaben richtig ausgeführt, Multiple Choice, aber immerhin. Und das waren komplizierte Fragen, »7 x 8« und solche Sachen. Als Lösungsvorschläge gab es: a) »3«, b) »Irgendwas um ca. 57«, c) »Ganz viel« und d) war: »Oijoi, da kommt schon was zusammen«. Gut, da war jetzt nur eine wirklich falsche Antwort dabei, aber die anderen drei muss man auch erst mal treffen ...

Aber es geht wohl dieses Mal hauptsächlich um das untere Drittel bei der Bildung, und das ist, wie der Pädagoge sagt: »völlig am Arsch«. Geschichte, ganz schlimm ... Dass der damalige Papst Wilhelm den Mauerbau selbst befohlen hat, glauben nicht wirklich 100 Prozent der Hauptschüler, aber mindestens fünf Viertel.

Fragen Sie mal in einer deutschen Hauptschule, was ein Parlament ist oder eine Diktatur. Dann sagen die: »Wenn ich das rauchen kann, her mit dem Zeuch!«

Mir ist Bildungsarroganz übrigens völlig fern, aber vielleicht sollte man doch auch mal von den Eltern verlangen, dass sie sich ein bisschen Mühe geben. Aber das ist natürlich schon die Generation, wo auch die Eltern nicht mehr wissen, wie ein Buch von innen aussieht. Wenn sie denen ein klein gedrucktes Taschenbuch geben, dann tippen die mit zwei Fingern auf die Seite, ziehen die Finger auseinander und wundern sich, dass der Text nicht größer wird. Das machen Kinder heute auch, wenn Sie denen Papierfotos zeigen, übrigens durch alle Gesellschaftsschichten hinweg, die versuchen, die zu vergrößern. Machen Sie das mal, das macht Spaß, das zu sehen, wie die verzweifeln ...

Aber Bilder verstehen sie wenigstens. Das nennt man übrigens funktionalen Analphabetismus, wenn man die Buchstaben kennt, aber glaubt, das »S« sei eine Schlange. Und der funktionale Analphabetismus hat stark zugenommen. Weil schon die Eltern nicht mehr in der Lage sind, die Zeugnisse ihrer Kinder zu lesen.

Für ein Land, das von seiner Bildung lebt, ist das ein bisschen wenig. Da soll jetzt was getan werden. Die meisten Schulbücher stellen um auf Bilder. Wie Bedienungsanleitungen, die bestehen ja heute auch nur noch aus Bildern. Weil der durchschnittliche Nutzer einer Heißluftfritteuse gar nicht mehr begreift, wenn da schriftlich steht: »Das Gerät ist für sexuelle Handlungen nicht geeignet.«

Na dann, gute Nacht ...

Rückruf 16. September 2014

IKEA ruft seine Kinderschaukel »Gunggung« zurück. Da hat es wohl Unfälle gegeben, wahrscheinlich haben Kinder die Schaukel mit Benzin übergossen und angezündet und da kam es zur Rauchentwicklung. Oder sie haben sie verschluckt, ich weiß es nicht.

Aber es bleiben immer Restrisiken. Da gab es jetzt diese Rückrufaktion von Buttermakrelenfilets ohne Haut. Die wurden zurückgerufen, nicht weil sie keine Haut gehabt hätten, das ist ja oft so bei Buttermakrelenfilets ohne Haut, sondern da hat eine Bakterie dringesteckt. Die hat wahrscheinlich gedacht: »Da ist keine Haut, da darf ich rein!«

Im Geroldsecker Bier war im August Reinigungslauge. Das musste zurückgerufen werden, wobei, wenn man das nicht schmeckt, sollte man vielleicht sowieso mit dem Saufen aufhören. Während bei der Pyraser Waldquelle Grapefruit light nur Berstgefahr bestand aufgrund eines Gärprozesses in der Flasche. Bier ist offenbar schwierig. Das Riedenburger glutenfreie Bier enthielt im Juli Gluten. Während alkoholfreie Biere im Allgemeinen nur wenig

Alkohol enthalten. Beziehungsweise die Alkoholiker, die sich darauf verlassen haben, dass da kein Alkohol drin ist, das gibt es nämlich nicht, alkoholfreies Bier ...

In Berlin, Bremen, Hamburg, Niedersachsen und Sachsen-Anhalt enthielt der Ostasiatische Kiemenschlitzaal die verbotene Substanz Nitrofuran. Da frage ich mich: »Was hat der Ostasiatische Kiemenschlitzaal in Sachsen-Anhalt zu suchen?« Sollte man den nicht per se nach Ostasien zurückrufen?

Im Januar wurden die Teelicht-Karusselle Rondo Sternenwald und Rondo Flockenzauber zurückgerufen. Die Teelichter könnten brennen. Das habe ich auch schon erlebt, auch bei Kerzen. Ich habe im Winter sogar oft Feuer im Kamin. Und da können Sie zurückrufen, wie Sie wollen, das geht erst aus, wenn alles verbrannt ist, es sei denn, Sie kippen einen Eimer Wasser drauf. Aber bitte kein Löschpapier. Das könnte brennen. Das ist auch verrückt. Löschpapier, das brennen kann ...

Die Welt ist irre. Aber man kann sie nicht zurückrufen. Das ist schade. Man sollte viel mehr Rückrufaktionen starten. Nicht nur, wenn wieder bei irgendeinem Auto die Bremse als Gaspedal funktioniert. Sondern auch mal nach einer Landtagswahl. Dass man sagt: »Da haben wieder so viele Leute irgendwelche Nazis gewählt. Die müssen zurückgerufen werden.« Ab in die Klinik, und dann spült man das Gehirn einmal durch, bis der ganze braune Scheißdreck draußen ist.

Aber so eine Rückrufaktion gibt es nicht. Ich habe beim Wahlamt angerufen deswegen. Die haben nicht mal zurückgerufen. Schade.

Drecksäcke 21. September 2014

Der Mensch hat sich ja in den letzten 10.000 Jahren als ziemlicher Drecksack entpuppt. Er betätigt sich gerne als Mörder, er betrügt seine Mitmenschen und er pinkelt oft neben die Schüssel. Wobei man sagen muss, Letzteres ist bei aller Emanzipation immer noch eine Domäne der Männer. Aber egal. Viele Männer sagen ja: »Es gibt etwas, was wir Männer besser können als Frauen. Und das stimmt, im Neben-die-Schüssel-Treffen, da sind wir ungeschlagen ...

Was will ich damit sagen? Dass man sich doch manchmal fragt: »Warum ist das so? Warum ist der Mensch nicht einfach liebenswert, gütig und zielsicher?« Nun, das ist einfach, das ist Evolution. Erstens gab es früher keine Schüsseln. Der Mensch hatte also nur wenige Tausend Jahre Zeit, zu üben.

Zweitens, also was Güte und Charakter angeht: Der Drecksack hat sich evolutionär durchgesetzt. Die liebenswürdigen Menschen saßen vor der Höhle und wenn einer vorbeikam, dann sagten die: »Schönes Wetter heute!«, und der Besucher sagte: »Das stimmt!« Und haute dem Höhlenbesitzer mit der Keule auf den Kopf. Und schon hatte der Drecksack eine eigene Höhle. Während der liebenswerte Zeitgenosse sich aufgrund frühzeitigen Lebensendes nicht mehr fortpflanzen konnte.

Gewaltbereitschaft ist ein evolutionärer Vorteil. Nicht immer! Wenn man sich im Nahen Osten in die Luft sprengt, dann wird das mit der Fortpflanzung auch nichts. Dafür muss man aber auch bekloppt sein. Und Bekloppsein ist wiederum ein evolutionärer Nachteil.

Der evolutionär richtige Weg liegt in der Mitte. Man sieht das an den Schimpansen. Die sind nicht so blöd, sich in die Luft zu sprengen. Aber sie führen auch Kriege – mit anderen Schimpansengruppen. Sie bringen sich auch gerne gegenseitig um. Weshalb man sie auch Menschenaffen nennt. Und jetzt haben Wissenschaftler aus 50 Jahren Forschung Ergebnisse zusammengetragen und festgestellt: Wenn Affen einen Vorteil wittern, dann wenden sie auch Gewalt an. Tötungsdelikte sind im Rudel nicht ungewöhnlich. Am liebsten bringt man allerdings die aus anderen Rudeln um. Affen sind also auch noch Rassisten.

Da sind wir Menschen friedlicher. Bei uns werden ganz viele Menschen nicht ermordet. Das ist ja schön. Der Mensch hilft sogar gerne. Selbst Fremden, die er gar nicht kennt. Und auch das ist ein evolutionärer Vorteil. Gerade weil wir egoistisch sind, helfen wir anderen. Weil wir davon ausgehen, dass auch uns dann im Notfall geholfen wird. Deshalb versuchen wir, immer mal wieder auch selbstlos zu sein, selbst wenn kein anderer zuschaut. Deshalb versuchen wir, selbst wenn wir ganz allein auf einem öffentlichen Klo sind, in die Schüssel zu treffen. Das ist wahre Menschlichkeit.

Bundeswehr   30. September 2014

Ich war ja nicht bei der Bundeswehr, deshalb kenne ich mich da nicht so aus. Das habe ich übrigens mit unserer Verteidigungsministerin gemeinsam. Frau von der Leyen kommt zwar rüber wie ein richtiger Feldwebel. Aber ihre Grundausbildung war die Kindererziehung. Weshalb bei unserer Bundeswehr auch viel mehr Wert gelegt wird auf Kindertagesstätten als auf Kriegsgerät. Wobei man bei den Kindern heutzutage auch manchmal schwere Geschütze auffahren muss. Aber das ist eine andere Sache, Kinder sind zwar heute oft schlecht erzogen, aber wer mit dem Panzer ins Kinderzimmer einrücken muss, der hat schon vorher was falsch gemacht.

Jedenfalls war die Wehrmacht ja schon immer die Schule der Nation. Und in der Schule wird nicht geschossen! Und das wäre in der Bundeswehr auch gar nicht möglich, mangels Munition. Da wird schon lange beim Manöver »peng« gerufen, weil keine Platzpatronen da sind. Das wirkt natürlich nicht wie ein echter Ernstfall. Aber der sollte ja eh nicht eintreten ...

Allerdings steht jetzt der Dschihadist vor der Tür und will sich in die Luft sprengen, teilweise auch Deutsche, das sind natürlich ganz armselige Trottel, die haben wahrscheinlich ihr Leben vor irgendwelchen Ballerspielen verbracht, buff, päng, padaatz, und dann hat ihnen jemand ins Ohr geflüstert: »Syrien, das ist 3-D!« Und am Ende wundern sie sich, dass sie kein Leben mehr übrig haben.

Jedenfalls ist jetzt aufgefallen, dass wir unsere Bundeswehr möglicherweise noch brauchen und dass unsere Bundeswehr aber im Grunde gar nicht mehr existiert. Wir haben zum Beispiel sechs Panzerbataillone, von denen haben zwei keine Soldaten und kein Gerät. Es gibt also zwei Bataillone, die es faktisch gar nicht gibt. Das ist ein philosophisch komplizierter Fall. Sein oder nicht sein ...

Überhaupt das Material. Wir haben auch Gewehre mit krummem Lauf, da zielt man links und trifft rechts den eigenen Mann beziehungsweise die eigene Frau, weil sich der Mann gerade in der Kindertagesstätte kümmert. Das ist für den Einsatz im Irak nicht schlimm, da sind überall Dschihadisten, da ist es wursch, wohin man schießt. Aber sonst: Vieles ist altersschwach, auch unsere Verteidigungsministerin hat das erkannt ...

Die Transall, unsere Transportmaschine, ist von 1963. Aber sie fliegt! Oft sogar in der Luft! Und da bleibt sie auch! Bis sie wieder runterkommt. Und das tut sie meistens auch. Oft sogar da, wo sie hinwollte. Es ist ein Wunder! Woran man sieht, dass der liebe Gott nicht aufseiten der Dschihadisten ist. Der liebe Gott hält sich raus. Das würden wir ja alle gerne. Der Deutsche möchte ja gerne alles friedlich lösen. So wie Margot Käßmann, die Atombombe des Pazifismus. Die immer gegen Waffen ist. Und da ist unsere Bundeswehr auf dem besten Weg ...

Die Dschihadisten enthaupten ja gerne mit der Machete. Das wäre auch eine Waffe für die Bundeswehr. Munitionslos, wartungsfrei. Und man kann auch in der Kindertagesstätte damit drohen. Wunderbar.

Unternehmensoptimierung I   7. Oktober 2014

Und, geht's bei Ihnen im Betrieb auch schon los? »Wir müssen unsere Wirtschaft optimieren.« Ein Freund von mir hat jetzt in der Firma so eine Unternehmensberatung, »Macplumpsey«, »PritzwasserhausCooper«, »Alt und Jung«, oder wie die alle heißen. Egal, ist alles derselbe Krempel, aber das ist gut! Da kommen ein paar junge, dynamische Kräfte ins Haus, gucken sich um und sagen: »Alles scheiße hier!«

Und dann wird alles anders. Wer tagsüber Zeit hat, Kaffee zu trinken, fliegt raus. Da ist dann ein ganz anderer Zug im Haus und bessere Luft, weil auch keine Raucher mehr vor der Tür stehen. Der Mensch hat 3,8 Milliarden Jahre Evolution hinter sich, da sollte er keine Pause mehr brauchen. Und auch Schlaf nur in den Ferien. Was für Ferien überhaupt? Natürlich gibt es Urlaub, aber muss man den immer gleich nehmen?

Das haben die von Macplumpsey rausgefunden, dass der Mensch an sich ein Störfaktor im Betrieb ist. Deren Grundprinzip ist: »Wir gehen rein in die Firma.« Die hat, sagen wir mal, 2000 Mitarbeiter, und dann hat man ein »Target«, ein Ziel: 1500 reichen auch. Und wenn man dann als Firmenmitarbeiter sagt: »Ja, aber die machen doch alle schon Überstunden!«, dann ist man raus, dann ist Macplumpsey schon nur noch 499 vom Target entfernt …

So eine Beratung kostet natürlich richtig Geld, aber dafür haben die Unternehmensberater großartige Tipps für Verhandlungen mit Kunden, so Tipps wie: »Bereiten Sie sich vor!« Solche Tipps sollten einem schon mal ein paar Millionen Wert sein. Oder der gute Ratschlag: »Lügen Sie selbstbewusst« Mann, die haben's drauf …

Die geben auch Tipps, wie man das Verhalten eines Verhandlungspartners durchschaut. Wenn da einer seine Brille putzt, dann heißt das: Der denkt nach! Hoppla! Oder wenn er sich an die Nase fasst, dann lügt er! Das sind Informationen, die würde ich mich nicht trauen, für Millionen anzubieten, aber das ist ja mein Fehler ... Den besten Verhandlungstipp fand ich: »Vermeiden Sie es, die Wahrheit zu sagen!«

Und am schönsten fand ich ein Zitat unter den Verhandlungstipps: »Mit netten Worten und einer Pistole erreicht man mehr als nur mit netten Worten.« Das ist von Al Capone. Und das haben die von Macplumpsey übernommen. Das ist nur folgerichtig: Wer sich die Mafia ins Haus holt, muss mit ihr leben. Viel Vergnügen!

Piloten, Mauerfall und Dschihad
14. Oktober 2014

Hallo, ich bin gerade pünktlich rein, Frau von der Leyen hat mich mit dem Eurofighter in den Sender bringen lassen, um mir die Einsatzfähigkeit der Bundeswehr vorzuführen, allerdings war der Vergaser verstopft, wir mussten schieben. Und ein Flügel hing runter und dann sind wir gegen einen Kinderwagen gestoßen und da ist der Flügel abgefallen. Also nächstes Mal nehme ich wieder die Bahn, die ist zwar auch beschissen ausgestattet, aber man merkt es nicht, weil ja immer die Lokführer streiken.

Wie die Piloten, bei denen wird ja in Zukunft nicht mehr durchgegeben, wann gestreikt wird, sondern wann sie arbeiten. Die Piloten wollen ja von der Flugscheinprüfung direkt in den Ruhestand gehen. Das kann man verstehen, ich wollte früher auch vom Kindergeld übers Bafög direkt in die Rente rutschen. Es hat nicht hingehauen, aber das Leben wird trotzdem immer schneller. Ich fahre ja viel mit der U-Bahn und da denke ich oft: »Es gibt nicht mehr viel zwischen Pubertät und Demenz.«

Früher musste man zwischendurch noch zur Bundeswehr. Das ist auch vorbei. Die Wehrpflicht ist ausgesetzt. Weil wir ja damals geglaubt haben, als der Ostblock zusammenbrach, jetzt ist das Ende der Geschichte da. Wir brauchen kein Militär mehr, es wird keine Kriege mehr geben. Das war die Zeit damals, als Helmut Kohl noch der Dicke war und Angela Merkel noch nicht mit Messer und Gabel essen konnte. Da lief der dicke Kohl gegen die Mauer und da brach sie zusammen und Angela Merkel sang mit David Hasselhoff *Looking for Freedom*, und das klang so furchtbar, dass die Menschen nach Westen strömten. Damals sprengte sich der Islamist übrigens auch noch gar nicht in die Luft. Diese folkloristische Eigenart entstand dann erst mit den Taliban.

Und seitdem rostet die Bundeswehr vor sich hin. Die Friedensbewegung hat sich durchgesetzt: Vor unserer Armee muss sich niemand fürchten. Auf unsere Armee blicken nicht die ausländischen Spione, sondern die heimischen Altmetallhändler.

Was tun gegen die Dschihadisten? Die internationale Gemeinschaft empört sich ja gerade über die Türkei, weil die nicht eingreift, aber irgendwann, ich sag das extra ganz leise, damit es keiner hört, irgendwann werden die auch uns fragen, ob wir nicht was machen wollen. Und dann stehen wir da mit unserer Bundeswehr. Es gibt im Standort Hinterhausen in Sachsen-Anhalt angeblich noch eine Gulaschkanone, da könnten wir die Dschihadisten mit Schweinefleisch beschießen. Oder wir könnten Mettigel als Straßensperren aufbauen. Mehr ist nicht mehr drin.

Unternehmensoptimierung II   20. Oktober 2014

Ich habe mir jetzt auch eine Unternehmensberatung ins Haus geholt. Die haben gesagt, sie wollen erst mal ein paar Arbeitskräfte freisetzen, was ein bisschen doof ist, weil: Ich bin ja allein. Und wenn ich nicht mehr da bin, sind nur noch die Unternehmensberater übrig. Aber das finden die wahrscheinlich ideal. Und am Ende ist der Gewinn wahrscheinlich höher als der Umsatz.

Das ist ein normaler Vorgang im Unternehmensberatungsbereich. Da kommen junge, dynamische Kräfte ins Haus, gucken sich um und stellen fest: »Das ist der falsche Approach hier, das ist alles *below the line*, die Firma muss *back on track*, da müssen wir einen Prozess aufsetzen, proaktiv rangehen. Mit einer Taskforce!« Und am Ende sind die Mitarbeiter raus und freuen sich über eine optimierte Work-Life-Balance.

Wenn so Berater erst mal im Haus sind, wird alles anders gemacht. Da haben vielleicht früher 1000 Leute die Ritzen in die Autoreifen geschnitzt, aber man kann die Rentabilität verdoppeln, wenn man die Firma nach Colombo verlegt, wo dann 100 Tamilen Kaffeefilter kleben. Da muss man erst mal drauf kommen.

Natürlich gibt es da auch oft Kritik, aber was viele nicht begreifen, ist: In einem Betrieb passiert so viel, was nicht profitabel ist, und seien wir ehrlich: Vor allem da, wo der *Salary* nicht *performance driven* ist, da wird am Arbeitsplatz, am *Point of Production* geguckt, gesprochen, teilweise geatmet, da wird die Luft aus dem Betrieb gesaugt, als würde sie nichts kosten. Und bitte: Natürlich kostet die Luft nichts. Aber warum eigentlich nicht? Da ist noch Optimierungsspielraum ... Da hängt die Breathe-Work-Balance schief!

Teilweise gehen Mitarbeiter sogar aufs Klo, was ja nun wirklich Privatsache ist. Das muss alles neu *gebenchmarkt* werden. Beim Customer Relationship Management ist die Story noch nicht rund, da muss ein *Change* eingeleitet werden, der *Brand Value* neu skaliert, neuer *Content* implementiert, dann *Outplacement* ... Feierabend ... Und das ist ein Prozess von großer Schönheit. Denn durch das *Outplacement* entsteht im Fachjargon der Unternehmensberater »*Windfall*«, Fallobst, die sind vom Baum gefallen wie alte faule Birnen. Ab in den Kompost! Das ist die Zukunft: der kompostierbare Mitarbeiter. Das kommt. Ich hab das Gefühl, ich fang schon an zu faulen, herrlich!

Sternzeichen Skorpion 27. Oktober 2014

Ich bin Sternzeichen Skorpion. Das ist interessant, ich könnte theoretisch auch Fisch sein oder Waage, ich bräuchte dann nur einen anderen Geburtstag. Das ist nämlich genau der Unterschied. Und während die Waage gerne mal zu viel anzeigt und der Fisch gern schwimmt, ist der Skorpion das einzige Sternzeichen, das für am 29. Oktober Geborene überhaupt infrage kommt.

Man sagt dem Skorpion nach, er hätte einen Stachel. Das ist in der Natur richtig. Ich bin allerdings in der Stadt aufgewachsen und über meinen Stachel möchte ich in der Öffentlichkeit auch gar nicht, äh ... Es soll heißen, mit dem Skorpion ist nicht gut Kirschen essen. Was bei mir nicht stimmt. Ich esse sehr gerne Kirschen, auch Pfirsiche und Bananen. Das ist auch für Skorpione nicht unmöglich.

Ich bin entschlossen, zielstrebig, analytisch, ehrgeizig und willensstark, allerdings erst, seit ich weiß, dass sich das für einen Skorpion gehört. In der Schule war ich nämlich noch eine totale Pfeife, faul, ehrgeizlos, apathisch, wahrscheinlich war ich damals noch Wassermann oder Schütze. Der Schütze gilt ja auch als angeberisch und taktlos. Also wenn ich eine kennenlerne, die Schütze ist, da ist bei mir gleich der Ofen aus, weil ich als Skorpion natürlich auch überkritisch bin.

Mein Geschlechtspartner könnte zum Beispiel gerne Fisch sein. Allerdings wäre mir persönlich noch lieber, sie wäre »Frau«. Das ist neigungsbedingt und nicht wertend gemeint. Ich glaube allerdings auch überhaupt nicht an Horoskope, für mich hat das

Horoskop auch keinerlei Einfluss auf meine Partnersuche, bloß Widder kommen mir auf keinen Fall ins Haus. Die riechen und haaren. Das ist nicht schön.

Fun, Action, Event 30. Oktober 2014

Das Leben ist anstrengend geworden. Allein schon, wie lang das dauert. Das Leben dauert ja heutzutage oft 90 Jahre, das muss man konditionell erst mal durchhalten. Nächstes Jahr haben wir die ersten 70-Jährigen, die nicht mal mehr einen Krieg erlebt haben. Hoffentlich, man weiß es ja nicht. Aber da muss das Leben eben anderweitig gefüllt werden. Deswegen gehen ja vereinzelt sogar Leute in den »Heiligen Krieg« in den Irak, weil hier nix los ist. Das übliche Programm reicht denen nicht. Spaßgeburten in Erlebniskrankenhäusern, Actionrestaurants, Extremliving und am Ende die Eventbeerdigung. Das ist ja laff gegen eine Selbstsprengung im Freizeitdschihad. Viel Vergnügen, ich bleibe lieber hier, mir reicht das.

Ich will mich gar nicht immer aufregen. Ich komme ohne Aufregung ganz gut über die Runden. Ich werfe mich nicht am Gummiseil in die Tiefe, ich mache keine nächtlichen Autorennen auf der Stadtautobahn und ich höre auch nicht Helene Fischer: »Atemlos durch die Nacht.« Unk, unk, unk, unk. Ich atme gerne. Auch mal durch.

Ich bin letztens an einem Nagelstudio vorbeigekommen, da stand: »Megaaction! Maniküre auch für Männer, Bad, Peeling, Maske, Nagelpflege, Massage und Pflegelotion«, das ist natürlich Wahnsinn, alles zusammen! Das ist Megaaction! Das stand da auch mit drei Ausrufezeichen! Wo ich dachte: »Schrei mich nicht an.« Ich bin stolzer Besitzer einer Nagelfeile, mir reicht das. 1058 Menschen haben sich für einen Flug zum Mars beworben, das wird angeboten, und zwar ohne Rückflug. Die verlassen die

Erde ohne Aussicht auf Wiederkehr. Das ist natürlich Megamegaaction. Das ist besser als Peeling, Nagelpflege und Massage. 1058 Leute wollen freiwillig auf dem Mars verenden. 1058 Gestalten, die dann wahrscheinlich auf Maniküre auch für Männer, Bad, Peeling, Maske, Nagelpflege, Massage und Pflegelotion verzichten müssen, denn ich weiß nicht, ob da auch eine Nagelpflegekraft mitfliegt. Und auch eine Eventbeerdigung wird es da oben nicht geben. Unter den 1058 Mitfliegern ist kein einziger Bestatter dabei. Da hätte man eigentlich drauf achten müssen, schade.

Von der Harnleiterentzündung zur Akne
2. November 2014

Wenn Sie mal was wirklich Neues ausprobieren wollen, was Sie noch gar nicht kennen, was wirklich Aufregendes und Nervenaufreibendes, dann legen Sie sich doch mal eine Harnleiterentzündung zu. Das sind Gefühle in einer Intensität, die haben Sie untenrum noch nie erlebt. Es ist ein bisschen so, wie wenn Sie beim Pinkeln mit dem Schweißbrenner – aber ich will Sie jetzt nicht gleich am Anfang ästhetisch überfordern, aber so ist der Mensch, er ist ein unflätiges Gebilde.

Er besteht ja zu bis zu 70 Prozent aus Wasser. Übrigens genau wie unsere Erde, da sind auch 30 Prozent Land und 70 Prozent Wasser. Kein Wunder, dass wir uns auf diesem Planeten so zu Hause fühlen. 70 Prozent Wasser. Leider müssen wir das oft auch lassen. Also das Wasser. Und am Ende landet alles wieder im Meer. Das ist der Kreislauf des Lebens. Mir persönlich ist sehr wichtig, dass im Wasserkreislauf, also im großen Zirkel aus Wasserlassen und Wassertrinken, dass da zwischen Lassen und Trinken möglichst viel Abstand ist. Ich finde es gut, dass das Wasser ins Meer fließt und erst dort wieder verdunstet. Wenn es gleich auf dem Autobahnklo wieder in die Flasche gefüllt würde, das wäre ja auch nicht schön.

So ist doch alles gut geregelt auf diesem Planeten. Ich glaube, so meinte das Leibniz damals, als er sagte: »Wir leben in der besten aller Welten.« Da hatte er aber mit Sicherheit keine Harnleiterentzündung. Das lässt mich ja auch an einem guten Schöpfer zweifeln, denn wenn es so einen Schöpfer gäbe ... Ich meine, ähä!?

Der Tag, an dem er die Harnleiterentzündung erfunden hat, ich glaube, da war er wirklich mies drauf. Das gilt übrigens auch für Thrombose und Mittelohrentzündung. Und sogar Akne! Was soll das? Einem Pubertierenden so etwas anzutun! Der findet eh schon, dass er scheiße aussieht, und ausgerechnet auf der Klassenfahrt, an der auch die anbetungswürdige Laura aus der 7c teilnimmt, explodiert dieser feiste Vulkan aus Eiter mitten auf der Stirn.

Das ist alles nicht gerecht! Aber das hab ich alles nicht. Ich habe eine ... na ja, Sie wissen schon ... und kommen Sie mir jetzt nicht mit Tricks wie nur ganz wenig trinken, dann scheidet der Körper auch nichts aus, vergiss es! Das ist der allerwichtigste Ratschlag bei dieser Krankheit: »Viel trinken. Viel trinken!« Damit man möglichst oft aufs Klo muss! Aua! Die Welt ist ein Absurditätenkabinett! Und wer das nicht begriffen hat, der hatte noch nie ... nicht mal ... Plaque. Ist auch Käse. Leibniz würde jetzt sagen: »Das gibt es alles nur, damit wir uns freuen, wenn der Schorf abfällt und es nicht mehr blutet.« Seltsamer Vogel!

November 5. November 2014

Jetzt kommt die schönste Zeit des Jahres: der November! Die Zeit der Freude, der heiteren Feiertage. Ich freue mich schon auf Totensonntag. Wenn wir wieder wie jedes Jahr auf dem Friedhof die Verwandten ausgraben – ach, nee, das war Halloween, aber ist ja egal ...

Dann ist ja auch noch St. Martin. Ein christlicher Feiertag, weshalb ihn bei uns viele nicht mehr feiern wollen. Weil, an St. Martin ist ja der Herr Jesus zur Welt gekommen, bis er dann zu Ostern auf einem Hasen in den Sonnenuntergang geritten ist ... beziehungsweise ... Ich weiß es nicht mehr genau.

Wir kennen uns ja hierzulande im christlichen Glauben gar nicht mehr so aus. Es glaubt ja heute jeder, was er will. Gut so! Ich persönlich glaube ja, die Sterne am Himmel, das sind alles brennende Wiesel. Die hat der Schöpfer da aufgehängt, damit wir glauben, das seien ferne Galaxien. Das klingt wunderlich, aber traditionelle Religionen sind oft auch nicht sonderlich logisch.

Wenn Blinde plötzlich sehen und Lahme gehen, das ist doch auch ... Wahrscheinlich war es ein Missverständnis. Vielleicht konnten auch die Blinden gehen und die Lahmen sehen, dann wäre es wieder plausibel.

Suchen Sie solche Beispiele aber bitte nicht in anderen Religionen, vor allem nicht im Islam. Das endet ganz schnell im Vorwurf der Islamophobie. Da muss man heute aufpassen. Wenn man heute sagt: »Die Henker im Irak, das sind aber keine Menschenfreunde ...« Da muss man damit rechnen, dass einer sagt: »Das ist ja Rassismus! Das ist islamophob!«

Dazu muss man wissen: Islamophob, das ist ein Kampfbegriff, wie die gute alte Faschismuskeule. Das muss man jetzt den jungen Leuten erklären: Früher, in einer Diskussion, wenn man keine Argumente mehr hatte, dann sagte man einfach: »Faschist!« Und dann hatte man recht. Dann kam die Neoliberalenkeule. Da sagte man in der Diskussion einfach: »Das ist ja neoliberal.« Schon hatte man recht! Und der andere war eine Drecksau! Und jetzt gibt es die Islamophobenkeule ...

Während Christophobie bisher noch nicht gesichtet wurde. Vielleicht aber auch einfach, weil die Blinden immer noch blind sind.

Und die Lahmen stumm. Und St. Martin ist aus der Kirche ausgetreten und steigt am Totensonntag aus dem Grab und feiert Halloween. Da feiere ich mit. Herrlich!

Kopfgeldjagd und Stringtheorie
12. November 2014

Ich war auf Reisen und da ist mir aufgefallen: Wenn ich woanders geboren worden wäre, dann wäre ich wahrscheinlich ganz anders geworden. Zum Beispiel in Lappland. Dann wäre ich jetzt Lappe. Das wäre mir jetzt im Winter zu kalt, wenn beim Pinkeln am Polarkreis der Strahl einfriert. Aber wenn ich Lappe wäre, wäre es mir wahrscheinlich wurscht, da steht man bei minus 20 Grad im Winterdunkel mit offener Hose auf der Terrasse und denkt: »Schönes Wetter heute.«

Es ist eben alles kulturell bedingt. Man muss sich immer wieder klarmachen: Wenn Sie in Nepal geboren wären, 1851, dann wären Sie Buddhist geworden. Da wären Sie vielleicht heute ein Hängebauchschwein. Aufgrund der Wiedergeburt. Wenn Sie im letzten Leben Scheiße gebaut haben ... Und dann kommt man eben wieder als Hängebauchschwein. Oder als Spreewaldgurke. Man weiß es ja nicht.

Oder wenn Sie im Amazonasgebiet zur Welt gekommen wären. Da wären Sie heute vielleicht Kopfjäger. Weil das da ein hoch angesehener Job ist. So was gibt es ja bei uns nur noch an Problemschulen. Aber in so einer archaischen Gesellschaft ist Kopfjagd normal. Am Amazonas oder auf Borneo. Da geht man ab und zu ins Nachbardorf, schneidet ein paar Jungs den Kopf ab und dann kommt man nach Hause. Und alle: »Super! Hey! Neue Köpfe!« Das finden die prima.

Die glauben, da ist ein Geist in dem Kopf. Da sind wir bei uns weiter. Wir wissen, das ist kein Geist, das ist Strom. Hirnstrom.

Die glauben, der Geist, das wäre so eine Art Gespenst bei uns im Kopf ... Und das Lustige ist, dass die moderne Physik denen im Grunde mehr recht gibt als uns. Denn wir glauben nicht an Geister, wir glauben an Materie. Aber die Physiker sagen: »Materie gibt es nicht, das ist ein Fehler unserer Wahrnehmung, alles, was ist, besteht aus so einer Art Energie, aus eindimensionalen schwingenden Strings im elfdimensionalen Quantenschaum.« Wenn ich so was höre, dann fühle ich mich den Kopfgeldjägern auf Borneo so nah. Dann denke ich: »Wenn man einem Physiker den Kopf abschneidet, dann besteht der doch immer noch aus Quantenschaum. Warum soll man das nicht einfach mal ausprobieren?« Das kann ich Ihnen sagen. Weil die Polizei es Ihnen übel nehmen wird. Am besten fahren Sie dann nach Lappland. Da ist es jetzt dunkel, da findet Sie keiner. Oder Sie werden Buddhist, sterben und kommen als Spreewaldgurke wieder. Dann sammeln Sie neues Karma und der Kreislauf des Lebens beginnt von vorn, wunderbar!

Toleranz

18. November 2014

Es ist Themenwoche *Toleranz* in der ARD. Die Frage ist ja: »Muss man überhaupt tolerant sein?« Und muss man auch tolerant sein gegenüber den Intoleranten? Die philosophische Grundfrage lautet ja: »Muss man jeden Drecksack respektieren?« Ja! Jeder Mensch hat ein Recht auf Respekt. Und das fordern die Menschen heute auch ein. Jeder Depp fordert heute: »Alder, Respekt, ey!«

Das sind teilweise auch komische Typen, die da Respekt einfordern. Neulich hat mich einer angesprochen, und der meinte: »Ey, du, ich figge deine Mudda, Respekt, ey!« Und ich dachte noch: »Das wusste ich gar nicht.« Ich habe dann meine Mutter gefragt, und die meinte: »Das stimmt gar nicht.« Das hatte ich mir gleich gedacht, da wäre mein Vater auch gar nicht mit einverstanden gewesen.

Der hatte gelogen. Aber natürlich sollte man ihn trotzdem respektieren, auch wenn er ein Lügner und ein Depp ist. Dann muss man dem sagen: »Du bist ein Lügner und ein Depp – aber ich respektiere dich dafür.« Und was »Isch figge deine Mudda« angeht, meine Mutter ist über 80, die will das nicht.

»Ey, Respekt ...« Das hört sich übrigens immer an wie ein ausländischer Akzent, ist aber keiner, die sprechen heute alle so. »Ey, isch geh Schule. Ey, muss isch pünktlich sein, weil, bin isch der Klassenlehrer.«

Wenn man so mit denen spricht, denkt man ja oft: »Höflichkeit ist nicht mehr so angesagt, oder?« Am schlimmsten ist es im Internet. Wenn der Shitstorm einsetzt, da wird es oft ziemlich unhöflich: »Ey, du bis krass scheiße!« Und als schlimmste Beleidigung gilt, wenn man die Mutter von einem beleidigt: »Ey, deine Mutter ist so fett, die kannst du als Hüpfburg vermieten.« Das ist so der Umgangston im Internet ...

Man redet ja im Internet gerne von Schwarmintelligenz ... Das glaube ich nicht. Der Schwarm ist meistens eher doof. Und unhöflich. »Ey, du, deine Mutter ist voll dein Vater, ey ...« Der intelligente Schwarm, der ist selten. Der Schwarm, das sind ja alle, quasi das Volk. Und diesen Schwarm haben sie vor 70 Jahren gefragt: »Wollt ihr den totalen Krieg?« Und alle haben gerufen: »Ja! Prima! Gute Idee! Dass wir da nicht früher drauf gekommen sind.« Also schlau – ist anders.

99 Prozent Bonobo 20. November 2014

Wussten Sie, dass unser komplettes Bewusstsein nur ein chemischer Prozess ist? Das ist so. Dopamin, Serotonin, das schwabbelt und schwurbelt und schwimmt bei uns im Hirn. Und wenn das alles gut gemixt ist, dann lacht man und ist fröhlich. Ein bisschen Alkohol noch dabei oder Lachgas, dann ist gute Laune. Das ist Chemie.

Natürlich sollte man nicht zu viel nachdenken über die Welt und so. Krieg, Krise ... Das hemmt dann die Endorphin-Produktion im Hirn. Deswegen haben Vollidioten doch oft viel bessere Laune. Da kommt die Realität gar nicht an im Hirn.

Was nicht verwunderlich ist. Wir haben ja bekannterweise zu über 99 Prozent das gleiche Erbgut wie Bonoboaffen. Über 99 Prozent! Und das eine Prozent Unterschied ist ... ja, weiß ich auch nicht ... dass wir Hosen tragen ...

Nein: Der Unterschied ist, wir Menschen machen mehr aus unseren Genen. Wir denken nach, wir sprechen ... Wo das Bonoboäffchen die Fresse hält. Was auch beim Menschen oft schlauer wäre ... Aber egal.

Affen machen nix aus ihren Genen. Deshalb haben sie auch weniger Probleme. Ich habe noch nie gehört, dass sich ein Affe wegen eines Flachbildschirms überschuldet hätte.

Und die Viecher rauchen nicht! Wie, die haben ja kein Feuer ... Das hat der Mensch erfunden ... Wie auch den Hornhauthobel, den Hohlraumdübel und die Luftmatratze.

Dafür kriegen Affen kein Alzheimer. Gut, ein Affe kann natürlich auch gar nicht so viel vergessen, weil er sich auch wenig merkt. Beziehungsweise, selbst wenn er sich was merken will, dann hat er es, bevor er es gemerkt hat, oft schon wieder vergessen. Weil Bonobos ja auch den ganzen Tag an Sex denken. Die haben den ganzen Tag Sex. Da ist für den Rest kein Platz mehr im Hirn. Das ist im Grunde wie bei Jungs in der Pubertät. Aber bei uns hört das irgendwann auf, das ist ja auch schade.

Trotz 99-prozentiger Übereinstimmung. Ein Prozent Unterschied. Der Rest ist gleich. Wir können vielleicht besser denken, aber die können besser klettern. Das war's. Und sie benutzen sogar ihren Schwanz dafür. Versuchen Sie das bitte nicht zu Hause.

Überwachungskaffeemaschinen-weltmeister
26. November 2014

Haben Sie auch das Gefühl, dass Sie dieses Jahr ständig überwacht wurden? Von der NSA, von Amazon, von der Schwiegermutter, die Computerviren bei mir eingeschleust hat, vielleicht sind die aber auch aus Russland oder aus China. Russen und Chinesen haben längst unsere Computer gekapert! Und unsere Mikrowellen, unsere Kaffeemaschinen ... Das ist doch alles vernetzt heute! Wieso zeigt mein Kaffeeautomat ständig an, dass er was will? Grundreinigung durchführen ... Wassertank leer ... Entkalken ... Das sind doch Hilferufe!

Es wird viel zu wenig entkalkt bei uns. Deswegen haben wir auch dieses riesige Demenzproblem. Weil oben alles verkalkt. Aber im Untergrund, da fließt die Information ...

Ich muss das jetzt mal ordnen. Die Frage des Jahres ist doch: »Welcher Informationen kann man überhaupt noch trauen?«

Die Menschen sind verunsichert! Der deutsche Fußballweltmeister Christoph Kramer hat im WM-Finale derartig einen auf die Rübe bekommen, der hat in der 31. Spielminute den Schiedsrichter gefragt, ob das wirklich das Endspiel sei, und der Schiedsrichter hat gesagt: »Ja.« Und Kramer hat sich bedankt und gesagt, das sei eine sehr wichtige Information für ihn gewesen. Kein Scherz. Und viele glauben, das hätte an dem Schlag gelegen, den er an die Rübe ... Aber nein! Der ist einfach misstrauisch! Der hinterfragt das! Und das ist so wichtig in dieser Informationsgesellschaft!

Sind wir überhaupt Weltmeister? Von wem haben Sie es denn erfahren? Aus dem deutschen Fernsehen! Aus deutschen Zeitungen! Von Philip Lahm! Und der ist gleich danach zurückgetreten! Hallo!? Das ist doch keine objektive Information!

Vielleicht ist das alles Propaganda, man weiß es ja nicht. Vielleicht ist die ganze Welt nur eine Animation, wie in *Der Hobbit*. Vielleicht gibt es aber auch Hobbits, das sieht alles so echt aus, man weiß doch gar nicht mehr – Orks, Quarks, Elfen, Lesben, Zauberer! Vielleicht gibt es das alles ...

Irgendwo schwingt so ein Gandalf in Mittelerde seinen Zauberstab und plötzlich gießen sich bei uns die Promis Eiswasser über den Kopp ... Um Geld zu sammeln gegen eine Nervenkrankheit. Die Welt ist ein Zauberkosmos ... Auch 2014.

Wenn es denn überhaupt stimmt, was man so hört, denn der Hirnforscher Ernst Pöppel sagt ja: »Vergessen ist eine kreative Funktion des Gehirns.« Wir vergessen, um Informationsmüll rauszukippen. Manchmal meine ich, da sollte ich gleich mit anfangen ... Und die Kaffeemaschine reinige ich mit.

Helene und Ukraine   1. Dezember 2014

Jetzt ist schon wieder Dezember. Atemlos! Das Jahr ist bald rum. Und ich habe nichts begriffen. In dieser Informationsflut. Wer wurde denn nun Weltmeister? Den Schlagzeilen nach zu urteilen: der islamische Staat. Vor Ebola und der Ukraine. Warum, weiß keiner. Ebola war schlimm, keine Frage. 7000 Tote. Aber das schafft ja fast der Straßenverkehr in Deutschland, gut, da brauchen wir zwei Jahre, aber Malaria tötet jedes Jahr 120-mal so viele. Aber mit einer Regelmäßigkeit, die ist nicht wirklich nachrichtentauglich. Da fehlen auch die gruseligen Bilder von den Menschen in Schutzanzügen. Und dann interessiert es eben in diesen Medienzeiten niemand mehr. Die Frage ist doch heute nicht: »Ist was passiert?«, sondern: »Ist das Thema medientauglich, sodass man eine anständige Sau durchs Dorf treiben kann?«

Wer ist zum Beispiel schuld in der Ukraine? 100 Jahre nach dem Ersten Weltkrieg diskutiert man bei uns wieder, ob Großmächte eine Einmarschberechtigung haben, wenn sie beleidigt sind. Und die Linke wirft Angela Merkel vor, die Welt in einen neuen kalten Krieg geführt zu haben ... Dann hat also die Merkel die Krim annektiert. Im Auftrag Amerikas wahrscheinlich ... Das sind Dinge, die erfährt man hier doch gar nicht!

Weil im Internet so viel Information erzeugt wird, dass man gar nicht mehr mitkommt. Und immer, wenn man dachte, man würde irgendetwas begreifen, dann säuselte einem Helene Fischer ins Ohr: »Atemlos durch die Nacht!« Das war Gehirnwäsche! Atemlos! Helene Fischer, die Hochglanzversion von Angela Merkel, die Sirene, die 2014 alle um den Verstand gesungen hat, atemlos durch die Nacht, das ist ja schön. Aber was mache ich tagsüber? Es wäre schön, wenn Helene auch noch ein Lied für tagsüber machen würde. Den ganzen Tag gekotzt, gepennt, weil die Nacht den Tag verbrennt. Dann bräuchte man an dieser Welt gar nicht mehr teilzunehmen.

Das Jahr war atemlos – überall wurde geschossen, gedroht, enthauptet ... Das ist natürlich nur die Medienversion der Wirklichkeit. An den überwiegenden Stellen war es auch in diesem Jahr friedlich in der Welt. Aber damit machen Sie keine Auflage. Mit den Bildern von ganz normalen Menschen, die ganz normal ihre Arbeit machen. Mit Bildern von Muslimen, die ganz normal bei uns leben. Wer will das sehen? Das klickt im Internet doch niemand an. Aber vermummt mit der Machete fuchtelnd ... Medien brauchen Bilder, brauchen Krisen, Konflikte und dann kommt aus dem Himmel Helene Fischer. Wir haben doch nicht mehr Krisen als vor 100 Jahren, wir haben nur mehr Medien. Und wir haben Globalisierung! Und das unterscheidet uns von 1914. Wir brauchen Gas und die Russen müssen Gas verkaufen. Da wird rumgetönt und am Ende wird alles friedlich geregelt, des Geldes wegen. Gott sei Dank.

Bekloppt

Ist die Welt nicht bekloppt? Ja sicher! Aber gerade die Bekloppten sind doch die Sympathischen. Aber bekloppt eben, da sind wir uns doch alle einig: »Die sind alle bekloppt da draußen.« Und das Interessante ist: Die Bekloppten sind immer die anderen, das ist so komisch ...

Weil man selbst natürlich schlau ist! Das glauben wir wirklich! Ist ja auch klar, weil: Die Welt ist ja um mich herum. Und ich sehe sie ausschließlich durch meine Augen und dann denkt man schnell: »Öäh?! Die sind ja alle bekloppt.« Aber das sind sie ja auch ...

Gucken Sie sich doch mal um, im Büro oder zu Hause oder wo Sie gerade sind. Machen Sie das mal! Gucken Sie sich jetzt bitte mal die Menschen um sich rum an! Da ist doch mindestens ein Psychopath dabei. Und wenn Sie Pech haben, sind Sie mit dem verheiratet ...

Die Welt ist eine Heilanstalt, in der man nicht weiß, wer ist Arzt und wer ist Patient. Die Welt ist irre, aber der Heilungsprozess macht Fortschritte. In Saudi-Arabien dürfen jetzt die Frauen Fahrrad fahren. Es geht voran ...

Aber was bedeutet der Begriff »Irre«, wenn es keine Normalen gibt, außer einem selbst? Vielleicht muss man dann unterscheiden zwischen Irren und komplett Bekloppten. Das sind dann die, die sich aus religiösen Gründen in die Luft sprengen, oder diese völlig gestörten Nazis: »Öh ... Doitschland dön Doitschen ...« Da ist die Festplatte komplett hinüber, da machste nichts mehr dran ...

Vielleicht sollte man einfach am Rand jeder Stadt ein paar Gummizellen aufstellen. Da könnten die sich alle gegenseitig auf die Fresse hauen ... Mir macht das jedenfalls die ganz normalen Bekloppten um mich rum wieder sehr sympathisch, die auf Gewalt verzichten und nur mit Kleinigkeiten nerven, die trödeln mit 30 durch die Innenstadt, stinken ein bisschen nach Schweiß oder kratzen sich die Schuppen aus den Haaren, sodass man denkt: »Ah, so früh schon der erste Schnee«, bis man bemerkt: »Aaaah, das ist nicht schön«, aber vergleichsweise harmlos ...

Russland, Schwule, Weltmeister

10. Dezember 2014

Wenn ich auf dieses Jahr zurückblicke, dann denke ich: »Boh, das war viel zu viel Information.« Man weiß nicht mehr, was stimmt! Sind das überhaupt Russen da in der Ukraine? Oder sind das Amerikaner im Irak? Und wieso war plötzlich nirgendwo mehr Pferd in der Lasagne? Und überhaupt, 7 : 1 gegen Brasilien, Weltmeister. Was interessiert uns der Rest?

Das mit den Russen war ja schon das große Thema. Ich glaube ja, die wollen durch die Ukraine nach Wien, um Conchita Wurst zu bekämpfen. Der schwule Westen, ein Riesenthema für die. Die Russen haben ja große Angst, weil bei uns ja alle schwul sind ... Alle ...

Alle. Außer Thomas Hitzlsperger, der sich gleich Anfang des Jahres geoutet hat, er sei schwul, aber das geht doch gar nicht, der ist doch Fußballer. Beziehungsweise, das geht schon, physikalisch ... Aber es war eine Sensation. Was ich nicht ganz verstanden habe, weil: Ist mir doch wurscht! Ob einer schwul ist oder nicht. Von mir aus kann er sich im Sommer mit nacktem Oberkörper auf dem Pferd fotografieren lassen. Wie Wladimir Putin das gerne macht, der Schlingel ...

Umso mehr hassen die Russen Conchita Wurst ... Am meisten hasst man bei anderen immer das, was man an sich selbst nicht mag. Ungeliebte Selbstanteile. Man kann die Welt nur begreifen, wenn man sie psychologisch sieht. Eine vollbärtige Frau aus Österreich. Da ist bei denen das Betriebssystem abgestürzt. Auch bei uns haben sich viele gewundert: »Eine vollbärtige Frau?«

Meine Güte! Österreich! Ab 2000 Meter Meereshöhe ist eine völlig andere Vegetation ...

Das versteht der Russe nicht. Und dann steht da dieser Ein-Meter-siebzig-Präsident und holt Volksgenossen heim ins Reich. Womit ich Putin nicht mit Hitler vergleichen möchte. Putin ist ja ... ist ja ... Russe.

Und zu Propagandazwecken durfte er auch nur olympische Winterspiele ausrichten, wobei es vom Wetter her eigentlich Sommer war. 20 Grad in Sotschi! Wie Berlin 36. Aber sonst: keine Parallelen. Hitler war auch einsdreiundsiebzig. Aber sonst: Nein?! Man weiß ja auch heute gar nicht mehr, was der Mann überhaupt ... da ... Wenn da irgendwelche Flugzeuge abgeschossen werden über der Ukraine ... Man weiß doch nie: War es der Russe? Nordkorea? Islamisten? Die NSA? FIFA, Chinesen, Außerirdische oder am Ende doch wieder Markus Lanz?

Vielleicht ist Putin ja auch nur ein amerikanischer Agent, um Europa zu destabilisieren ... Vielleicht wollen die Amerikaner Europa umbauen – in Disneyland! Wo ist denn Disneyland? Paris! Hollande! Der ist auch nur 1 Meter ... 30? Oder 10? Egal, ich glaube, dieses Jahr kann man nur vom psychopathologischen Standpunkt aus verstehen ... Kleine Männer, große Wirkung. Schrecklich.

Testosteron und Überwachung 17. Dezember 2014

Überall Männer, überall sind die Testosteronmonster am Werk! Arabien, diese Jungfrauenfantastiker, die wenig Sex mit der Kalaschnikow kompensieren. Lang, hart und ballert zuverlässig, hallo? Das Bild ist doch wohl eindeutig!

Iran, bauen sie jetzt die Atombombe? Der ultimative tödliche Phallus! Oder kämpfen sie plötzlich zusammen mit den Amerikanern gegen den IS? Oder sind das die Saudis, die hängen doch überall drin, denen gehört der Hafen von New York. Kein Scherz! Wo die ganzen Banken sind! Das ist doch kein Zufall! Das sind Wahabiten! Während die Schiiten und die Sunniten, mit den ganzen ... äh, Al-Qaida, Al-Shabaab, Boko Haram ... Prêt-à-porter ... La Fayette, Karstadt, Kaufhof, Gazprom! Die Russen wieder, die bei Schalke auf dem Trikot stehen. Und was steht bei den Bayern? Telekom! Was muss man da noch sagen. Gas und Kommunikation, das ist es. Da sitzt das Geld ...

Aber wer weiß schon, wer hinter der Telekom steht? Die haben Leitungen bis in jedes Haus ... Die gucken mir von unten aus der Schüssel raus hinten rein ... Wenn ich wissen will, was meine Darmspiegelung ergeben hat, dann rufe ich Edward Snowden an! Wir werden alle überwacht. Sie auch!

Es ist ja momentan ein Fest für Verschwörungstheoretiker, die glauben, dass ein Knacken in der Telefonleitung schon verdächtig ist. Wir werden überwacht, von der NSA, Amazon, Google, wahrscheinlich auch vom schwarzen Mann, von Karstadt und der Bäckerei Mümmelmann, wegen der Mandelhörnchen ...

Und die Rechnung von der Telekom. Das ist immer öfter Spam. Da klicken Sie auf den Anhang und schon sind Sie auf einer Pornowebsite. Und plötzlich haben Sie Melanie Müller als Bildschirmschoner drauf. Die ruft: »Ich bin ein Star! Hol ihn heraus!« Schrecklich ...

Weihnachtsbaum   25. Dezember 2014

Steht bei Ihnen eigentlich noch der Baum? Früher blieb der Baum ja bis Mariä Lichtmess. Das ist irgendwann, das kennt keine Sau mehr, seit die Jungfrauengeburt aus der Mode gekommen ist, macht doch heute keiner mehr.

Aber der Baum, der klassische Weihnachtsbaum, ein urchristliches Symbol, weil Jesus ja vom Baum gefallen ist, ich weiß es

nicht mehr, ich bin nicht soooo bibelfest. Jedenfalls blieb der
Baum früher 40 Tage stehen, also bis 2. Februar. Aber früher war
im Baum auch noch keine Mehrwertsteuer enthalten.

Wenn Sie heute einen Baum kaufen, dann gehen davon 19 Prozent an den Staat. Mehrwertsteuer. Beziehungsweise, es kann
auch der verringerte Mehrwertsteuersatz sein. Je nach Baum
sieben Prozent. Plastikbäume grundsätzlich 19 Prozent. Das gilt
auch für die Exemplare, die man zusammenfalten kann und die
man dann gleich wieder als Osternest verwenden kann ... Wo die
Weihnachtskugeln zu Eiern werden und das Christkind kommt
von der Krippe ans Kreuz. Fertig. Ich weiß gar nicht, ob es das
schon gibt, wenn nicht, muss ich mir das patentieren lassen!
Weihnachtsbäume, die zur Wiedereinpflanzung nicht geeignet sind, also die quasi unten amputiert sind, keine Füße, keine
Wurzeln, für die gilt, ebenso wie für frisches Tannengrün und
blatttragende Zweige von Lorbeerbäumen in Gebindeform nach
Nr. 7 der Anlage 2, vergleiche Textziffer 38, der begünstigte
MwSt.-Satz von sieben Prozent. Wobei das für den im Baumarkt
gekauften Baum gilt. Landwirte erheben wegen der speziellen
Pauschalierung verschiedene Mehrwertsteuersätze, kommt auf
die Vorsteuer an. Da kann auch der für landwirtschaftliche Er-
zeugnisse geltende Satz von 10,7 Prozent gelten, wenn der Baum
in einer Sonderkultur großgezogen wurde. Im Wald geschlagen
gelten dann 5,5 Prozent.

Seit 2004 gilt ja auch frische Rentierflechte als begünstigt, soge-
nanntes Islandmoos, nicht aber isländisches Moos, Islandmoos
und isländisches Moos ist unterschiedlich, das eine ist *Cladonia
rangiferina*, das zweite ist *Cetravia islandica*. Also für den Lateiner ist es einfacher. Schon wegen der Mehrwertsteuer sollte das
große Latinum nicht abgeschafft werden.

Das ist wie bei Kaffee to go. Bei Kaffee to go liegt keine Restaurationsleistung vor, also 19 Prozent, während im Restaurant stehend

getrunken, also quasi to stand, eine Restaurationsleistung ist, sieben Prozent. Sie können auch im Restaurant umhergehen, dann ist es zwar Kaffee to go, aber trotzdem innerhalb der Restauration, während Latte macchiato grundsätzlich vermindert ist, also sieben Prozent Mehrwertsteuer, wenn der Milchanteil mindestens 75 Prozent beträgt. Weil der Kaffee dadurch zum Lebensmittel wird. Wenn Sie die Kaffeebohnen kaufen und das heiße Wasser geschenkt mitnehmen und dann im Gehen aufgießen, liegt keine Restaurationsleistung mehr vor, trotzdem sieben Prozent, denn Kaffeebohnen sind begünstigt, nicht aber Kaffee als Getränk. Übrigens vor und nach Mariä Lichtmess. Das macht doch alles schon viel übersichtlicher.

...

**Außerdem von Dieter Nuhr
bei WortArt erschienen:**

Nur Nuhr (CD, 2015)
ISBN: 978-3-8371-3290-8

Nuhr ein Traum (DVD, 2015)
ISBN: 978-3-8371-3225-0

Nuhr ein Traum (CD, 2013)
ISBN: 978-3-8371-2277-0

Nuhr unter uns (DVD, 2013)
ISBN: 978-3-8371-2114-8

Nuhr die Box 2 (3 CDs, 2012)
ISBN: 978-3-8371-1593-2

Nuhr unter uns (CD, 2011)
ISBN: 978-3-8371-1182-8

Nuhr die Ruhe (DVD, 2011)
ISBN: 978-3-8371-0951-1

DVD-Box (3 DVDs, 2010)
ISBN: 978-3-941082-29-8

Nuhr die Ruhe (CD, 2009)
ISBN: 978-3-8371-0302-1

Nuhr die Wahrheit (DVD, 2009)
ISBN: 978-3-8371-0058-7

Nuhr die Box (5 CDs, 2009)
ISBN: 978-3-8371-0060-0

Nuhr die Wahrheit (CD, 2007)
ISBN: 978-3-86604-485-2

Ich bin's Nuhr (DVD, 2006)
ISBN: 978-3-86604-269-8

Ich bin's Nuhr (CD, 2004)
ISBN: 978-3-86604-134-9

Nuhr vom Feinsten (DVD, 2004)
ISBN: 978-3-86604-135-6

www.nuhr.de/2 (CD, 2002)
ISBN: 3-7857-1386-x

www.nuhr.de (CD, 2001)
ISBN: 3-7857-1385-1

Nuhr nach vorn (CD, 1999)
ISBN: 978-3-86604-133-2

Nuhr weiter so (CD, 1997)
ISBN: 978-3-86604-132-5

Nuhr am nörgeln (CD, 1995)
ISBN: 978-3-86604-131-8

www.wortart.de
www.wortart-shop.de

DIETER NUHR

NUHR
AUF
SENDUNG

Ein Radiotagebuch

WortArt

Nuhr auf Sendung – der erste Teil

»Das Buch besteht aus Radiokolumnen aus zehn Jahren. Es wird einmal in den Schulen als historisches Dokument des ersten Jahrzehnts eines neuen Jahrtausends verwendet werden. Mehr als da drin steht, muss man nicht wissen über die nuller Jahre.«

DIETER NUHR

Nuhr auf Sendung (2010)
368 Seiten, Klappenbroschur
ISBN: 978-3-942454-06-3

© 2016 WortArtisten GmbH, Köln

1. Auflage 2016

Lektorat: Alexander Stelkens, Judith Ngo

Layout und Satz: Friedemann Weise, inbeige

Umschlaggestaltung: Friedemann Weise, inbeige

Fotos: Jutta Hasshoff-Nuhr

WDR-Logo: ©WDR, Köln / Agentur: WDR mediagroup GmbH

Druck und Bindung: GGP Media GmbH, Pößneck

Printed in Germany

ISBN: 978-3-942454-21-6